Silke Kohlmann

Elsass

Wandern für die Seele

20 Wohlfühltouren

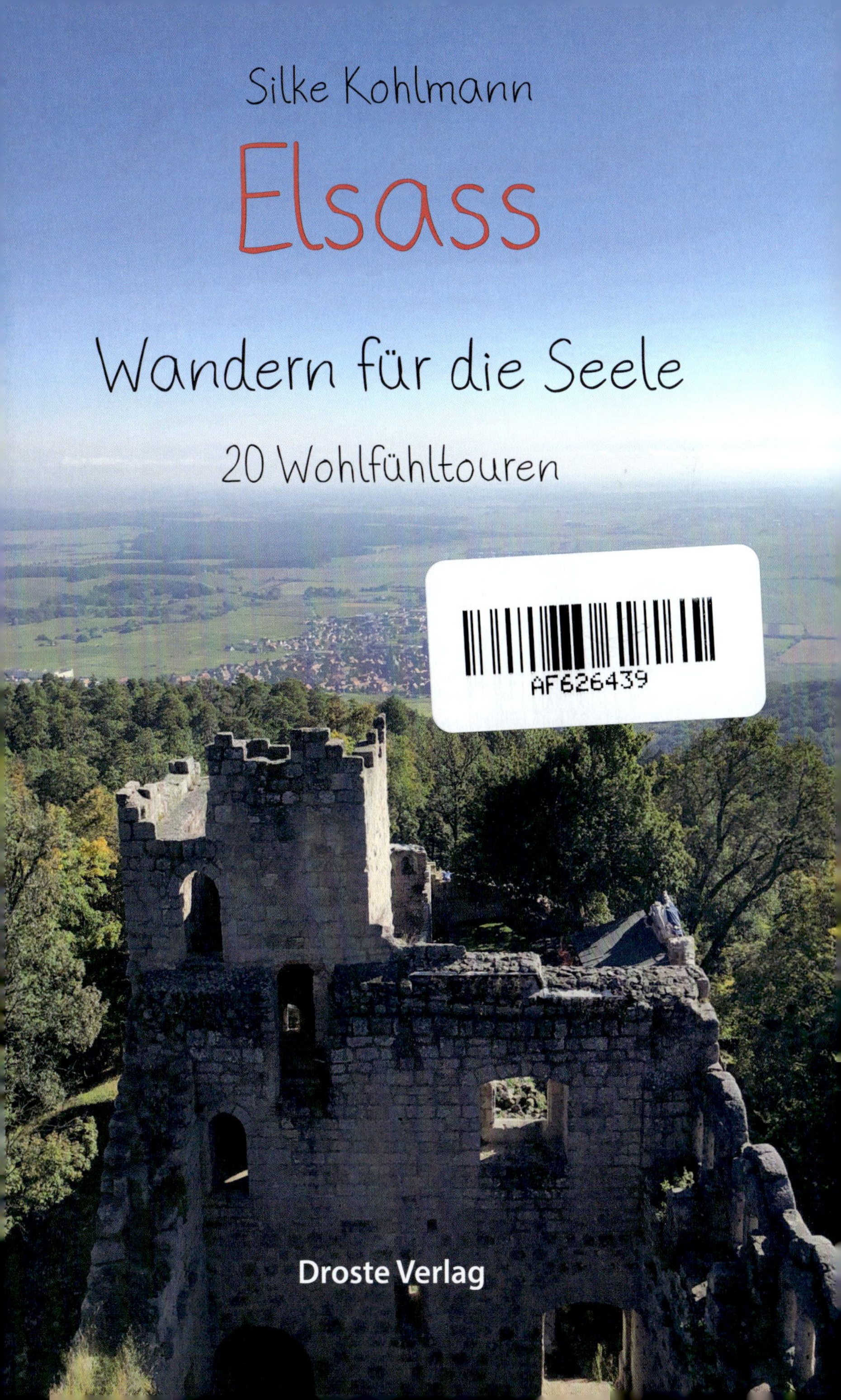

Droste Verlag

ALLE WANDERUNGEN AUF EINEN BLICK

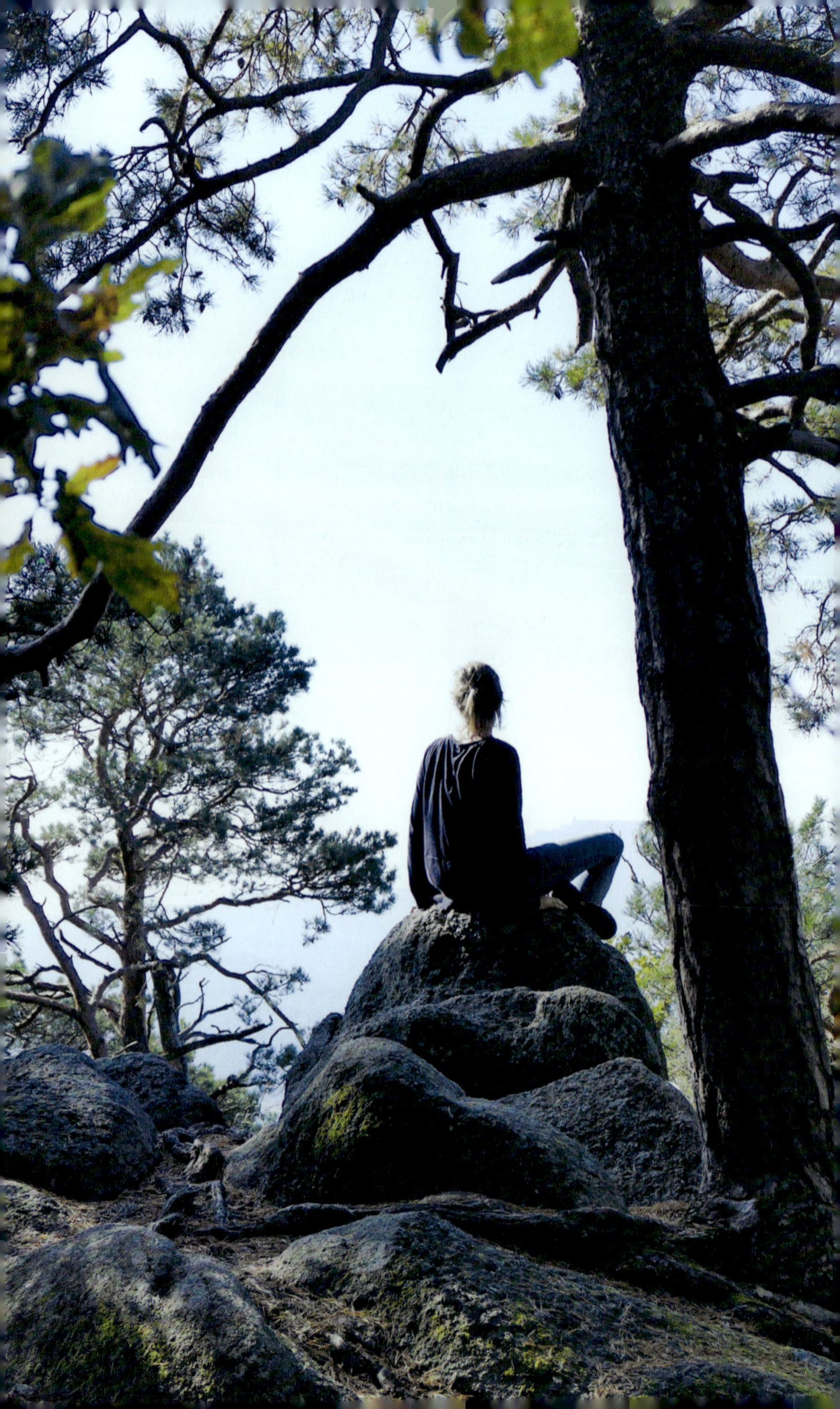

Liebe Wanderfreunde,

nach einem kräftezehrenden Aufstieg den Gipfel zu erreichen, ein Felsplateau hoch über den Baumwipfeln zu erklimmen oder einen einsamen Glücksort im Wald zu entdecken – diese stille Freude ist es, die mich immer wieder antreibt, nach draußen zu gehen und neue Naturorte zu entdecken. Diesmal lade ich Sie ein, mit mir das Elsass zu erkunden: von den kühlen Rheinauen im Osten bis zu den Ausläufern der Vogesen im Westen, von den bizarren Sandsteinfelsen im nördlichen Wasgau bis zu den zerklüfteten Kalksteinformationen des Jura. Wir durchstreifen sonnige Weinberge und erklimmen die Ruinen der einst mächtigen Burgen hoch über dem Rheintal. Wir schlendern durch die malerischen Orte der elsässischen Weinstraße, erobern uns herrliche Aussichtspunkte und begegnen in den Auwäldern an Rhein und Ill dem farbenprächtigen Eisvogel.

Und auch der leibliche Genuss darf natürlich nicht zu kurz kommen – ob in den typischen Berggasthäusern der Vogesen oder in den feinsten Konditoreien: Wir genießen deftige traditionelle Gerichte, zart schmelzende Patisserie und fantastische Weine.

Das Elsass bietet solch eine Vielzahl an einzigartigen Erlebnissen. Höchste Zeit, sie zu entdecken! Oder, um es mit dem französischen Theaterschriftsteller Edmond Rostand zu sagen: „Die Welt ist voller Wunder, wer früh aufsteht, kann sie sehn."

Viel Freude beim Wandern und Genießen wünscht

Silke Kohlmann

NATUR-INFO

KULTUR-INFO

TOUREN-/EVENT-INFO

GENUSS-INFO

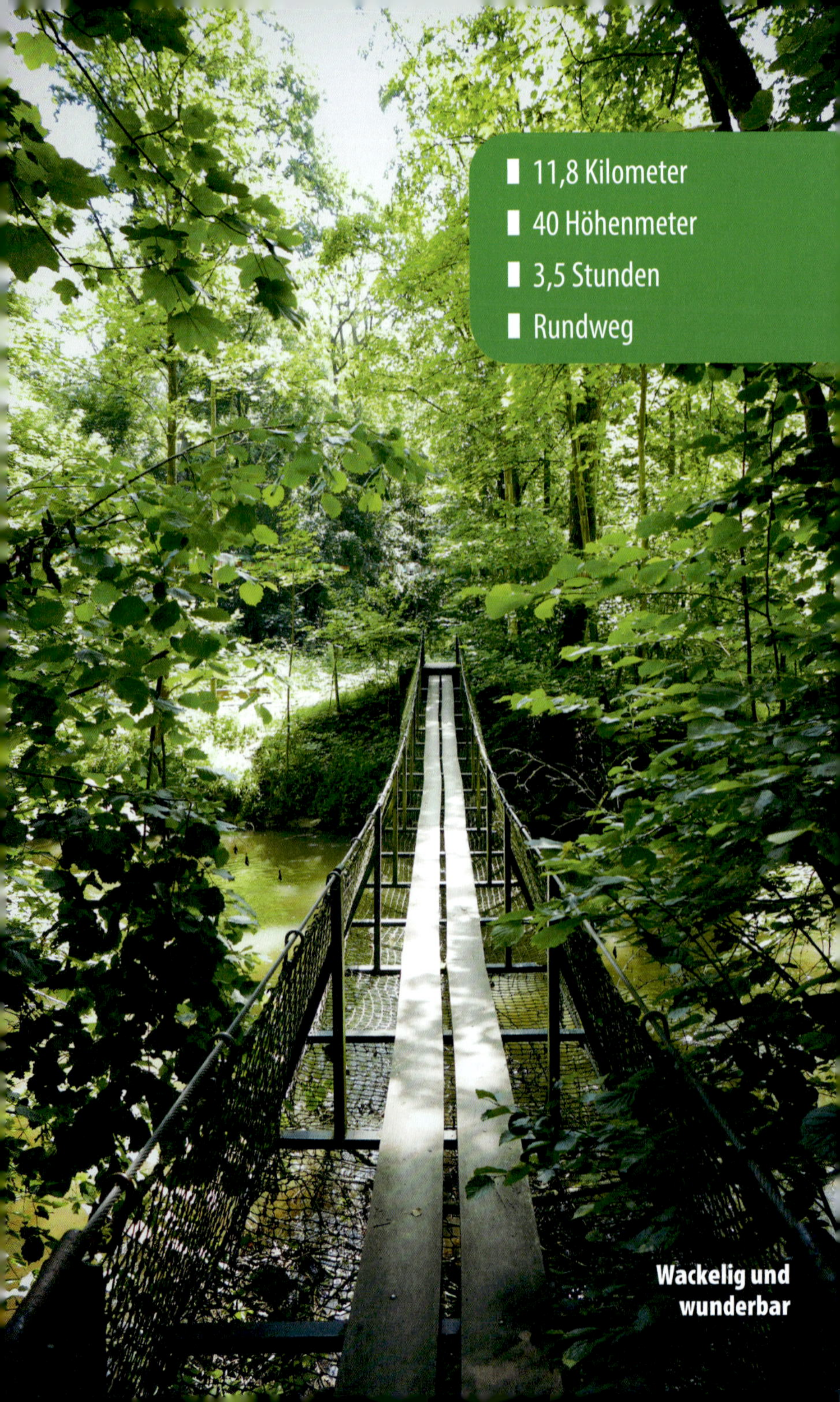

- 11,8 Kilometer
- 40 Höhenmeter
- 3,5 Stunden
- Rundweg

Wackelig und wunderbar

Unberührte Natur

Der Illwald bei Sélestat

Schon die Fahrt zum Startpunkt unserer Tour macht Freude: Auf der D424 von Marckolsheim nach Sélestat (dt. Schlettstadt) geht es durch eine herrliche Platanenallee, die Bäume schließen sich wie ein Dach über uns und am Ende des grünen Tunnels finden wir am Kreisverkehr den **Parkplatz.** Sobald wir aus dem Auto steigen, sind wir von der feuchten Luft der Auenlandschaft umgeben – und von den ersten Mücken. Ein effektiver Insektenschutz ist auf dieser Wanderung dringend notwendig. Ohne ihn würde man die stille Auenlandschaft weit weniger genießen können.

Wir ziehen in westlicher Richtung los und queren den ersten Wasserlauf, Mohnblüten wachsen am Ufer, die Bäume strecken ihre Äste weit über den Bach. Auch wenn die Wegweiser nach links zeigen: Wir gehen parallel zur Straße geradeaus weiter. Linker Hand liegen hohe Wiesen neben dem Weg, in der Ferne erhebt sich die Hohkönigsburg über der Rheinebene. Am **Dreiwasser** entlang wandern wir auf die **Ill** zu, überqueren sie an einer Schleuse und tauchen nun tief ein ins Große Ried. Die Auen werden im Frühjahr, wenn in den Vogesen der Schnee schmilzt, regelmäßig überflutet. Und genau dies macht den Zauber der Landschaft aus. Der ständige Wandel ist das Geheimnis der Artenvielfalt. Das Grand Ried ist Rückzugsort und Tummelplatz einer Vielzahl selten gewordener Tiere: Wachtelkönig, Rohrweihe oder Sumpfohreule, unterschiedlicher Amphibien, Fischotter und Biber. Dieses einzigartige Naturreservat wollen wir kennenlernen.

*Fast 2000 Hektar weit erstreckt sich das **Grand Ried** (Großes Ried) zwischen Colmar und Straßburg, zwischen Ill und Rhein, durchzogen von Wasserläufen, die im Rhythmus der Jahreszeiten die Landschaft immer neu formen. Zwei Drittel der Fläche sind von Wald bedeckt, dem Illwald, einem der größten Naturschutzgebiete Frankreichs.*

*Wer möchte, kann das Große Ried auch **zu Wasser** entdecken: In Erstein, Rhinau oder Muttersholtz werden Fahrten mit dem traditionellen Flachkahn angeboten. Oder man leiht sich ein Kanu und paddelt selbst durch die verwunschenen Auwälder.*

Ein winziger Pfad führt links hinein ins hellgrüne Dickicht. Hier wechseln zunächst kleine Wälder mit Schilfgebieten ab, schließlich treten wir in eine wunderbare **Wiesenlandschaft** ① hinaus. Das Gras steht meterhoch neben dem Trampelpfad, Blüten von Butter- und Flockenblumen verteilen sich zwischen den langen Halmen, immer wieder lassen sich blau schillernde Gebänderte Prachtlibellen darauf nieder. Und noch andere Bewohner fühlen sich hier wohl: Störche. Wir erkennen ihre leuchtend weiße Gestalt auf den entfernten Bäumen. Bisweilen kreist einer auf der Suche nach Nahrung über unseren Köpfen.

Auch wenn wir sie wegen des hohen Bewuchses nicht oft sehen: Die Ill verläuft direkt neben unserem Pfad. Nach knapp 1,5 Kilometern führt uns der Weg heraus aus der Feuchtwiese auf einer Brücke – **Pont du Hollockgraben** – über den Fluss hinweg und sofort wieder rechts ab. Nun folgt ein sonniges Wegstück, die

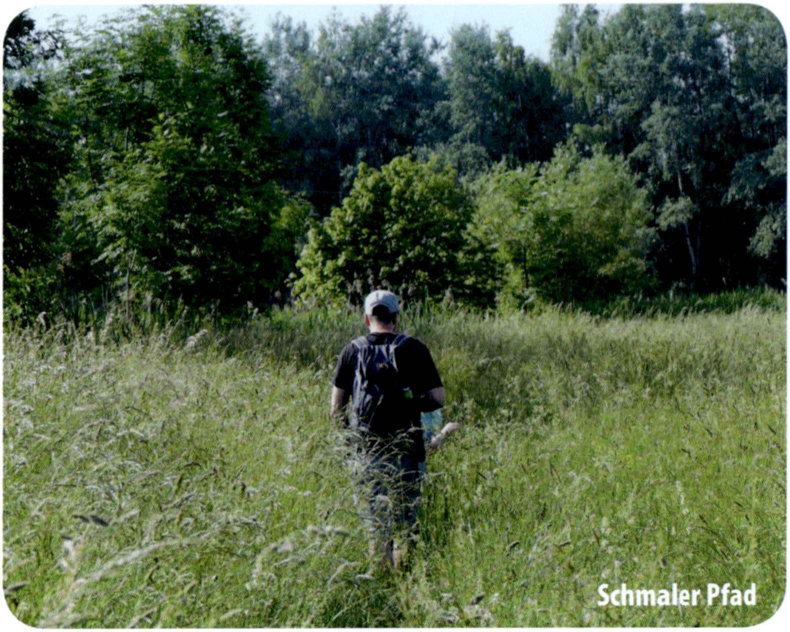

Schmaler Pfad

Für die Seele

Im Grand Ried mit seinen Feuchtwiesen und Auwäldern erleben wir ein malerisches Naturparadies und treffen mit etwas Glück auf seine einzigartigen Bewohner.

Wiesen ringsum sind kurz. Zweimal pro Jahr dürfen die Bauern mähen, jedoch nur zu Zeiten, in denen kein Vogel seine Jungen aufzieht. Das Braunkehlchen, die Grauammer oder der Große Brachvogel bauen ihre Nester bevorzugt am Boden, nach oben durch die hohen Halme der Riedwiesen getarnt.

Bald treten wir wieder in den Wald ein. An der folgenden Weggabelung geht es rechts ab, eine lange Allee entlang, schließlich biegen wir nach Osten hin ab. Hier ist der Weg voller Pfützen – und die Pfützen sind jetzt im Juni voller junger Frösche: Sie haben den Schwanz der Kaulquappe schon abgeworfen, fühlen sich aber anscheinend im Wasser noch wohler als auf dem trockenen Boden. Immer wieder bleiben wir fasziniert stehen, um das Tummeln, Zappeln und Schwimmen der Amphibien zu beobachten. Schließlich überqueren wir den malerischen **Krummlach ❷,** der sich wie viele andere Wasserläufe parallel zur Ill durch den Auenwald zieht.

An der nächsten Kreuzung schlagen wir den Weg Richtung Süden ein und folgen dem Wanderzeichen mit dem roten Kreis. Dieses führt uns bald links ab, es geht auf schmalem, wurzeligem Pfad mitten hinein in den Auwald. Zweige streifen unsere Arme, Brennnesseln unsere Beine. Aber es lohnt sich, versprochen! Hier gelangen wir nämlich zur **Passerelle Sud ❸,** einem Steg über den Oberriedgraben. Nur jeweils eine Person darf ihn betreten, warnt das Schild. „A ses risques et périls“, auf eigene Gefahr. Uns wird schnell klar, warum: Der Übergang ist ein kleines Abenteuer. Mit

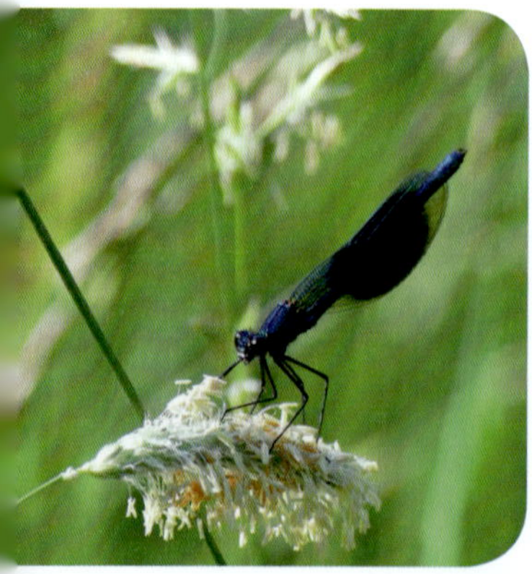

jedem Schritt gibt die Hängebrücke nach. Schaukelnd, schwankend, aber strahlend erreichen wir das andere Ufer.

Nun folgen wir dem Oberriedgraben nach Norden, mächtige Pappeln säumen den Weg, schneeflockengleich tanzen ihre weichen Samen um uns herum und bedecken den Boden mit einem weißen Teppich aus Flaum. Der Kuckuck ruft, ein Specht klopft, der Wald verströmt auch im späten Frühjahr einen feinwürzigen Duft von Bärlauch. Plötzlich fliegt ein Tier auf, mit großen braunen Schwingen gleitet es zwischen den Bäumen hindurch. Was mag das sein? Die nicht selten tagaktive Sumpfohreule? Oder die Rohrweihe, ein habichtartiger Greifvogel, der im Gebiet vorkommt? Wir können es nicht erkennen, zu schnell ist der Vogel zwischen den Stämmen verschwunden. Beeindruckt sind wir gleichwohl.

Noch mehr Ried erleben kann man auf dem wunderschönen ***Barfußpfad SensoRied*** *in Muttersholtz. Der 1,5 Kilometer lange Weg führt über Wiesen und Bäche, auf ehemaligen Bahngleisen entlang und durch Weidentunnel hindurch. Ein Erlebnis für alle Sinne.*

An der **Passerelle Nord** ❹ überqueren wir den Oberriedgraben erneut und wandern nun westwärts. Ist da nicht wieder ein Tier zu entdecken? Direkt vor uns auf dem Weg? Tatsächlich, ein junger Damhirsch steht dort, das Geweih noch klein, die achtsamen Augen auf uns gerichtet. Ein zauberhafter Moment. Langsam und vorsichtig gehen wir weiter. Noch während wir versuchen, die Kamera hervorzukramen, verschwindet er leise im Wald.

Noch ganz verzückt von dieser stillen Begegnung wandern wir zur **Chapelle Notre-Dame du Chêne** ❺. Die Kapelle aus dem 18. Jahrhundert erinnert an eine in einem Boot gefundene Marienstatue. Zunächst stand die Statue in einer hohlen Eiche (frz. chêne), erst später baute man die Kapelle. Obwohl sie bis ins 19. Jahrhundert nur auf dem Wasserweg zu erreichen war, suchten viele Pilger den Ort auf, um Maria zu bitten, sie von ihren Leiden zu befreien.

Nach einer kurzen Rast machen wir uns auf den Weg zurück zum Ausgangspunkt unserer Tour. Wir biegen an der Kapelle rechts ab und durchwandern auf breiten Wegen Wald und Feld, bevor wir an der Straße wieder heraustreten aus den bezaubernden Riedauen und linker Hand den Parkplatz finden.

Wer nach dem Natur- nun ein Kulturerlebnis sucht, sollte in Sélestat unbedingt die **Humanistenbibliothek** **6** aufsuchen. Sie gehört zu den bedeutendsten kulturellen Schätzen des Elsass und beherbergt mittelalterliche Handschriften, die ins Weltdokumentenerbe der UNESCO aufgenommen wurden. Außerdem be-

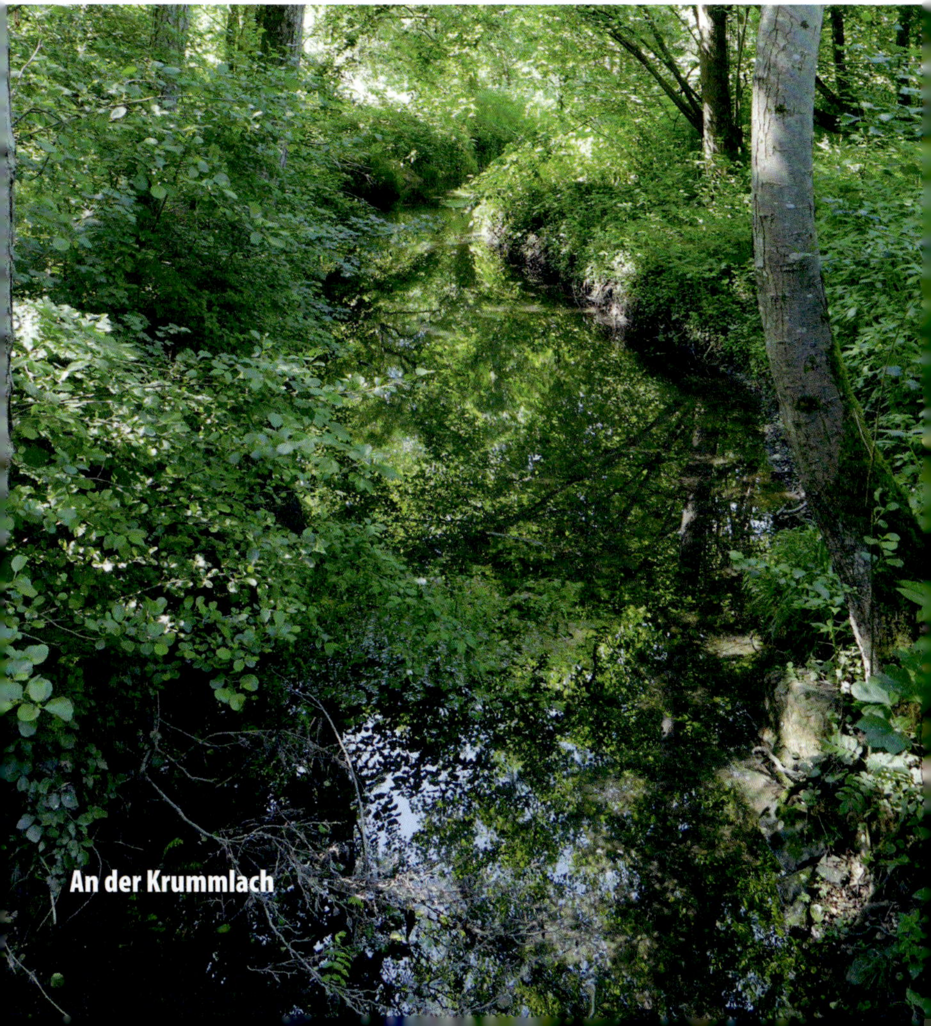

An der Krummlach

eindruckt das Gebäude mit seiner atemberaubenden Architektur.

Weltliche Genüsse findet man dagegen im **Maison du Pain** ❼ – einem Brotmuseum mit Backstube und Kaffeehaus. Hier lassen wir uns in die Geschichte des elsässischen Bäckerhandwerks einführen, aber vor allem genießen wir die Vielfalt der Gebäcke: Brote und Kougelhopfs, Mandelzöpfe und Schokoladen-Brioches, Marzipanzöpfe, Orangenbrötchen und Bredele. Die Auswahl ist riesig, der Duft betörend. Wer nun noch herzhaften Belag für sein elsässisches Brot sucht, sollte unbedingt in Mussig auf der **Ferme Goetz** ❽ haltmachen. Der Bauernhof mit Käseladen bietet ausgezeichnete Käsesorten und Joghurt an.

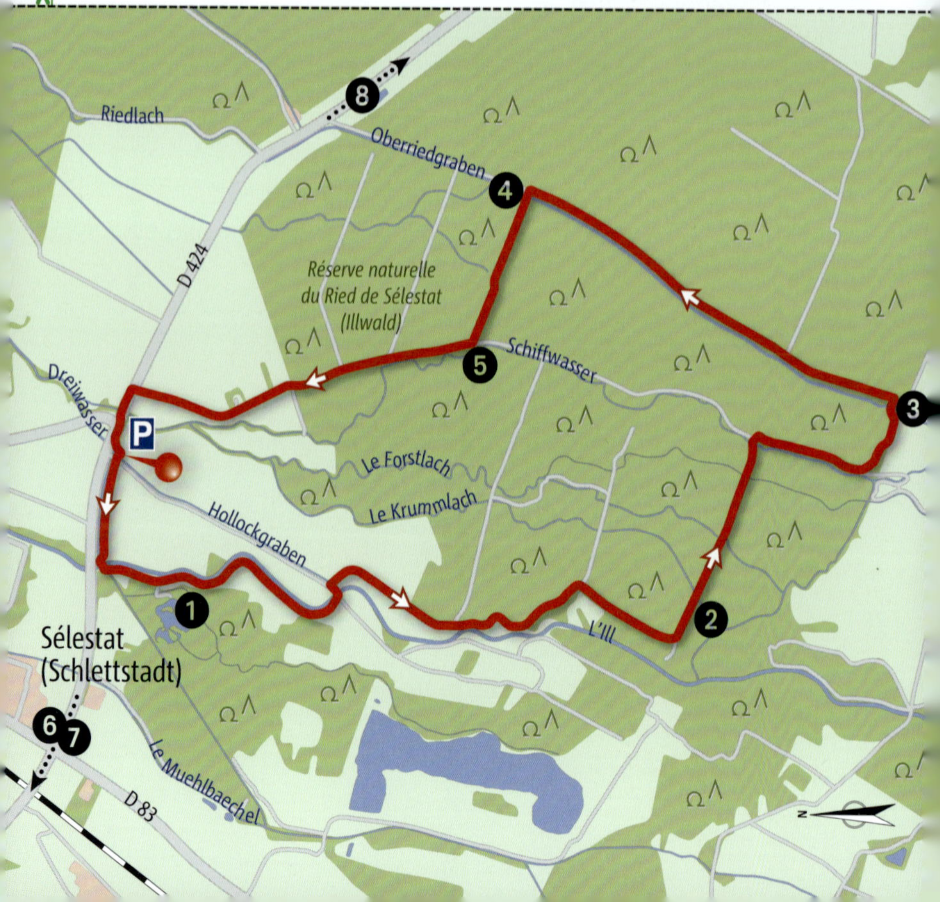

Entspannung ★★★☆☆
Genuss ★★★★☆
Romantik ★★★★★

WIE & WANN:
Leichte Wanderung auf gut begehbaren Wegen. Beste Wanderzeit von Juni bis November, im Frühjahr können Wege und Teile der Auenlandschaft überschwemmt sein. Unbedingt Mücken- und Sonnenschutz einpacken!

HIN & WEG:
Auto: Parkplatz an der Kreuzung von D424 und D159 (Kreisverkehr) zwischen Marckolsheim und Sélestat (GPS: 48.246402, 7.459136)
ÖPNV: nicht mit öffentlichen Verkehrsmitteln erreichbar

ESSEN & ENTSPANNEN:
Maison du Pain ❼ 7 Rue du Sel, 67600 Sélestat, Tel. +33 (3) 88 58 45 90, www.maisondupain.alsace/de
Ferme Goetz ❽ 8 Rue de la Forêt, 67600 Mussig, Tel. +33 (6) 48 19 76 73, www.fromagerie-goetz.fr

ENTDECKEN & ERLEBEN:
An der Ill ❶
Krummlach ❷
Passerelle Sud ❸
Passerelle Nord ❹
Chapelle Notre-Dame du Chêne ❺
Bibliothèque Humaniste/Humanistenbibliothek Sélestat ❻ 1 Place Dr. Maurice Kubler, 67600 Sélestat, Tel. +33 (3) 88 58 07 20, www.bibliotheque-humaniste.fr/de

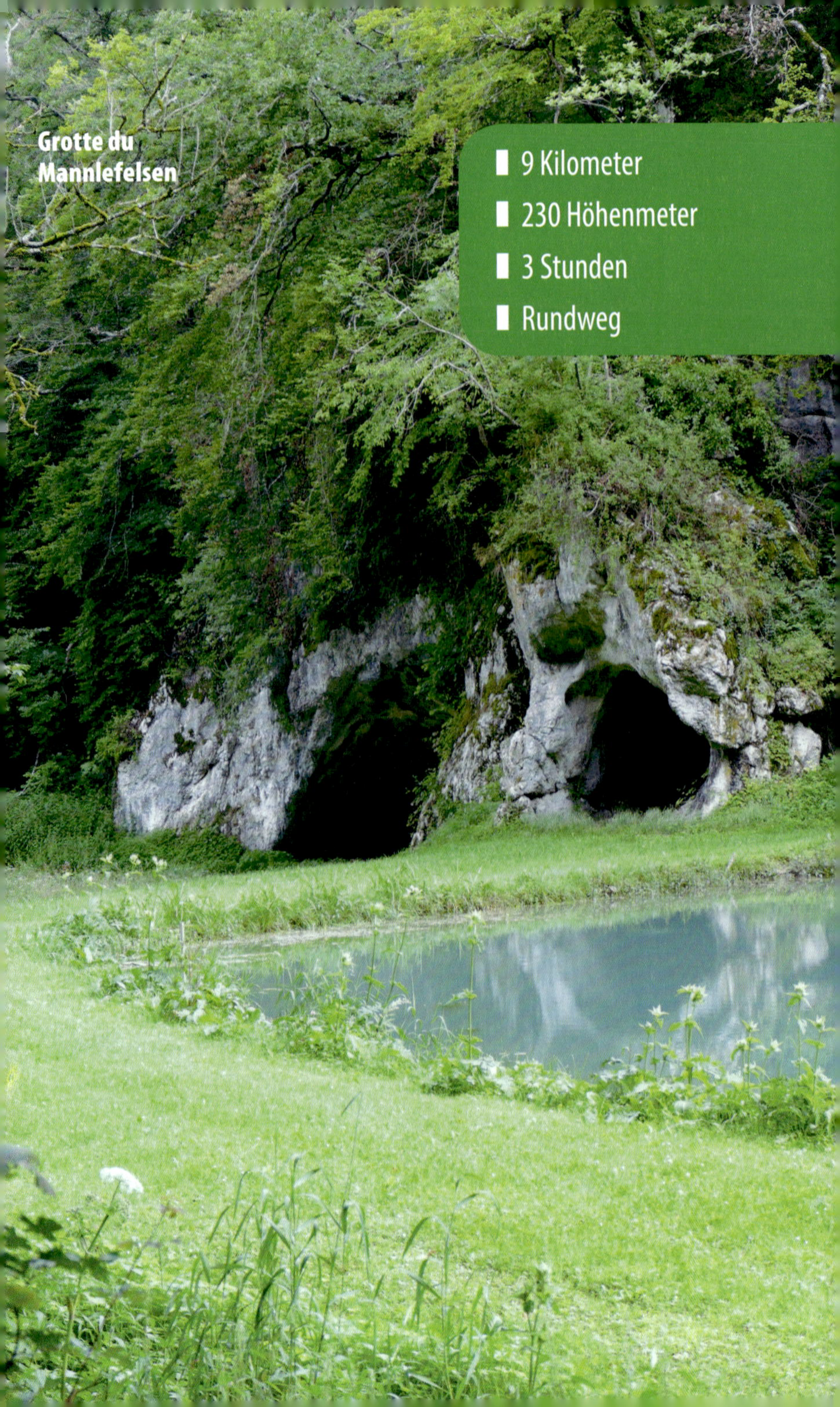
Grotte du
Mannlefelsen
9 Kilometer
230 Höhenmeter
3 Stunden
Rundweg

Mitten im Grünen

Das Château du Morimont

Wir beginnen unsere Wanderung im Zentrum von **Oberlarg.** Der 140-Seelen-Ort liegt in einer Talmulde des Nordjura. Am Rathaus finden wir den Wegweiser und folgen den Schildern mit dem gelben Dreieck Richtung Gué de la Largue. Zunächst wandern wir die **Rue de l'Église** nach Osten, biegen aber direkt nach der Kirche rechts ein – und stehen kurz darauf direkt an der Largue. Das Flüsschen, das sonst im engen Bachbett fließt, breitet sich hier aus: Die **Gué de la Largue** ist eine der letzten Furten im Elsass. Einst wurde das Vieh auf dem Rückweg von den Weiden hier getränkt und säuberte sich zugleich die Hufe – wie praktisch!

Wir überqueren die Furt auf einem schmalen Weg und folgen der Largue flussaufwärts. Eine Weide breitet sich links des Weges aus und an ihrem Ende entdecken wir bald die **Grotte du Mannlefelsen ❶:** In einer Wand aus Jurakalkstein öffnen sich mehrere Höhleneingänge. Im 19. Jahrhundert noch soll eine Ziegenhirtin mit ihrer Tochter in der Höhle gelebt haben. Inzwischen darf sie wegen Einsturzgefahr nicht mehr betreten werden. Überhaupt liegt sie auf Privatbesitz und wir können nur vom Weg aus zu ihr hinüberschauen.

*Die **Grotte du Mannlefelsen** ist eine von ganz wenigen Höhlen im Elsass. In den 1970er-Jahren haben Prähistoriker Ausgrabungen vorgenommen und Werkzeuge aus Feuerstein aus der Altsteinzeit entdeckt. Man geht davon aus, dass im Zeitalter des Paläolithikums Nomaden auf der Jagd nach Rentieren und Hirschen in der Grotte Unterschlupf suchten.*

Und der führt uns nun zum **Ursprung der Largue,** die oberhalb des Ortes am Glaserberg aus dem Karstgestein des elsässischen Jura entspringt. Als Quelle bezeichnet wird ein Ort, an dem das Wasser sprudelnd aus dem Untergrund dringt – eingefasst in Beton und Gitter. Das ist wenig spektakulär. Darum wandern wir rasch weiter und nehmen den einzigen großen Anstieg

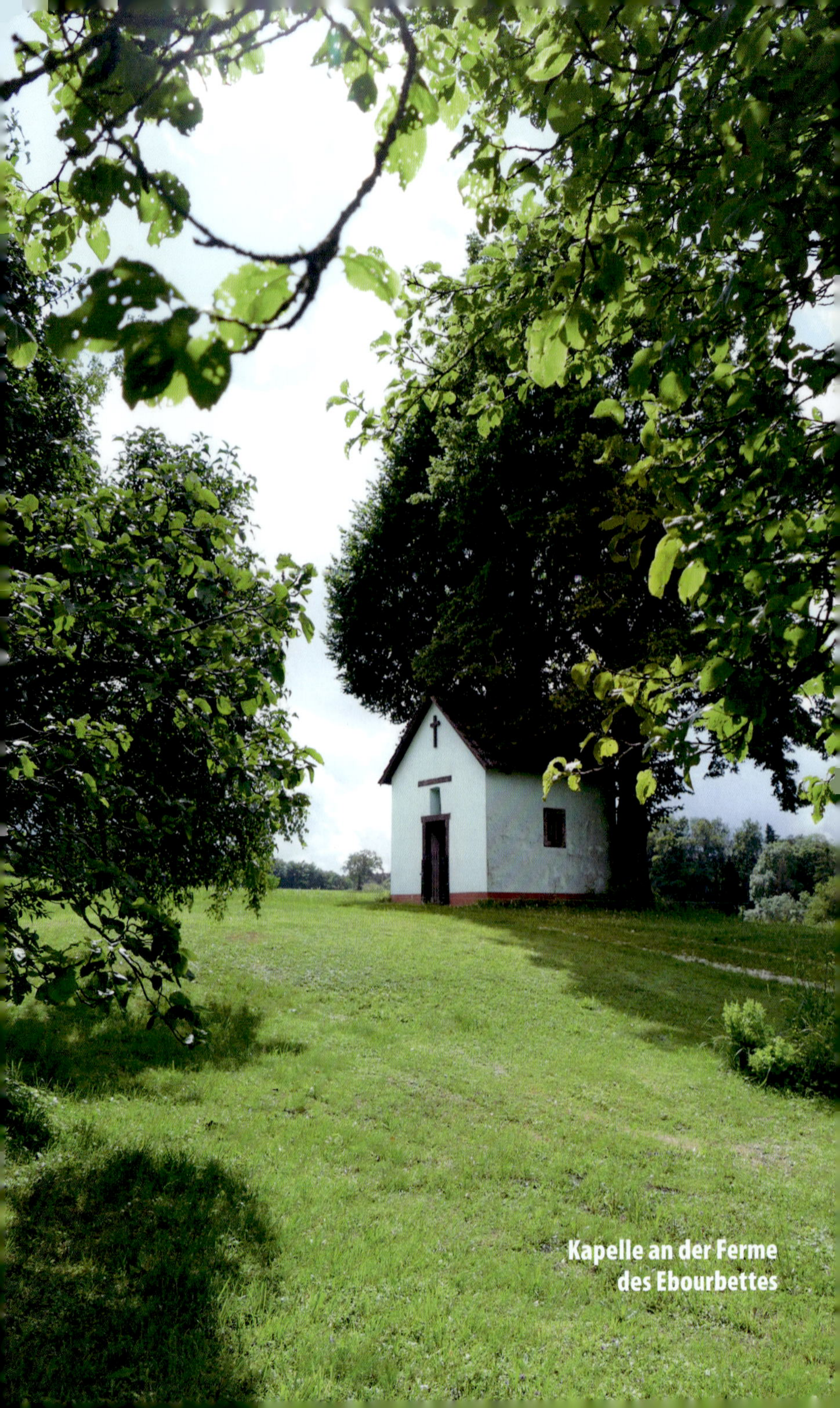

Kapelle an der Ferme des Ebourbettes

Für die Seele

Von der Grotte du Mannlefelsen steigen wir auf das Château du Morimont, die wunderschöne Ruine einer einstigen Renaissance-Festung.

unserer Tour in Angriff. Das Wegzeichen mit dem gelben Dreieck weist uns bergan. Zwischen hohen Buchen und niederem Farn steigen wir den **Glaserberg** hinauf und überwinden auf den ersten 2 Kilometern der Wanderung gleich mal knapp 200 Höhenmeter. Dafür naht Erholung, sobald wir an der Weggabelung auf der Anhöhe angekommen sind. Rechts ab geht es auf einem ebenen Weg Richtung Morimont. Wir verlassen den Wald und wandern durch eine weite Landschaft aus Feldern. Während sich rechter Hand die sanft wellige Hügellandschaft des Sundgaus ausbreitet, schauen wir nach links schon in die nahe Schweiz hinüber.

Bald erkennen wir vor uns ein Gehöft, die **Ferme des Ebourbettes ❷,** und eine kleine **Kapelle** unter einer mächtigen Linde. Der Bauernhof von Ebourbettes – nur wenige Meter von der schweizerischen Grenze entfernt – diente im Zweiten Weltkrieg als Basislager von Widerstandskämpfern, die hier die Grenze vom Deutschen Reich in die Schweiz überschritten. Das Elsass wurde 1940 von der Wehrmacht annektiert und dem Gau Baden-Elsass angeschlossen. Unter anderem floh an dieser Stelle im April 1942 der französische General Henri Giraud in die Schweiz, vom Pfarrer des Ortes und einem Forstbeamten unterstützt. Die Flucht des hochgestellten Generals, der zuvor aus deutscher Kriegsgefangenschaft im sächsischen Königstein entkommen war, bedeutete für das deutsche Militär eine große Blamage.

Hinter der Kapelle, direkt auf der Grenze, finden wir den Wegweiser nach Morimont und folgen der

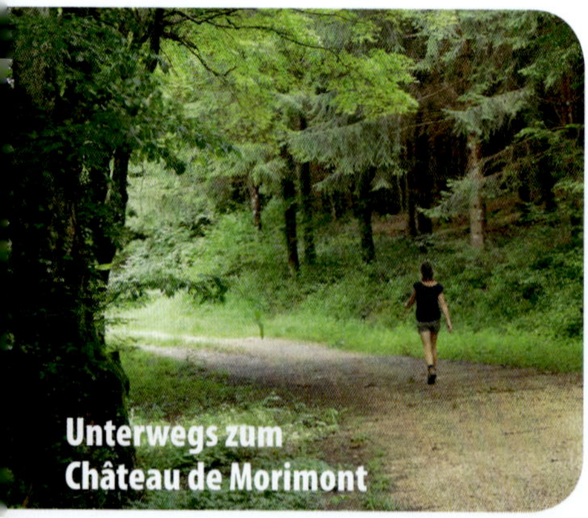

Unterwegs zum Château de Morimont

gelben Raute. Zunächst geht es zwischen den alten Apfelbäumen des Hofes hindurch, dann queren wir eine Weide. Wenn das Gras hoch steht, ist der Weg nicht leicht zu entdecken, die Beschilderung findet sich an den Strommasten. Bald führt sie uns auf einen kleinen Pfad zwischen Bäumen. In diesem niederen Wald haben wir ruckzuck den **Rocher de la Sorcière** ③ erreicht. Der Hexenfelsen bietet einen wunderbaren Ausblick auf die elsässische Ebene, zwischen den Bäumen unter uns entdecken wir schon das Château de Morimont, rechts davon den gleichnamigen Gutshof und die weiten Felder dieser von der Landwirtschaft geprägten Gegend. Bei guter Sicht sind in der Ferne die Vogesen erkennbar.

Wir wandern weiter, steigen auf einem engen Weg abwärts, der Wald ringsum ist feucht, Moose und Flechten bedecken die alten Stämme, Efeu rankt sich daran empor, am Wegrand kommt immer wieder der weiße Kalkstein des Jura zum Vorschein.

Unser Pfad mündet in einen breiten Weg, dem wir weiter talwärts folgen. Jetzt blühen unzählige Blumen am Wegrand: Margeriten, Wegwarten und Wicken verteilen bunte Tupfen, Ackerschachtelhalm schiebt sich mit zartgrünen Trieben dazwischen hindurch. Irgendwann machen die mächtigen Bäume niederen Sträuchern Platz, der Wald öffnet sich, Felder breiten sich zu unserer Rechten aus. Und wir erkennen dahinter die Mauern der Burg. Wir folgen weiter der Beschilderung mit dem gelben Balken und erreichen zu Füßen des Burgberges wieder einen schmalen Pfad im Wald. Glockenblumen säumen ihn. Zwischen den dicken Stämmen erkennen wir schon den ersten Rundturm der Burg. Ein dicker Mantel aus Efeu rankt sich an ihm hinauf. Wir steigen neben Mauerresten und

*Der deutsche **Burgenname** Mörsberg und die französische Variante Morimont sind wohl beide kurz nach Entstehung der Burg aufgekommen und werden bis heute gleichermaßen verwendet.*

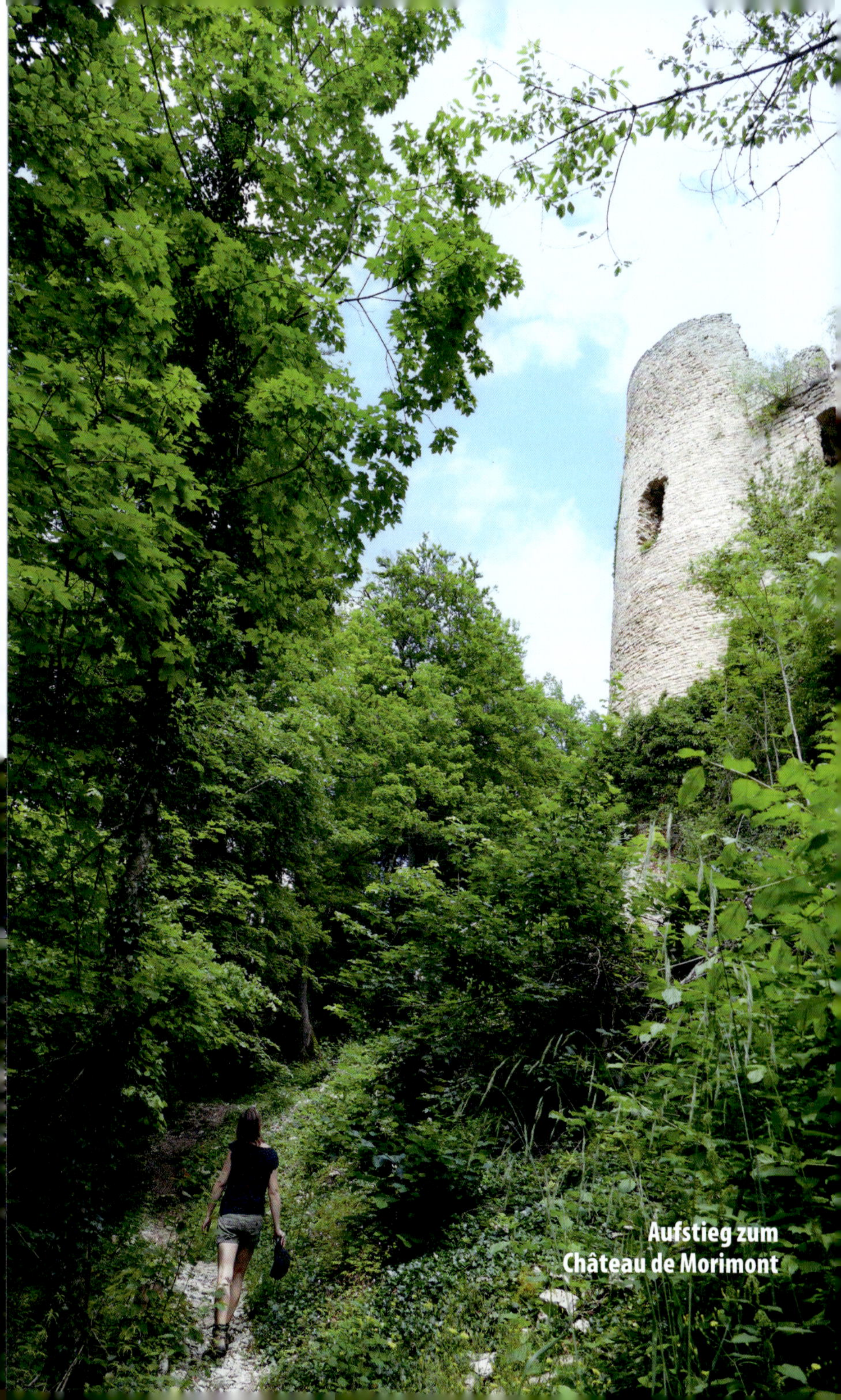
Aufstieg zum
Château de Morimont

weißem Balken auf rotem Grund, das uns führt. Wir biegen links ab und gelangen an den Viehweiden der Ferme Morimont vorbei an die Straße und schließlich zurück nach Oberlarg.

Von hier aus fahren wir wenige Kilometer mit dem Auto in Richtung **Lucelle** und finden mitten in der Natur das Restaurant **Le Petit Kohlberg ❺.** Hier genießt man mit herrlichem Panorama ein fantastisches Essen – nicht ganz günstig, aber seinen Preis wert. Auf der Terrasse, der Veranda oder in der „Stuba" wird traditionelle bis moderne französische Küche serviert – von Froschschenkeln in Riesling-Sauce bis Gambas mit knackigem Gemüse, aber auch Vegetarier und Veganer finden etwas Feines.

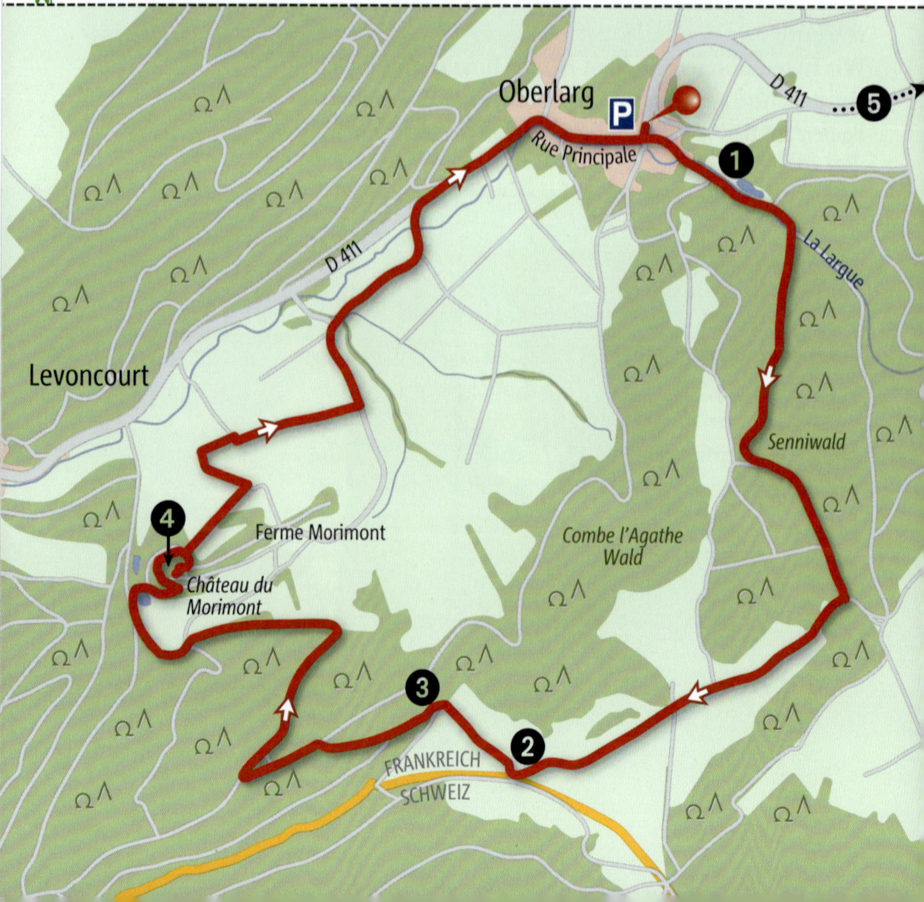

Entspannung ★★★☆☆

Genuss ★★★★☆

Romantik ★★★★★

WIE & WANN:
Mittelschwere Wanderung auf gut begehbaren Wegen. Beste Wanderzeit von April bis November.

HIN & WEG:
Auto: Parkplatz an der Rue Principale, 68480 Oberlarg, Frankreich (GPS: 47.457850, 7.234244)
ÖPNV: Buslinie 832 von Ferrette nach Oberlarg

ESSEN & ENTSPANNEN:
Le Petit Kohlberg ❺ Petit Kohlberg, 68480 Lucelle, Tel. +33 (3) 89 40 85 30, www.petitkohlberg.com

ENTDECKEN & ERLEBEN:
Grotte du Mannlefelsen ❶
Ferme des Ebourbettes ❷
Rocher de la Sorcière ❸
Château de Morimont/Burg Mörsberg ❹

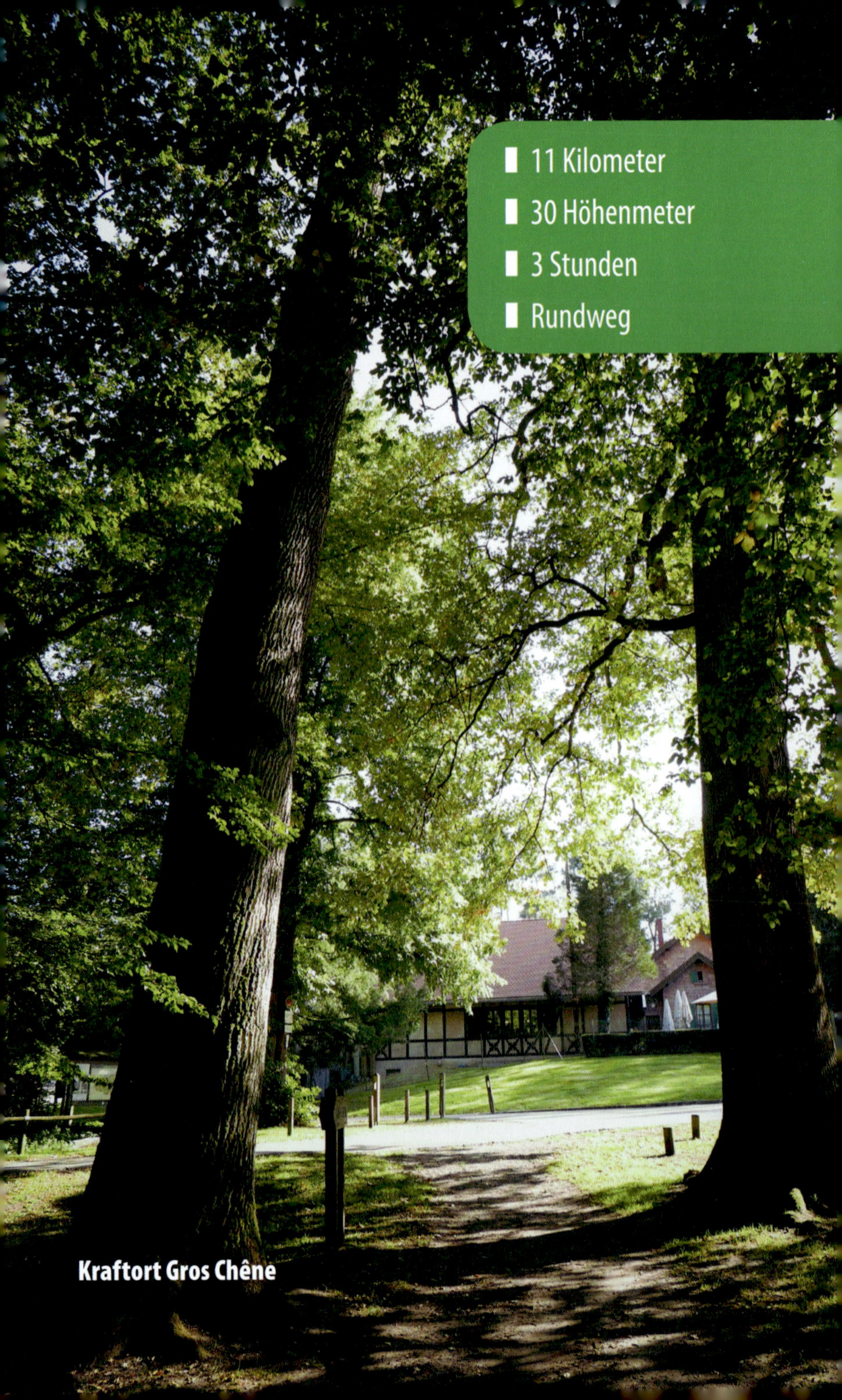

- 11 Kilometer
- 30 Höhenmeter
- 3 Stunden
- Rundweg

Kraftort Gros Chêne

Erholung pur

Der Wald von Haguenau

Wir beginnen unseren Ausflug in den Wald von Haguenau (dt. Hagenau) an der **Gros Chêne ①,** der großen Eiche. Eigentlich sind es zwei Eichen, die den Eingang in den Wald markieren. Stieleichen mit imposantem Stamm und weit in den Himmel ragendem Wipfel. Im Hintergrund liegt eine Kapelle, dahinter plätschert der Eberbach. Ein perfekter Ort, den stressigen Alltag hinter sich zu lassen und zur Ruhe zu kommen. An den Wochenenden und nach Feierabend trifft man hier einige Auszeitsuchende, ein Spielplatz und ein Tiergehege hinter dem Restaurant locken Familien mit Kindern an. Sobald man aber einen Pfad in den Wald eingeschlagen hat, ist man meist für sich.

Den Namen trägt der Rastplatz „Gros Chêne" aufgrund einer uralten Eiche, deren Reste wir rechts der Kapelle entdecken können. Im Jahr 1931 vom Blitz getroffen, ist heute nur noch ein Teil des Stammes übrig – mit einem Blechhut vor der Witterung geschützt.

Wir gehen von der Gros Chêne aus nach Nordosten los, zunächst überqueren wir auf der geteerten Straße den **Eberbach,** der sich in engen Schleifen durch den Wald zieht. Dann biegen wir rechts in die Allée Forestière du Gros Chêne ein. Wir folgen dem **Circuit Blumengarten** (Blumengarten-Rundweg) und dem Wegzeichen mit dem blauen Ring, das uns nun links ab in den Wald hineinführt.

Heiliger Forst wurde der Forêt de Haguenau früher genannt – wegen der vielen Kirchen und Klöster, die hier standen. Mit rund 21.000 Hektar Fläche ist er das größte geschlossene Waldgebiet im Elsass und das

!

*Vom Parkplatz Gros Chêne starten viele Wanderwege in den Haguenauer Forst. Empfehlenswert ist auch der 2,5 Kilometer lange **Sentier de Découverte**, ein Entdeckungspfad, der links des Gasthauses in den Wald hineinführt (Wegmarkierung: gelber Kreis).*

sechstgrößte in Frankreich. Er erstreckt sich von Pfaffenhoffen im Westen bis Seltz ganz im Osten und reicht im Süden bis an die Stadtgrenzen von Haguenau und Soufflenheim heran.

Mitten im Wald aber sind wir weit weg von der Zivilisation. Nur Vogelzwitschern dringt aus den belaubten Zweigen von Büschen und Bäumen. Vorwiegend Roteichen wachsen hier, als Brandschutzriegel gepflanzt, um bei einem Feuer die Ausbreitung in den Kieferbeständen zu bremsen. Es ist ein Wald, in dem die Spuren der Menschen deutlich sind: breite Wege, klare Linien. Am 26. Dezember 1999 hat der Orkan Lothar 40 Prozent der Waldfläche verwüstet. 100 Jahre wird es dauern, so schätzen Experten, bis sich der Wald vollständig erholt hat.

Bald weist uns das Wegzeichen nach links, dann über die Route de Schwabwiller hinweg und in die **Allée Blumengarten** hinein. Der Waldboden ist von hohen Farnen bewachsen, die Abendsonne schickt ihre Strahlen zwischen den Bäumen hindurch. Und wir erkennen, warum die Waldallee ihren Namen zu Recht trägt: Krokusse strecken lange, fast weiße Stiele

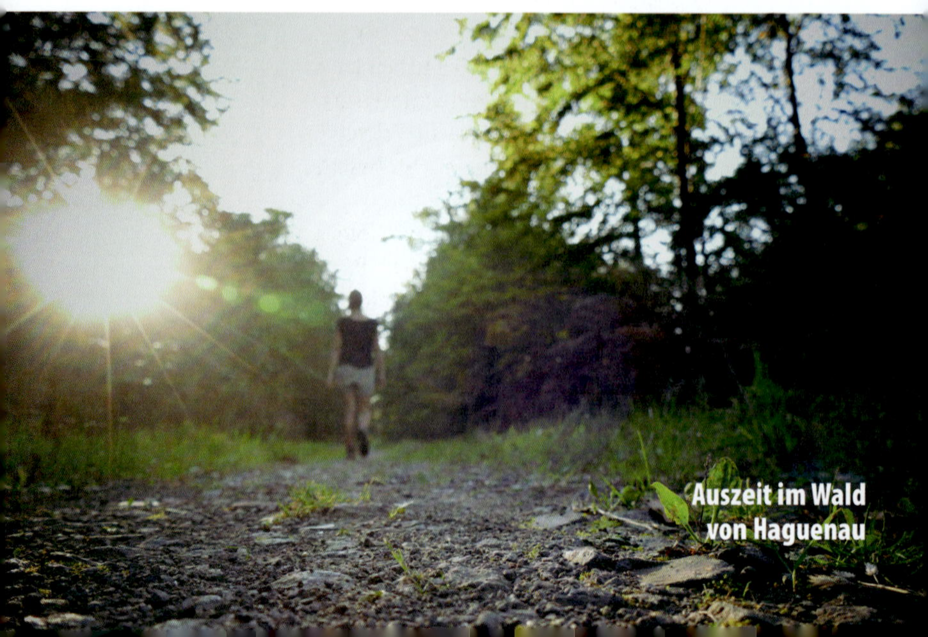

Auszeit im Wald von Haguenau

Für die Seele

Im Herzen des Haguenauer Forsts finden wir Abstand zum Alltag – und machen uns schließlich in Soufflenheim auf die Suche nach ganz anderen Schätzen dieses Waldes.

empor, ihre zartlila Blüten heben sich von den warmen Herbstfarben der Umgebung ab. Im Frühjahr verteilen sich die Blüten der Buschwindröschen wie weiße Tupfen im Wald. Dass wir auch im Herbst Blumen entdecken würden, haben wir nicht erwartet.

Und noch etwas anderes haben wir nicht erwartet. Etwas, das sich mit einem Schnaufen ankündigt. Im Wald zu unserer Linken ist Bewegung: ein Scharren im Unterholz. Und ein ungewöhnlicher, würziger Duft steigt uns in die Nase. Dann sehen wir es auch schon – ein Wildschwein, nicht sehr groß, aber auch kein Frischling mehr. Es taucht einige Meter vor uns auf dem Weg auf, rennt dann eilig zurück in den Wald, in die uns entgegengesetzte Richtung. Wir erinnern uns, was wir über Empfehlungen bei Wildschweinbegegnungen gelesen haben: Leise unterhalten, damit die Tiere wissen, wo man sich befindet. Wir bleiben kurz stehen, bis sich die Geräusche im Wald verloren haben, und gehen dann weiter. Was für ein Erlebnis! Neben Wildschweinen leben übrigens auch Hirsche und Damwild in diesem Wald.

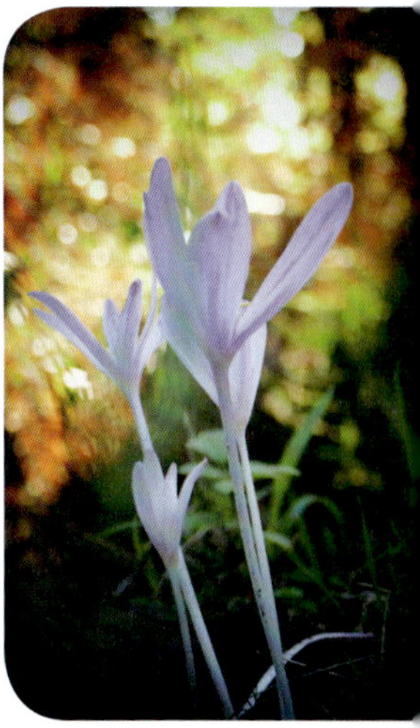

Wir wandern weiter Richtung Nordwesten, folgen immer noch dem Wegzeichen mit dem blauen Ring. Dieses führt uns bald nach links und nach einigen Metern auf einem parallelen Weg zurück nach Südosten. Hier ist der Wald lichter, der Weg von Gras bewachsen. Und kurz darauf weist uns ein Schild nach links – ein „Arbre remarquable" wird angekündigt, eine **bemerkenswerte Waldkiefer ②.** Der wunderschöne Baum überragt die umstehenden, von der Abend-

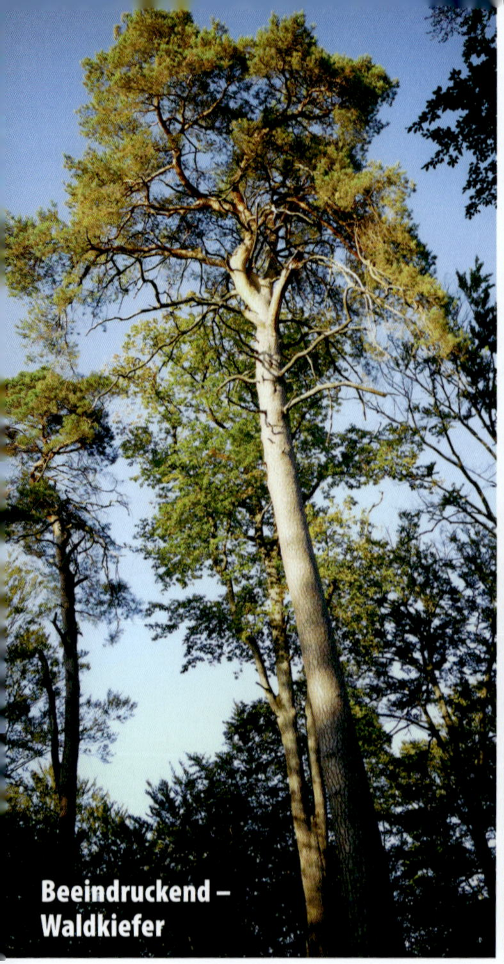

Beeindruckend – Waldkiefer

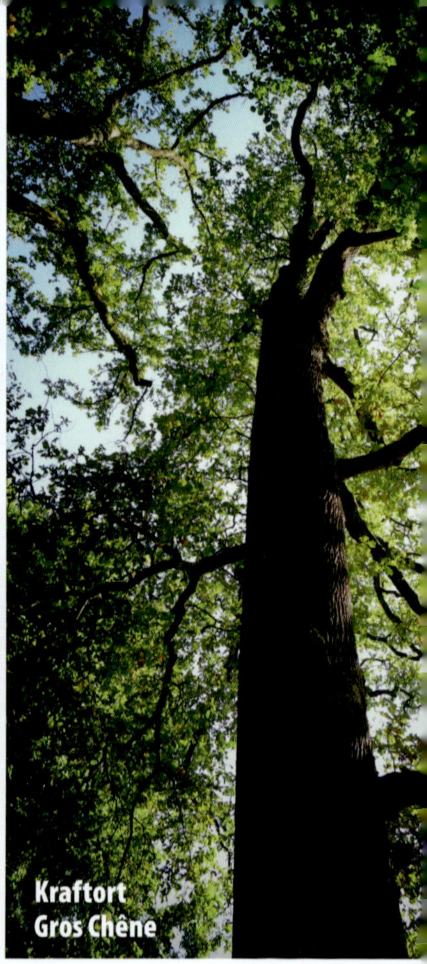

Kraftort Gros Chêne

sonne wie mit einem Scheinwerfer in warmes Licht getaucht. Der enorme Stamm mit seiner typisch schuppigen Borke hat einen Umfang von 3,6 Metern. Kein Wunder, dass er zu den Schätzen des Haguenauer Waldes gehört: Ausgezeichnet werden hier Bäume, die durch ihre Größe, ihr Alter, ihre Form oder ihre Geschichte einzigartig sind. Sie gehören zum Natur- und Kulturerbe des „Heiligen Forsts".

Wir kehren auf den Hauptweg zurück, wandern im Abendlicht weiter. Bald dominieren Birken zu beiden Seiten des Wegs, später Kiefern mit ihren orange-braunen Stämmen. Wir erreichen wieder die **Route de Schwabwiller**, wandern auf ihr zurück zur Großen Eiche.

Viele Picknicktische laden dazu ein, sich in dieser Waldlichtung niederzulassen. Wir aber wollen uns in der **Auberge du Gros Chêne** ③ verwöhnen lassen. Während im Rücken des Gasthauses Schafe blöken und Hühner gackern, spaziert uns ein leuchtend blauer Pfau entgegen. Wir finden unter einem der großen Schirme Platz in der Gartenwirtschaft und genießen einen wirklich hervorragenden Flammkuchen aus dem Steinofen. Auch Wildliebhaber kommen hier auf ihre Kosten: Auf der Karte stehen Wildschwein mit Steinpilzen und Preiselbeeren.

Wer noch einen anderen, typisch elsässischen Ort aufsuchen möchte, sollte nach dem Waldausflug unbedingt nach **Soufflenheim** fahren – in die Cité des Poitiers, die Stadt der Töpferinnen. Das Handwerk ist mit dem Haguenauer Forst eng verbunden, findet sich das benötigte Material doch in den meterdicken Lehmschichten unterhalb des sandigen Waldbodens. Die Ge-

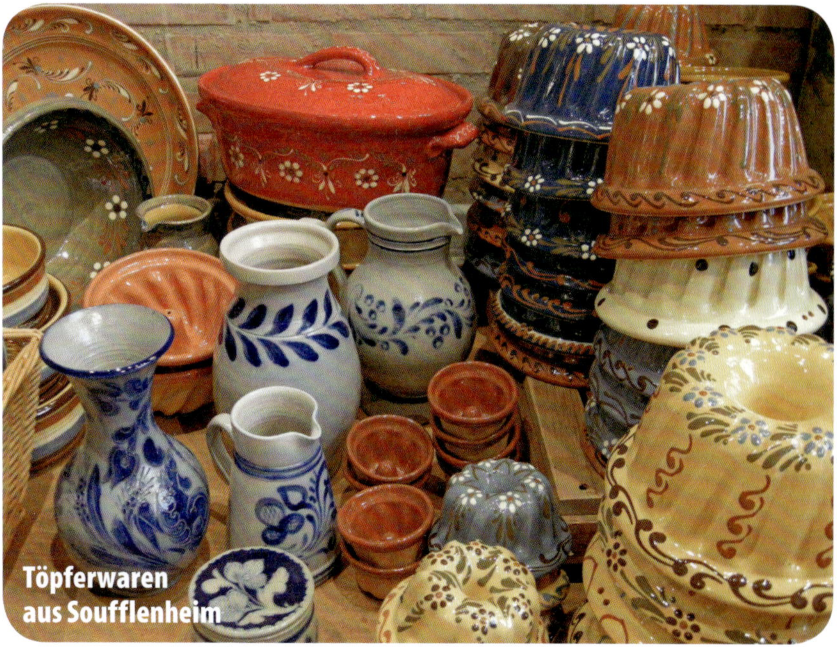

Töpferwaren aus Soufflenheim

schichte der Soufflenheimer Töpfereien beginnt schon im Mittelalter: Im Jahr 1147, als der Ort erstmals urkundlich erwähnt wurde, erlaubte Friedrich Barbarossa den örtlichen Töpfern, die Lehmgruben innerhalb des kaiserlichen Jagdreviers zu nutzen. Auch wenn in Soufflenheim heute deutlich weniger Töpfereien angesiedelt sind als noch vor 100 Jahren, die Stadt ist immer noch ein Mekka für Keramikfans. Aufwendig verzierte Gugelhupf-Formen, Bräter für den berühmten Baeckeoffe, gepunktete Becher, bunte Krüge und Kannen: Die schönsten Stücke gibt es in der **Poterie Lehmann 4**, wo die Schwestern Sylvie und Kathia die Töpferei in der vierten Generation führen und das alte Handwerk mit jungen, kreativen Ideen bereichern.

***Baeckeoffe** ist ein traditionelles elsässisches Gericht, bei dem verschiedene Fleisch- und Gemüsesorten lange mariniert und schließlich im typischen Bräter geschmort werden.*

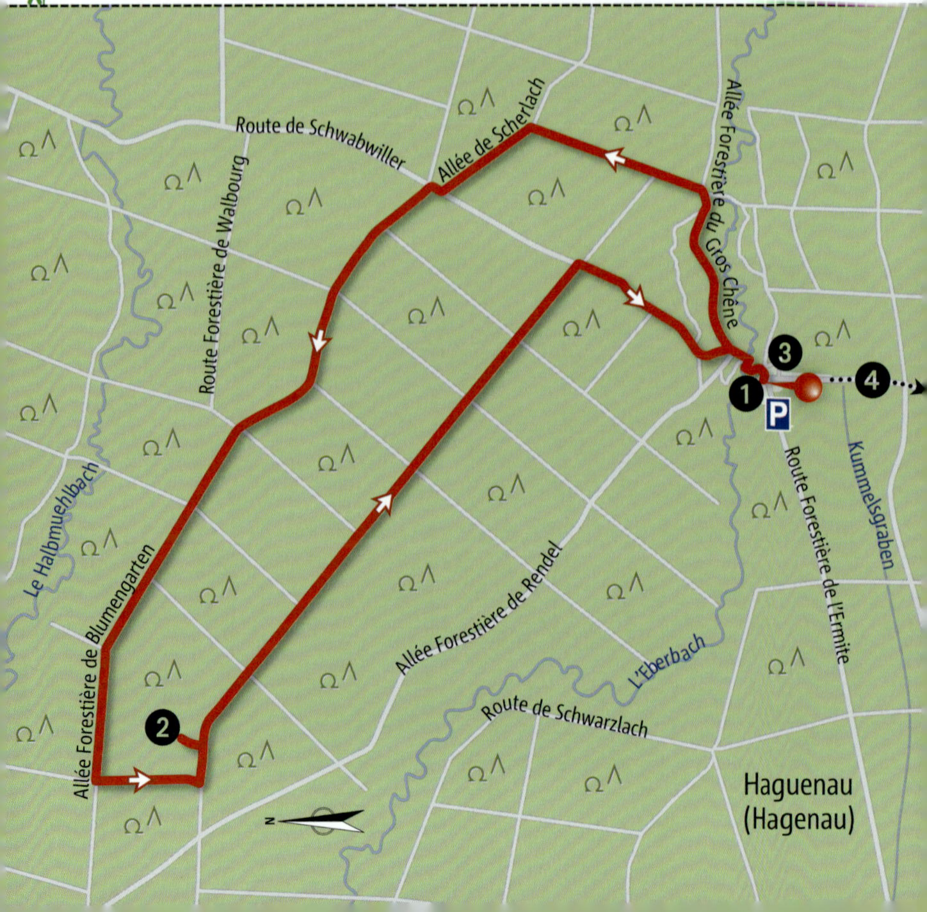

Entspannung ✱✱✱✱✱
Genuss ✱✱✱
Romantik ✱✱✱

WIE & WANN:
Leichte Wanderung auf ebenen Wegen, auch mit Kinderwagen befahrbar; ganzjährig empfehlenswert.

HIN & WEG:
Auto: Parking du Gros Chêne, Route de Schwabwiller, 67500 Haguenau, Frankreich (GPS: 48.851027, 7.862559)
ÖPNV: nicht mit öffentlichen Verkehrsmitteln erreichbar

ESSEN & ENTSPANNEN:
Auberge du Gros Chêne ❸ Route de Schwabwiller, 67500 Haguenau, Tel. +33 (3) 88 73 15 30, aubergedugroschene.fr

ENTDECKEN & ERLEBEN:
Gros Chêne ❶
Bemerkenswerte Waldkiefer ❷
Poterie Lehmann ❹ 7 Route de Haguenau, 67620 Soufflenheim, Tel. +33 (3) 88 86 60 02, www.poterie-soufflenheim.com

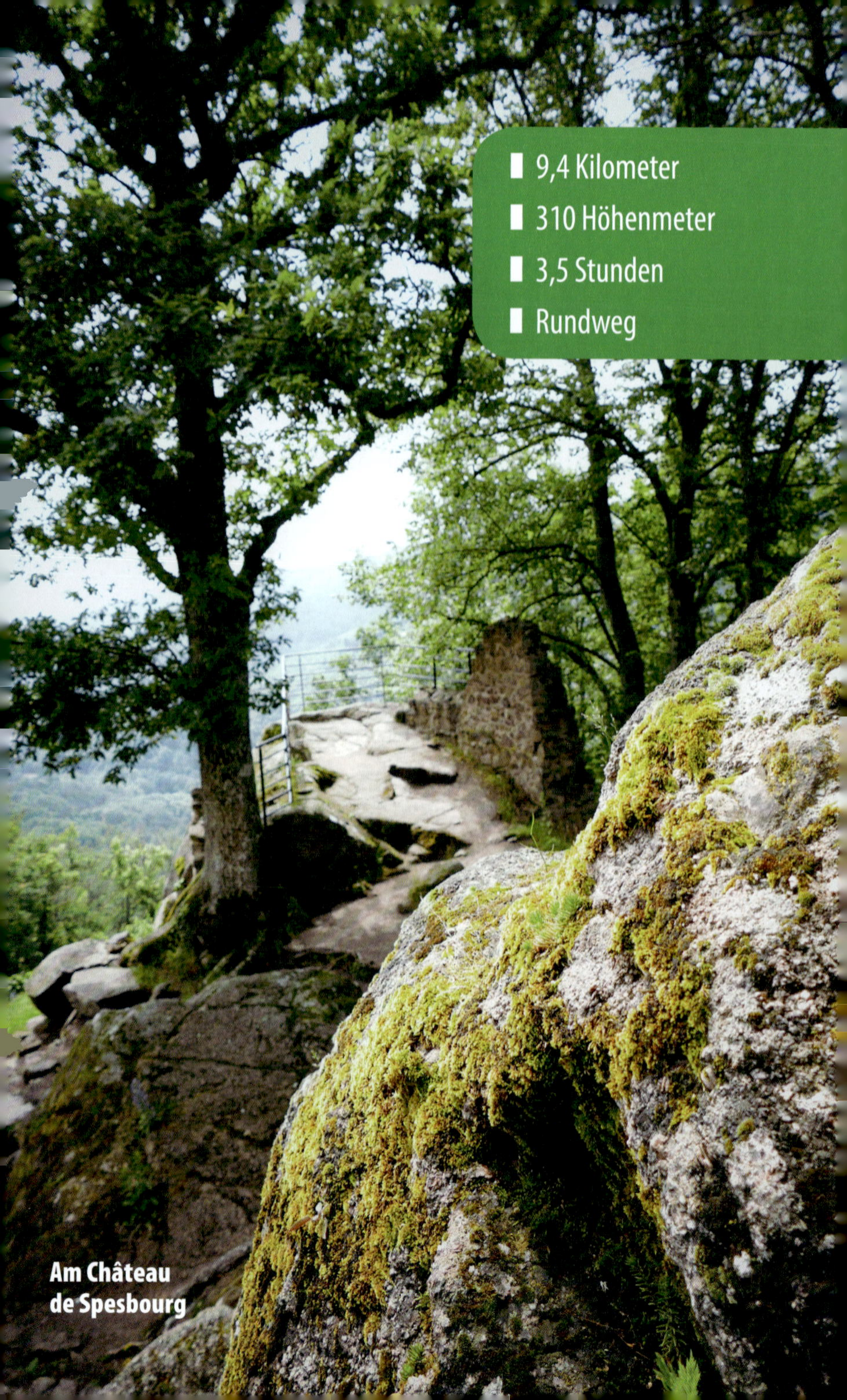

- 9,4 Kilometer
- 310 Höhenmeter
- 3,5 Stunden
- Rundweg

Am Château de Spesbourg

Majestätisch

Die Burgen von Andlau

Malerische Gassen, eine beeindruckende Abteikirche, mystische Orte mitten im Wald und zwei Burgruinen hoch über den Weinbergen: Die kleine Gemeinde Andlau am Fuß der Vogesen bietet viele Highlights. Wir machen uns im Schatten der **Kirche Saints-Pierre-et-Paul** ❶ auf, sie zu entdecken. Einst war der monumentale Bau die Abteikirche des Klosters Sankt Richardis. Später folgten immer wieder Umbauten, sodass wir heute Spuren der Romanik, Gotik und Nachgotik finden: Der untere Teil der Fassade etwa stammt aus dem 12. Jahrhundert, der obere aus dem 17. Jahrhundert.

*Die **Abtei Andlau** wurde 880 von Kaiserin Richardis, Ehefrau von Karl dem Dicken, gegründet. Der Ort entwickelte sich um das Kloster herum. Von der ursprünglichen Kirche ist noch die Krypta aus dem 11. Jahrhundert zu sehen.*

Nördlich der Kirche führt ein Rundbogen durch die Häuserzeile. Wir gehen hindurch, erreichen die **Rue du Maréchal Joffre** und biegen jenseits des Flusses rechts in den **Sentier de la Grotte** ein. Er führt zunächst an der wilden Andlau entlang, vorbei an der Grotte mit Marien-Statue und an den Fuß des Weinbergs. Hier müssen wir achtgeben, um den Einstieg in den schmalen Pfad nicht zu verpassen, der in die Reben hinaufführt. Im Sommer, wenn die Weinstöcke dichtes Laub tragen, ist er nicht ganz leicht zu finden. In Serpentinen windet er sich hinauf, wir sind schon nach ein paar Höhenmetern ganz schön aus der Puste. Macht aber nichts, denn eine Verschnaufpause

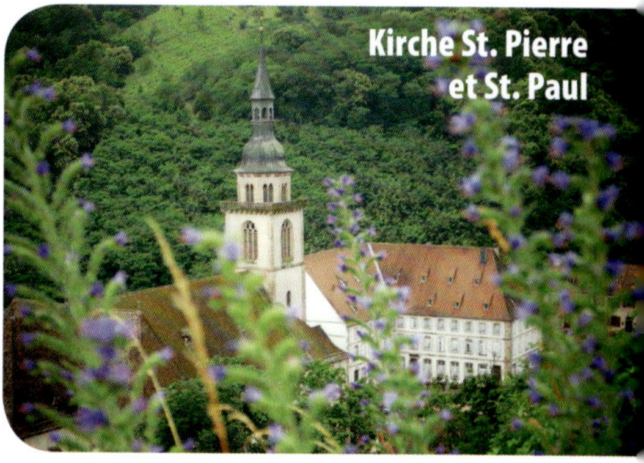

Kirche St. Pierre et St. Paul

bietet einen herrlichen Blick zurück auf die Stadt, wo bunte Fachwerkhäuser die geschwungenen Straßen säumen. Stolz ragt der Kirchturm darüber auf.

Weiter steigen wir in engen Kehren den Weinberg hinauf, biegen links auf einen breiteren Weg und erreichen einen wunderbaren **Aussichtspunkt.** Eine Bank lädt zur Rast ein. Der Blick weitet sich über die elsässische Ebene. Wir schöpfen Kraft für den nächsten Anstieg, der uns erwartet. Zunächst folgen wir dem Wegweiser zum Col du Crax, meistern eine weitere kräftezehrende Steigung und biegen links ab. Eine geteerte Straße führt uns bis unter das Dach der Bäume. Und hier finden wir einen schmalen Pfad, der uns in den Wald hineinführt. Moosbewachsene Findlinge liegen am Wegrand, unser Weg schlängelt sich dazwischen hindurch, immer leicht bergan. Wir erreichen eine Weggabelung mitten im Wald und entscheiden uns für den schmalen Pfad Richtung Trois Chênes und Chapelle Sainte-Anne (blaues Dreieck). Nun wird es wilder: Zunächst führt unser Weg steil bergab, unter

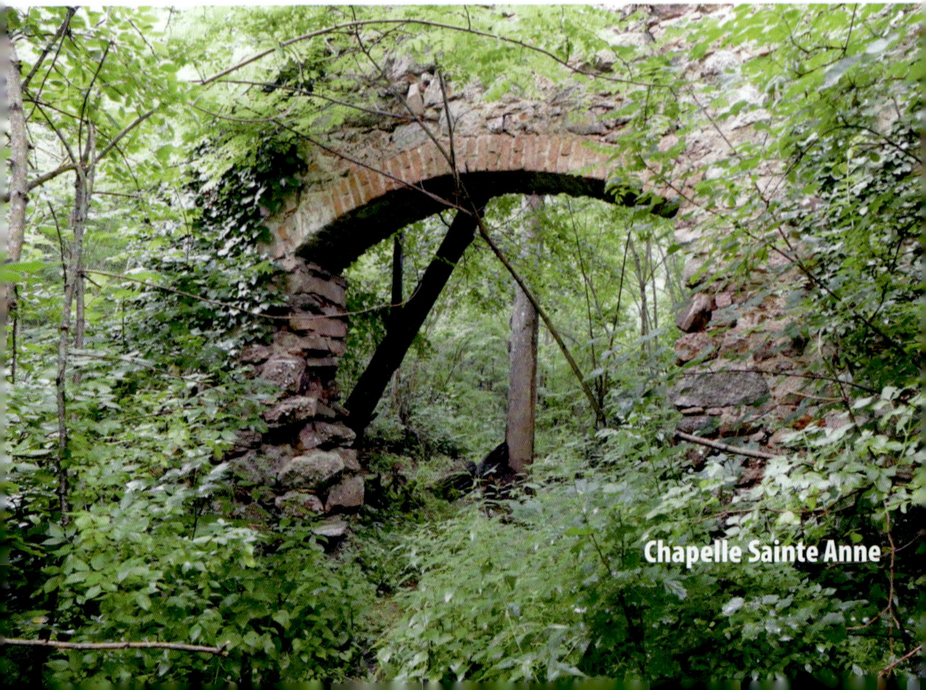

Chapelle Sainte Anne

Für die Seele

Weithin sichtbar überragen die beiden Türme der Burg Hoh-Andlau majestätisch das Tal und den Ort: eine Einladung, die man unbedingt annehmen sollte!

umgestürzten Baumstämmen hindurch, um dicht stehende Esskastanien herum. Wir müssen aufpassen, auf dem feuchten Waldboden nicht auszurutschen. Nicht lange aber, und wir erreichen den **Carrefour des Trois Chênes.** Drei mächtige Eichen beherrschen den Platz, Moos bemächtigt sich der Stämme und Steine – ein magischer Ort. Auch hier entdecken wir das Wegzeichen mit dem blauen Dreieck und wandern nordwärts weiter. In einem kleinen Bogen schwenkt der Weg nach Westen – und wir stehen im Handumdrehen vor der **Chapelle Sainte-Anne ❷.** Die Ruine ist nicht minder geheimnisvoll: Efeu rankt die Mauerreste empor, der Wald ergreift immer mehr Besitz von der ehemaligen Kapelle, einzig ein Torbogen trotzt noch dem Verfall.

Wir wandern weiter, erreichen eine T-Kreuzung und schlagen den linken Weg Richtung Hungerplatz und Château Spesbourg ein (rotes X). Der schmale Pfad bringt uns bald auf einen breiten Weg, dem wir nach rechts folgen. Hier finden wir ein Gewirr von Wegzeichen, wir orientieren uns an den Schildern zur Spesbourg und wählen schließlich den Weg, der direkt zur Burg führt. Auf schmalem Pfad schlängeln wir uns durch den Wald, bis sich plötzlich das Dach der Bäume öffnet und die enormen Mauern der Spesburg hoch vor uns aufragen. Das **Château de Spesbourg ❸** wurde wohl ebenso wie die Burg Hoh-Andlau zum Schutz der Abtei erbaut. Und von den Felsen vor dem Burgtor genießen wir einen großartigen Blick auf Andlau hinab.

Um 1250 errichtet, diente die befestigte Burg zum einen militärischen Interessen, zum anderen war sie

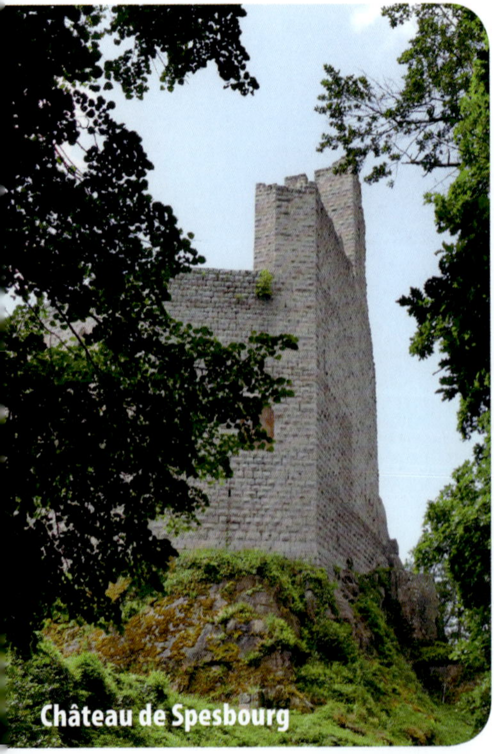

Château de Spesbourg

repräsentativer Wohnsitz der adligen Familie von Staheck-Dicka. Obwohl die Spesburg im Dreißigjährigen Krieg zerstört wurde, ist sie noch immer beeindruckend: Die Außenmauer ist weitgehend erhalten, gotische Fenster reihen sich aneinander, im Innern sind noch Reste großer Kamine erkennbar. Eine steile Treppe führt hinein in das Wohngebäude, die vielen Fenster erlauben immer neue Ausblicke und Perspektiven. Wir schlendern an den Mauern entlang, können uns lange nicht sattsehen.

Schließlich schlagen wir den Rückweg ein. Zunächst wandern wir auf dem gleichen Pfad zurück, wenden uns dann aber Richtung Château d'Andlau. Felsen säumen unseren Waldweg, die Bäume schließen sich wie ein grüner Tunnel über unseren Köpfen, auf ebener Strecke lässt es sich herrlich laufen und entspannen.

Wir nähern uns dem **Château du Haut-Andlau 4** in einem kleinen Schlenker von Süden. Der Pfad führt unterhalb des mächtigen Granitfelsens herum, auf dem die Burg Hoh-Andlau – so der deutsche Name – errichtet wurde, gewaltig ragen die beiden Türme über uns auf. Durch den Vorhof erreichen wir den Zugang zum Château. Mehrere Treppen führen hinauf zum Wohngebäude. Früher war die Burg durch eine Zugbrücke geschützt, die steilen Abhänge des Silberbergs machten sie nahezu uneinnehmbar. Tatsächlich überstand das 1264 von Eberhard von Andlau erbaute Château den Dreißigjährigen Krieg weitgehend unbeschadet. Unter den Burgen der Vogesen ist Hoh-Andlau die einzige, die bis zur Französischen Revolution bewohnbar blieb. Als Nationalgut konfisziert, wurde sie an einen Händler verkauft, der sie Stück für Stück weiterveräußerte. Zu einer Zeit, in der man dem Erbe der Vergangenheit eher gleichgültig gegenüberstand, wurde das Gebäude zum Steinbruch. 1808 kaufte die Familie von Andlau die Burg zurück und bewahrte sie vor der völligen Zerstörung. Heute kümmert sich ein Verein um ihren Erhalt.

Nachdem wir den Blick über das Tal ausgiebig genossen und die mächtigen Mauern bewundert haben, folgen wir der Route mit dem blauen Dreieck in Richtung Rocher Sainte-Richarde. Durch einen knorrigen Eichenwald geht es dem Aussichtspunkt entgegen. Von Ginster umgeben und von runden Felsen geschützt ist der **Rocher Sainte-Richarde** **5** ein fantastischer Platz für eine Rast. Hoch über dem Ort und der Kirche gelegen, reicht der Blick bis weit in das Tal der Andlau.

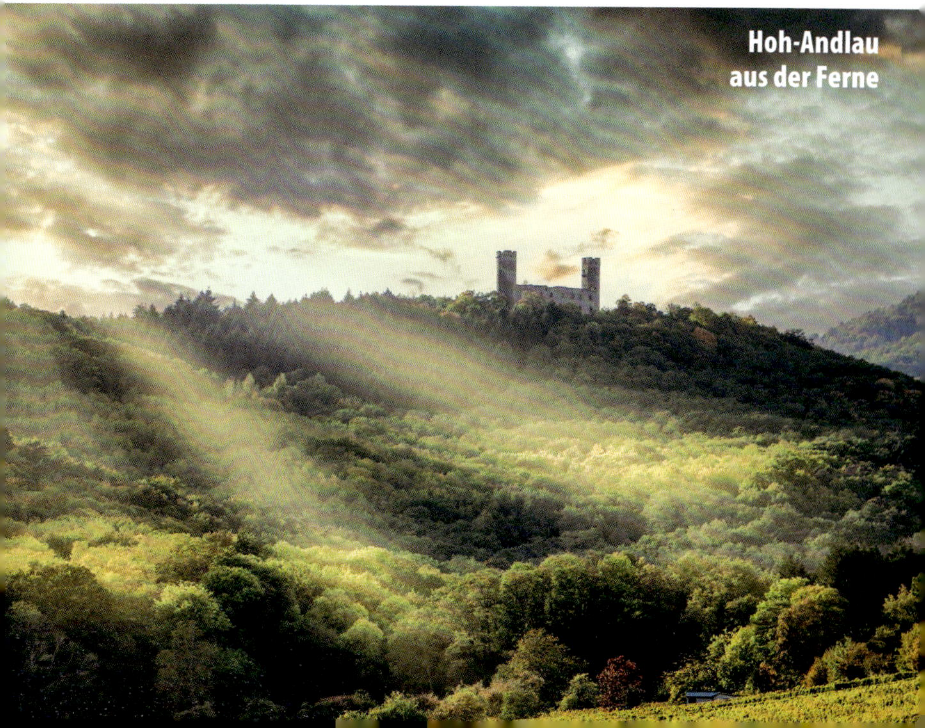
Hoh-Andlau aus der Ferne

Auszeittour 4

Anschließend machen wir uns an die letzte Etappe. Wir erreichen schnell die Weggabelung, die wir vom Hinweg kennen, und kehren durch die Weinberge wieder zurück zum Ort. Wenn die Sicht gut ist, bietet sich ein Abstecher zum **Kiosque du Kastelberg** ein, einem Pavillon in den Reben der gleichnamigen Weinlage. Apropos Wein: Den und ein gutes Vesper wollen wir nun in der **Winstub au Val d'Eléon** ❻ einnehmen. Darum schnell durch die Reben hinunter in den Ort gestiegen. Die Einkehr in die Winstub ist ein urig-rustikales Vergnügen. Die herzlichen Wirtsleute servieren traditionell elsässische Speisen in höchster Qualität und zu einem sehr guten Preis. Bon appétit!

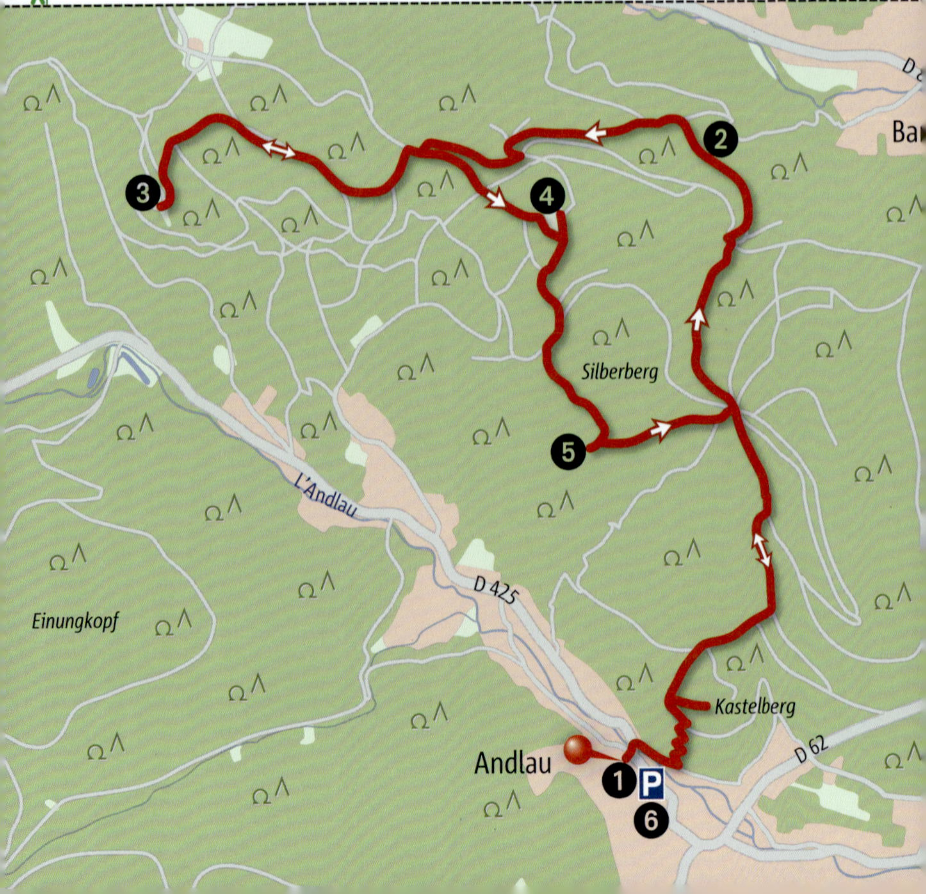

Entspannung ★★★★☆
Genuss ★★★☆☆
Romantik ★★★★★

WIE & WANN:
Mittelschwere Wanderung auf herrlichen Waldpfaden.
Beste Wanderzeit von Mai bis November.

HIN & WEG:
Auto: Parkplatz an der Kirche Saints-Pierre-et-Paul, 15 Cour de l'Abbaye, 67140 Andlau, Frankreich (GPS: 48.388130, 7.415263)
ÖPNV: Regionalzug (TER) von Strasbourg nach Barr, dann weiter mit Buslinie 542 bis Andlau-Mairie

ESSEN & ENTSPANNEN:
Winstub au Val d'Eléon ❻ 19 Rue du Dr. Stoltz, 67140 Andlau, Tel. +33 (3) 88 08 93 23, valdeleon.fr

ENTDECKEN & ERLEBEN:
Kirche Saints-Pierre-et-Paul ❶
Chapelle Sainte-Anne ❷
Château de Spesbourg/Spesburg ❸
Château du Haut-Andlau/Burg Hoh-Andlau ❹
Rocher Sainte-Richarde ❺

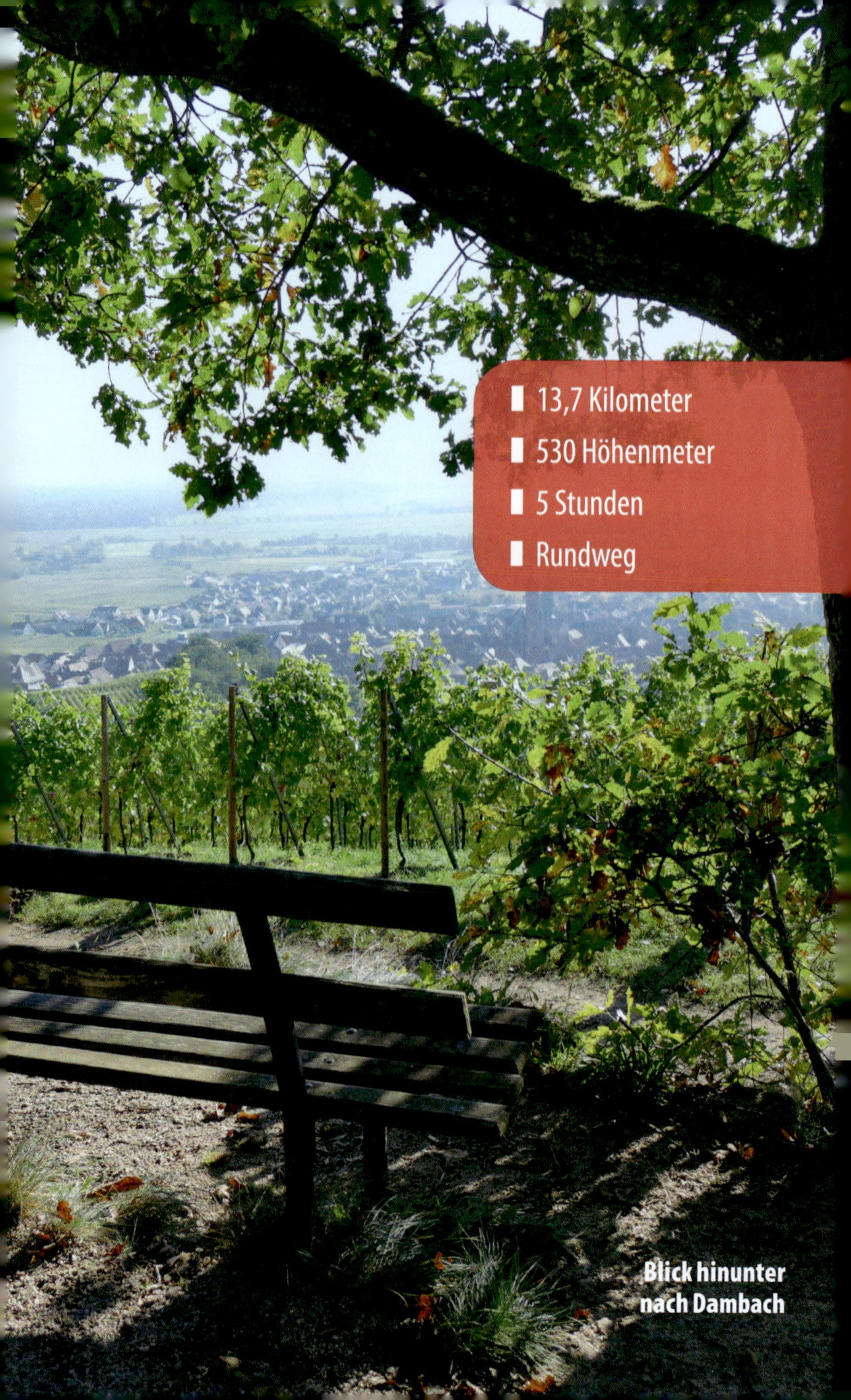

- 13,7 Kilometer
- 530 Höhenmeter
- 5 Stunden
- Rundweg

Blick hinunter nach Dambach

Wir beginnen unsere Wanderung an der **Route du Vin** außerhalb der Stadtmauer von Dambach-la-Ville. Durch das **Ebersheimer Tor** treten wir in den mittelalterlichen Stadtkern und sind sofort umgeben von herrlichen Fachwerkhäusern. Über die Rue du Maréchal Foch erreichen wir links den **Place du Marché.** Er

Bellevue

Höhenrunde bei Dambach-la-Ville

ist ein echtes Schmuckstück. Hier ragt die Fassade des Renaissance-Rathauses mit ihren hohen Stufengiebeln auf. Die Auberge de la Couronne mit Freitreppe und Krüppelwalmdach ist als „Monument historique" klassifiziert – und eines der schönsten Fachwerkhäuser des Ortes. Alles wird überragt vom Turm der Kirche Saint-Etienne, deren imposanter Bau noch heute von der einstigen Vorherrschaft der Stadt zeugt.

*Drei von ehemals vier Wehrtürmen aus dem 14. Jahrhundert sind in **Dambach-la-Ville** noch erhalten. Eine einfache Stadtmauer hatte der Ort schon vor dem 12. Jahrhundert. Nachdem Dambach 1227 Bischofssitz war, wurde die Befestigung stark ausgebaut.*

Überall im Ort treffen wir auf Bären – etwa am Brunnen gegenüber dem Rathaus. Warum? Dieser Legende wollen wir nachgehen und folgen den Schildern zur Burg Bernstein (Wegzeichen mit dem blauen Kreis). Durch die Rue du Général de Gaulle gelangen wir an die **Porte de Blienschwiller.** Hier verlassen wir den Stadtkern und gelangen links auf der Rue de la Porte Haute in den Weinberg. Auf dem leicht ansteigenden Weg haben wir bald einen herrlichen Blick auf den Ort und die Weite der Rheinebene. Und das nächste Zwischenziel kommt rechts oben auch schon in den Blick: die **Kapelle Saint-Sébastien ❶,** deren älteste Teile aus dem 12. Jahrhundert stammen. Während der Französischen Revolution wurde die Kirche

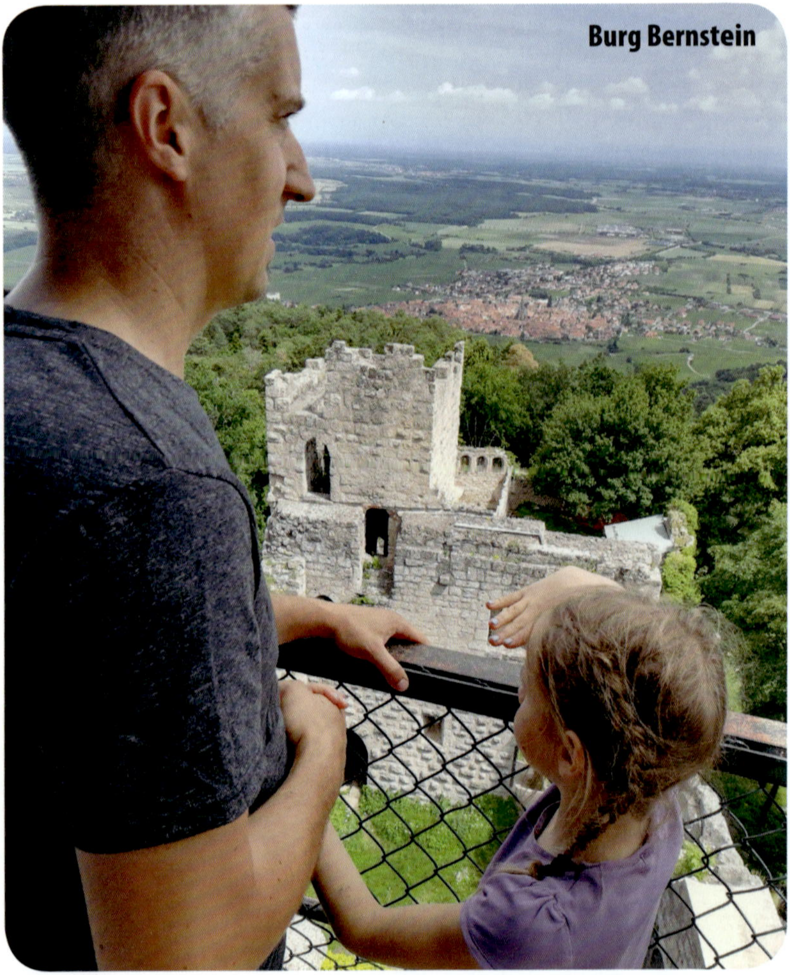

Warum aber nun Bernstein? Der Legende nach hauste auf dem Granitfelsen unter der Burg eine Bärenfamilie – der ***Bärenstein****, welcher der Burg ihren Namen gab.*

konfisziert, doch die Bürger der Stadt erwarben sie zurück: Bis heute ist die Kapelle im Besitz der 32 Dambacher Familien, die sich zur Bruderschaft Saint-Sébastian zusammengeschlossen haben, um sie zu erhalten.

Weiter geht es den Weinberg hinauf, dem Wald entgegen. Esskastanien säumen bald den Weg, ihre stacheligen Hüllen bedecken den Boden, immer wieder kullert eine glänzende dunkelbraune Marone direkt vor unsere Füße. Eine Einladung zum Sammeln: Wir packen ein paar besonders pralle Früchte in den Rucksack und freuen uns schon jetzt auf den nussigen Geschmack der gerösteten Esskastanien.

Schließlich treten wir in den Wald ein. Und dort geht es ordentlich bergan. Was für ein Glück, dass im-

Für die Seele

Hoch über dem Rheintal erklimmen wir fantastische Aussichtsfelsen und mit dem Château du Bernstein eine der ältesten Burganlagen des Elsass.

mer wieder eine Bank zum Hinsetzen und Ausruhen am Weg steht – herrlicher Ausblick über die Reben inklusive. Oberhalb von Dambach wachsen übrigens ganz besondere Weine: Der Ort und seine Rebhänge ruhen auf Granit und dieser verleiht dem Wein seine spezielle mineralische Note. Bevor wir in diesen Genuss kommen, wollen wir aber noch viele andere Besonderheiten des Ortes aufsuchen, also, weiter den Berg hinauf!

Im lichten Blätterwald erreichen wir den **Bibelefelsen ❷**, einen stillen Ort mit beeindruckenden Steinformationen inmitten der Bäume. Scharf rechts biegt der Weg nun ab. Über Felsen und Wurzeln steigen wir weiter bergauf – und erreichen in 20 Minuten die **Burg Bernstein ❸**. Mächtig ragt sie über uns auf –

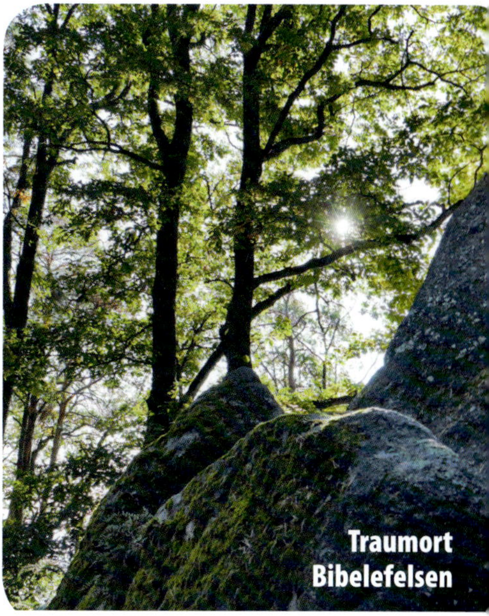

Traumort Bibelefelsen

auch sie auf einem Granitfelsen erbaut. Ein außerordentlich guter Standort: Die Besitzer konnten sich gegen Angreifer sehr wirksam verteidigen. Und noch heute ist die Burg, die zu den ältesten Anlagen im Elsass zählt, nur über Wanderwege erreichbar. Aber dieser Aufstieg ist alle Mühe wert.

Eine Treppe führt vom Innenhof in den Turm. Durch nachtschwarze Dunkelheit erklimmen wir die letzten Meter zur Turmspitze und werden mit einem gigantischen Blick hinunter ins Tal belohnt. Dambach-la-Ville liegt uns zu Füßen, das Rheintal breitet sich in seiner ganzen Weite vor uns aus, an klaren Tagen sieht man bis in den Schwarzwald hinüber. Schwindelfrei sollte man hier oben sein: Die Aussichtsplattform ist klein, das Geländer eine einfache Eisenstange.

Vom 18 Meter hohen Turm haben wir auch einen perfekten Blick auf die Burganlage. Unter ihm erstreck-

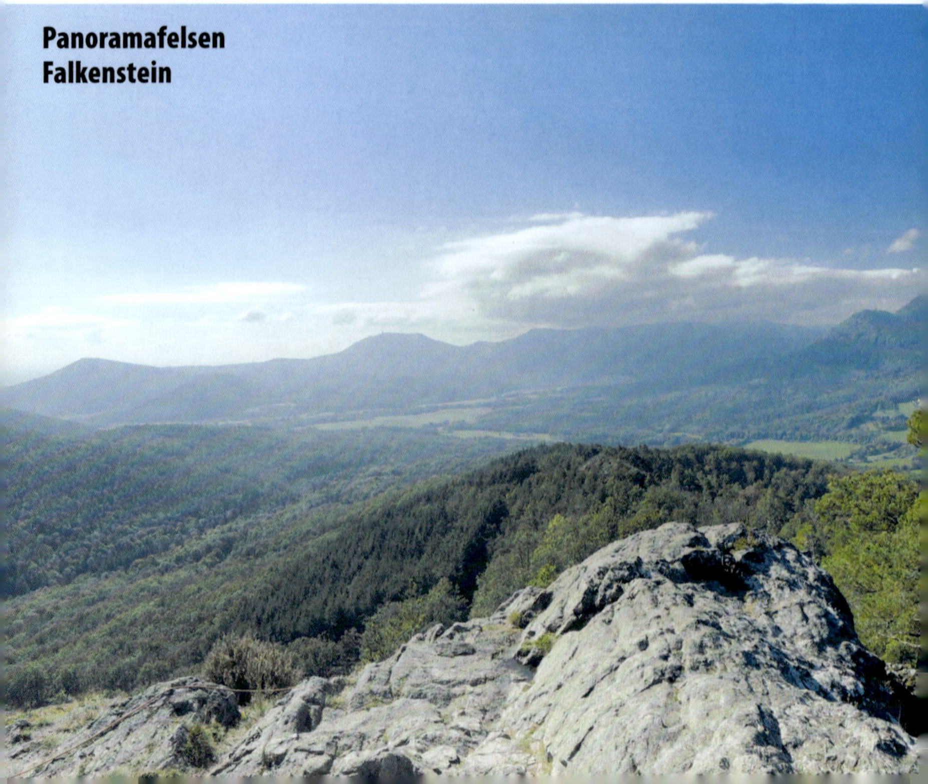

Panoramafelsen Falkenstein

ten sich die herrschaftlichen Wohnräume, noch heute sind deren Rundbogenfenster erkennbar. Die erhaltenen Mauern stammen aus dem frühen 13. Jahrhundert, erstmals schriftlich erwähnt wurde die Burg aber schon im Jahr 1009. Erbauer waren die Grafen von Egisheim. Später gelangte die Anlage in den Besitz des Straßburger Bischofs. Im Dreißigjährigen Krieg geplündert und zur Zeit der Französischen Revolution weitgehend zerstört, ist sie heute nur noch als Ruine erhalten.

Nach einer ausgiebigen Besichtigung der alten Mauern steigen wir weiter in den Wald hinauf. Wir folgen nun den Schildern mit dem blauen Kreis Richtung Bellevue und Falkenstein. Zunächst ist der Wald ein wenig trist und dunkel, schnell aber erreichen wir ein Plateau mit lichtem Bewuchs und den **Aussichtsfelsen Bellevue 4**. Der macht seinem Namen alle Ehre: Herrlich ist der Blick über die bewaldeten Vorberge

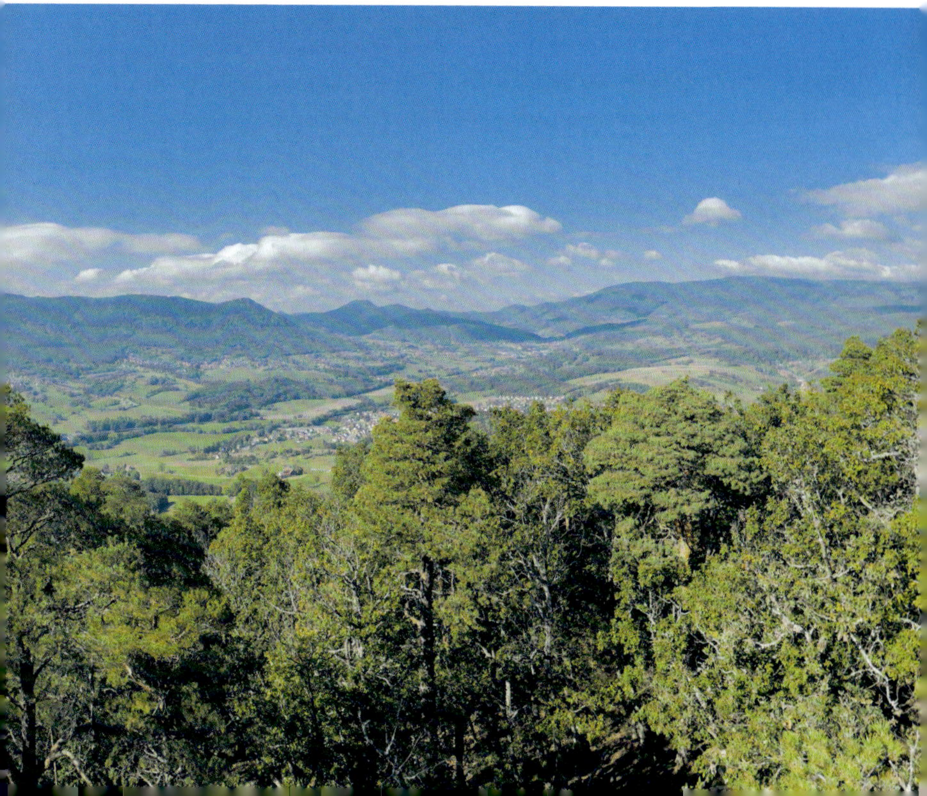

der Vogesen. Auf der anderen Talseite thront stolz die Hohkönigsburg.

Nun führt unser Weg zwischen Heidekraut und Heidelbeersträuchern zum Stangenberg. Wir biegen links auf einen schmalen Pfad ein, rechts und links erheben sich moosbedeckte Felsen aus dem Waldboden, über Wurzeln und Steine geht es leicht bergab zur großen Weggabelung am **Stangenberg** und darüber hinaus Richtung Falkenstein. Nun wird es wilder: Knorrige Eichen säumen die letzten Meter zum **Hagelstein,** einem weiteren Aussichtsfelsen hoch über dem Wald. Wir biegen rechts ein und steigen in Serpentinen zum äußersten Punkt dieser Tour hinunter, dem **Rocher du Falkenstein ❺.** Wer möchte, macht auf der Lichtung vor dem Felsen eine Pause. Wir klettern hinauf auf das Plateau und genießen unsere verdiente Rast mit atemberaubendem 360-Grad-Panorama auf dem Falkenstein. Hoch über den Bäumen sitzend, reicht unser Blick vom Turm der Ortenburg (siehe Tour 6) über das Villé-Tal bis weit in die Vogesen hinein. Es ist ein so traumhafter Ort, dass wir lange hier verweilen und genießen.

Dann geht es auf dem gleichen Weg zurück zum Stangenberg – leider ein wenig bergauf, aber wir sind gut gestärkt. An der Weggabelung halten wir uns nun rechts, wandern dem **Engelfelsen** (Wegzeichen mit gelbem Punkt) entgegen – wieder ein Ort mit herrlichem Blick und Ruhebank. Wir aber wollen weiter. Am Wegpunkt **Kriegshurst** schlagen wir den Pfad nach Dambach-la-Ville ein. An der nächsten Gabelung heißt es aufpassen: Hier biegen wir vom Weg mit dem gelben Punkt ab, schlagen rechts einen schmalen Pfad Richtung Süden ein. Er bringt uns zwischen dichtem Bewuchs rasch auf einen breiten Weg, dem wir nach links folgen und zügig den **Rocher des Celtes ❻,** den Keltenfelsen, erreichen. Der schüsselförmige Stein ist durch natürliche Erosion entstanden. Früher wurde der Ort für die keltische Tradition des Scheibenschlagens genutzt: Um den Winter und die bösen Geister zu

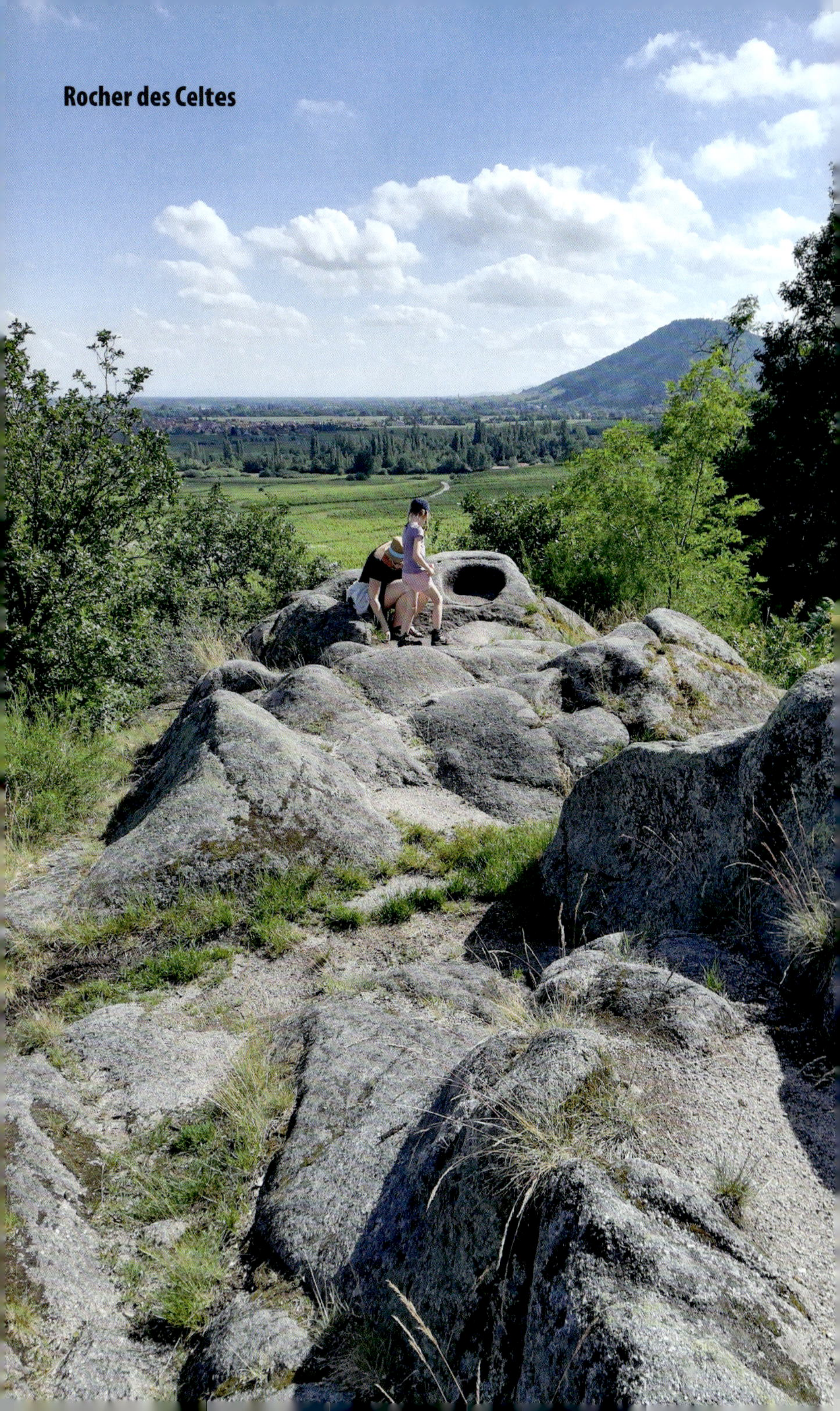
Rocher des Celtes

vertreiben, schoss man im Dunkeln glühende Holzscheiben ins Tal hinunter.

Nun sind wir oberhalb von Dieffenthal angelangt. Zwischen den Felsen finden wir einen Weg hinunter zum mittelalterlichen Garten des Ortes. Von hier aus führt uns das Wegzeichen mit dem roten Dreieck durch die **Porte de Dieffenthal** zurück nach Dambach-la-Ville. Hier gibt es alles, um uns für unsere Tour zu belohnen: ein feines Essen im **Restaurant À la Vignette** ❼, etwas Süßes in der **Pâtisserie Kamm** ❽ und in der Bioweinkellerei **Schaeffer-Woerly** ❾ eine reiche Auswahl an Dambacher Weinen: Grand Cru vom Frankstein nahe dem Ort, Granit-Riesling mit seinem typischen Geschmack und feinen elsässischen Crémant.

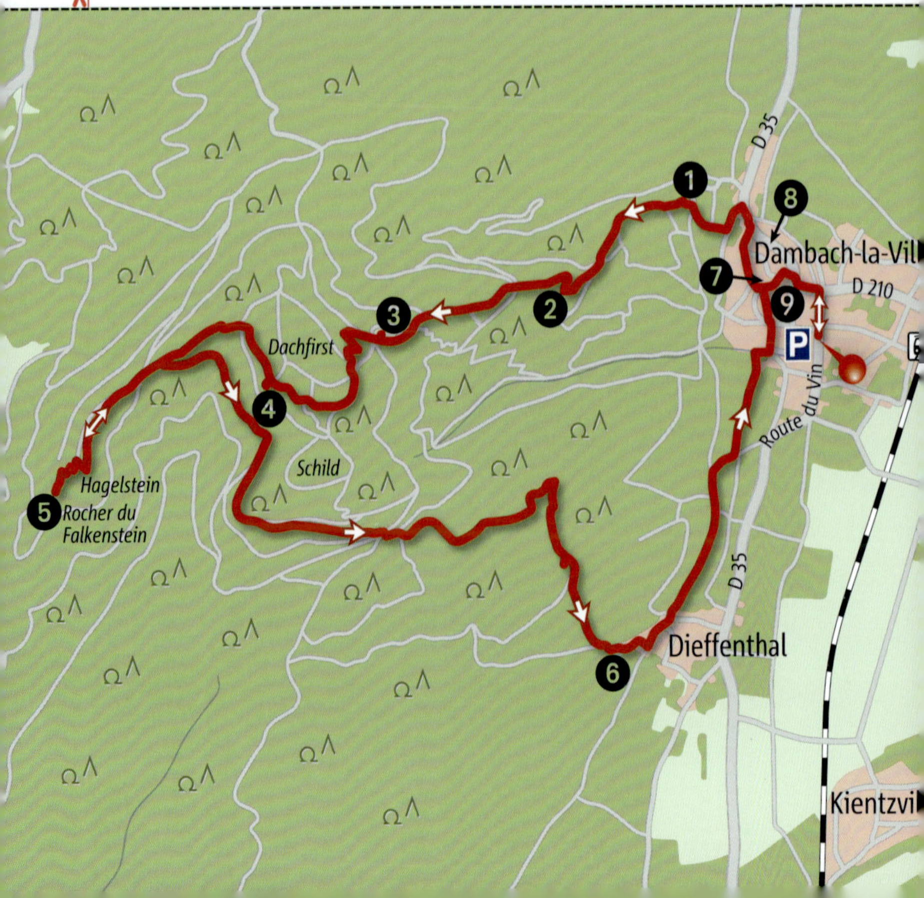

WIE & WANN:
Mittelschwere Wanderung auf zum Teil steilen Pfaden.
Beste Wanderzeit von Mai bis Oktober.

Entspannung ✱✱✱✱✱
Genuss ✱✱✱✱✱
Romantik ✱✱✱✱✱

HIN & WEG:
Auto: Parkplatz an der Route du Vin, 67650 Dambach-la-Ville, Frankreich (GPS: 48.321711, 7.428336)
ÖPNV: Regionalbahn (TER) von Colmar über Sélestat bis Dambach-la-Ville

ESSEN & ENTSPANNEN:
Restaurant À la Vignette ❼ 8 Place du Marché, 67650 Dambach-la-Ville, Tel. +33 (3) 88 92 46 09, www.winstub-alavignette.com
Pâtisserie Kamm ❽ 80 Rue du Maréchal Foch, 67650 Dambach-la-Ville, Tel. +33 (3) 88 92 40 65, www.patisserie-kamm.fr
Vins d'Alsace Schaeffer-Woerly ❾ 3 Place du Marché, 67650 Dambach-la-Ville, Tel. +33 (3) 88 92 40 81, www.schaeffer-woerly.fr

ENTDECKEN & ERLEBEN:
Kapelle Saint-Sébastien ❶
Bibelefelsen ❷
Burg Bernstein ❸
Aussichtsfelsen Bellevue ❹
Rocher du Falkenstein ❺
Rocher des Celtes/Keltenfels ❻

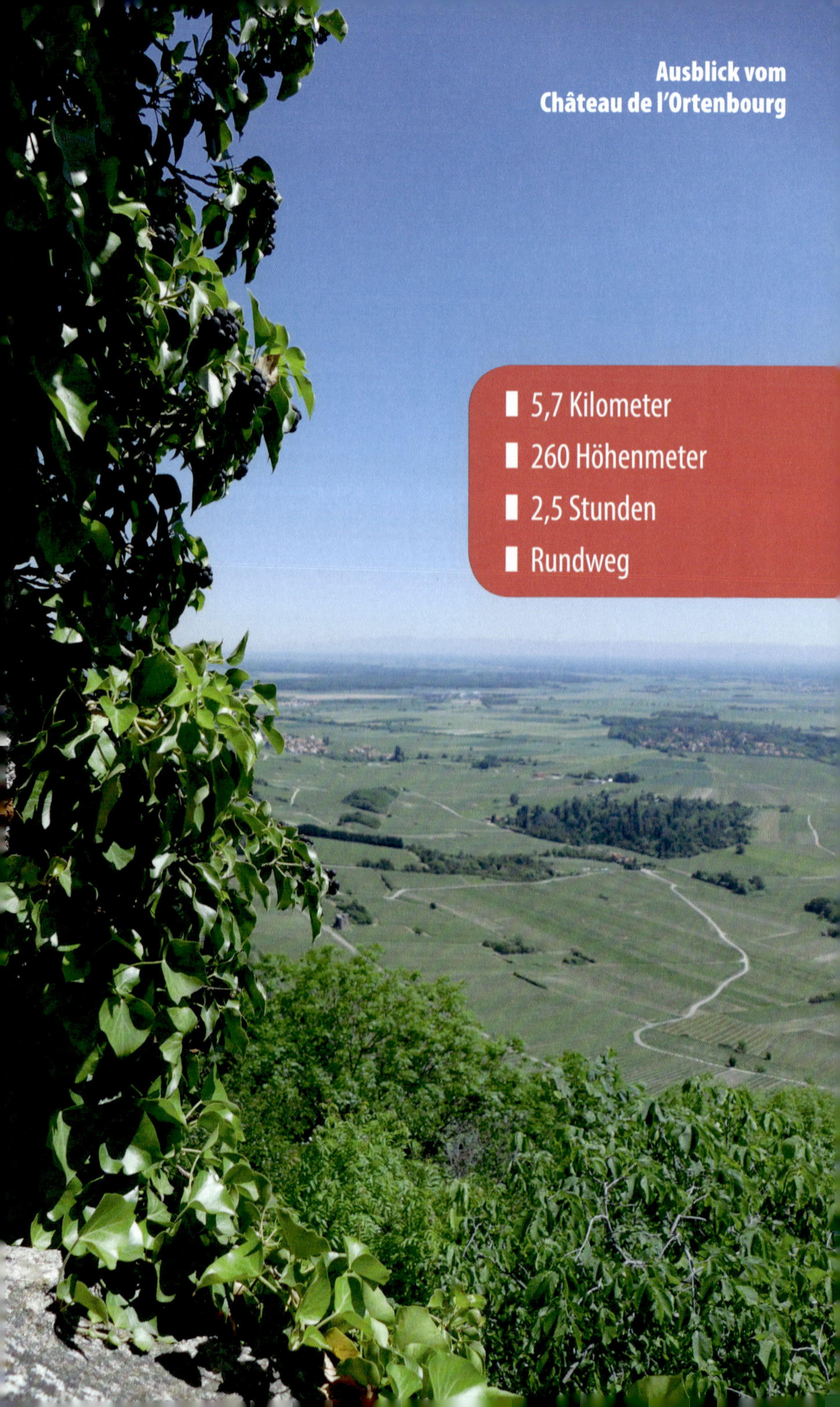
Ausblick vom
Château de l'Ortenbourg
5,7 Kilometer
260 Höhenmeter
2,5 Stunden
Rundweg

Wir beginnen diese Wanderung an der **Chapelle du Taennelkreuz** ❶. Die Kapelle aus dem Jahr 1905 liegt inmitten der Weinberge nahe dem Örtchen Scherwiller (dt. Scherweiler) und ist der ideale Ausgangspunkt für eine Wanderung zur Ortenburg. Hoch über unseren Köpfen streckt sich schon deren Turm in die Höhe.

Mächtige Mauern

Château de l'Ortenbourg

Und noch ein Château können wir von hier aus gut sehen: die Hohkönigsburg auf der gegenüberliegenden Anhöhe. Die beiden Burgen scheinen gleichsam den Eingang zum hier beginnenden Tal zu bewachen.

Wir folgen dem Wanderweg mit dem blauen Kreuz. Zwischen Weinberg und Obstbäumen zieht er leicht bergan. Kornblumen und Blauer Natternkopf wachsen am Rande des Pfades, Kirschbäume strecken ihre früchtebehangenen Zweige zu uns herüber. Je höher wir steigen, desto mehr weitet sich der Blick über die Reben hinweg zu den beiden Burgen, aber auch über die Weite der elsässischen Ebene.

*Die **Hohkönigsburg** (frz. Château du Haut-Koenigsbourg) ist einer der meistbesuchten Touristenorte in Frankreich. Kaiser Wilhelm II. ließ die Burg aus dem 12. Jahrhundert ab 1901 restaurieren – nicht als Residenz, sondern als Museum des Mittelalters.*

Bald treten wir ein in einen urigen Wald – den **Bois du Rittersberg.** Krüppel-Eichen wachsen hier, im lichten Gehölz zu Füßen der knorrigen Laubbäume kommen seltene wärmeliebende Pflanzen wie Goldaster oder die Große Fetthenne vor. Das ganze Gebiet unterhalb der Ortenburg steht darum unter Naturschutz. Unser Pfad wird nun felsiger, nur langsam kommen wir auf diesem steilen Abschnitt voran. Immer wieder halten wir an, um Atem zu schöpfen und den Blick durch den herrlich hutzeligen Wald schweifen zu lassen. An der Gabelung

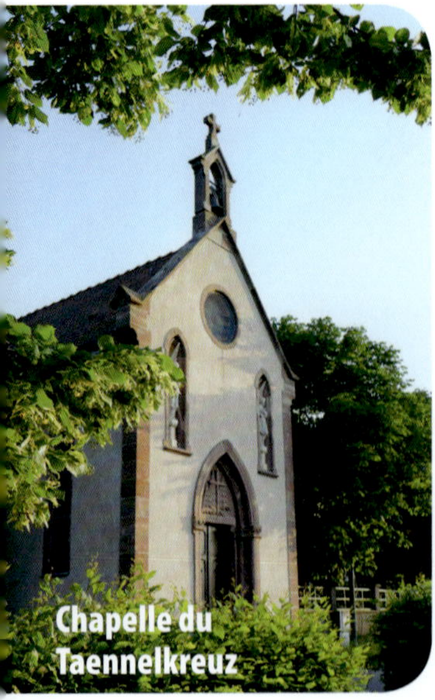

schwenken wir links zur Ortenburg ein, weitgehend eben wandern wir nun nach Süden. Jetzt säumen Glockenblumen und Roter Fingerhut mit seinen langen Blütenständen den Weg. Immer wieder geben die Bäume den Blick auf die Ebene frei, wo uns Scherwiller mit seinem markanten Kirchturm zu Füßen liegt.

Und schon nach einer guten halben Stunde sehen wir es hinter den Baumwipfeln hervorgucken: das **Château de l'Ortenbourg ❷.** Hoch auf dem Granitfelsen thront es über dem Rittersberg. Kein Wunder, dass der Duc de Bourgogne die Ortenburg einst mit lediglich 22 Mann vor Angreifern verteidigen konnte. Bogenschützen nahmen damals an den vielen Schießscharten Aufstellung und hatten den einzigen Aufstieg vortrefflich im Blick.

Heute bewacht niemand das Tor in der verfallenen Mauer. Wir treten hindurch, steigen auf einem geländerten Pfad bergan. Neben uns ragt die mächtige Mauer senkrecht in die Höhe. Eine Kehre noch, die steile Treppe hinauf – geschafft! Wir werden mit einem fantastischen Blick in die Weiten des Rheintals belohnt, am Horizont verschwimmen die Konturen des Schwarzwalds.

Die im 13. Jahrhundert für Rudolf von Habsburg erbaute Anlage gilt als Höhepunkt und Idealtypus des frühen gotischen Burgenbaus im Elsass. Burgenforscher sehen ihr Verteidigungssystem mit dem 30 Meter hohen Bergfried als beispielhaft an: Er konnte durch seine fünfeckige Form die Geschosse der Angreifer besser ablenken. Dennoch wurde die Burg im Laufe der Jahrhunderte oft belagert und beschädigt, eine Zeitlang hausten Raubritter hier. Im Dreißigjährigen Krieg zerstörten schließlich schwedische Truppen die Ortenburg.

Wir machen es uns im Innern auf den Steinbänken hinter den Schießscharten gemütlich – ein wunderbarer Platz, um sich bei mitgebrachtem Baguette und Salami zum Vesper niederzulassen. Über uns ragt der Burgturm in die Höhe. Durch die Rundbögen scheint die Morgensonne in die Ruine und im Westen haben wir schon unser nächstes Ziel im Blick: die Burgruine Ramstein.

Für die Seele

Ein Raubritternest soll sie einst gewesen sein, die Ortenburg, die nur zu Fuß zu erreichen ist und deren hohe Mauern noch heute von ihrer Wehrhaftigkeit zeugen.

Durch das Burgtor steigen wir wieder hinunter auf den Wanderweg und finden im Rücken der Ortenburg den Pfad mit dem roten Punkt. Zwischen hohe Kiefern wandern wir in nur 5 Minuten hinüber zum **Château du Ramstein 3.** Einnehmen dürfen wir die Burgruine nicht. Der denkmalgeschützte Bau ist akut einsturz-

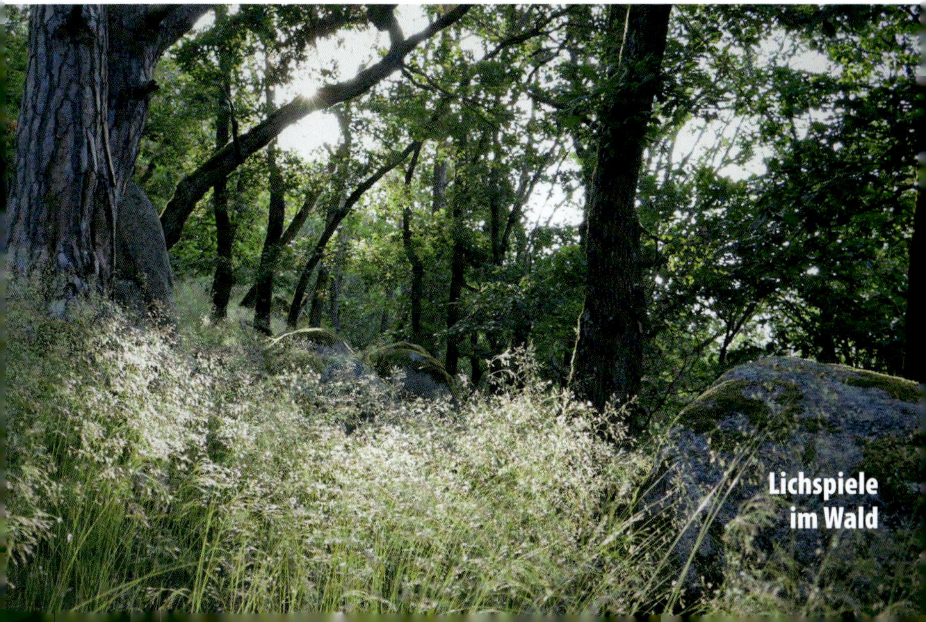

Lichspiele im Wald

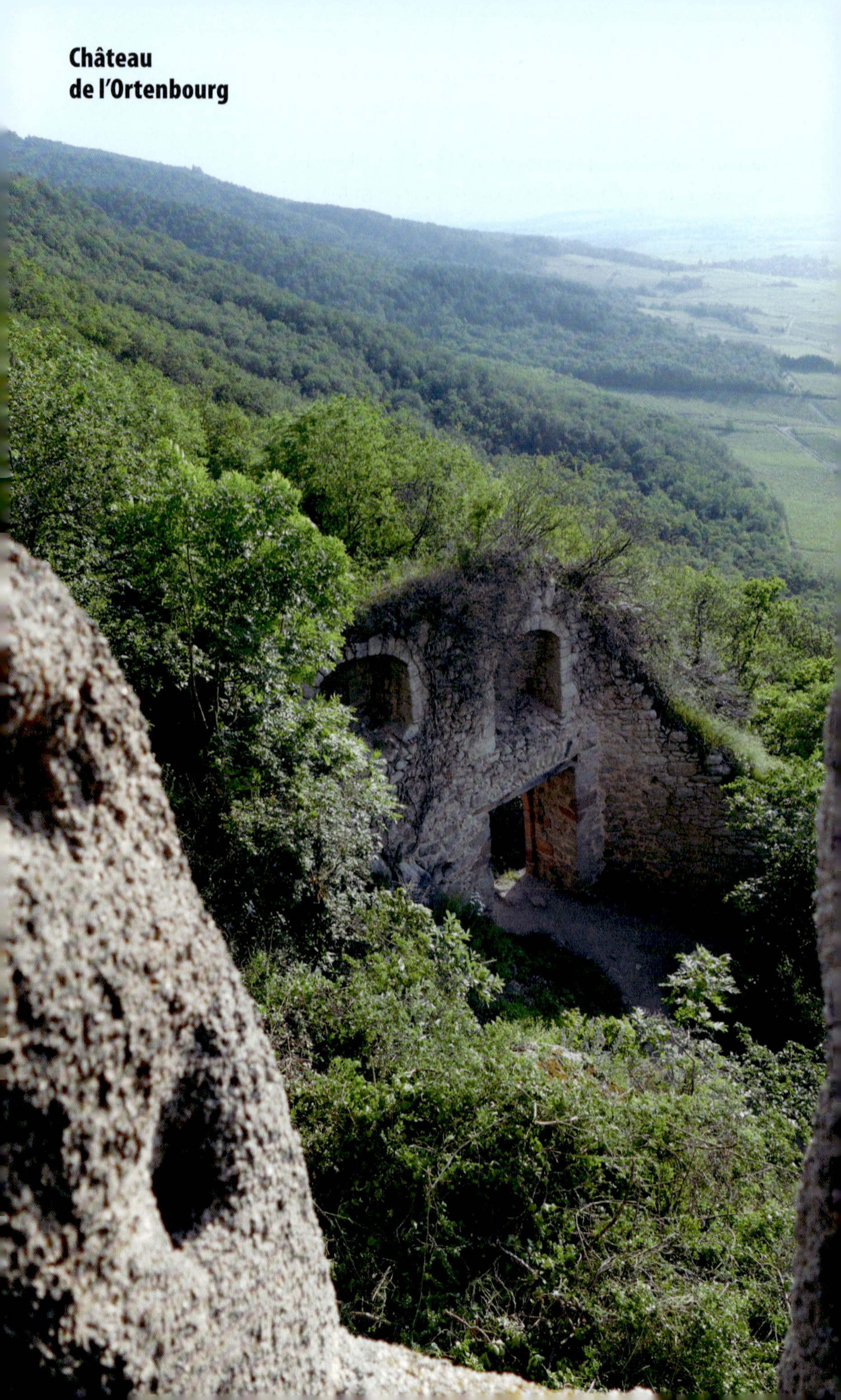

Château
de l'Ortenbourg

gefährdet und der Zutritt verboten. Aber wir erkennen nun, dass vom Wohnturm, der aus der Ferne so massiv wirkte, nur noch zwei Wände in Teilen erhalten sind. Das Château du Ramstein soll im 13. Jahrhundert als Trutzburg gegen die Ortenburg errichtet worden sein. Tatsächlich diente sie immer wieder als Stützpunkt für die Belagerung der Nachbarburg. Schließlich aber traf beide das gleiche Schicksal: Auch Ramstein wurde im Dreißigjährigen Krieg zerstört.

Wir machen uns nun auf den Weg in Richtung **Hühnelmühle,** folgen dazu dem Wegzeichen mit dem roten Balken. Bald türmen sich große Findlinge vor uns auf. Morgenlicht durchdringt den Wald, Sonnenstrahlen verfangen sich in den Blüten der Gräser am Wegrand. Wir steigen über wettergegerbte Wurzeln dem Tal entgegen. In Serpentinen schlängelt sich der Weg durch den Wald. Wir passieren die Ruine einer alten Kapelle, Rosen ranken an ihrem Eingang.

Bald treffen wir auf die Straße, folgen ihr nach links und gelangen zur **Auberge de la Hühnelmühle ❹,** einem ruhigen und gemütlichen Restaurant mit Biergarten am Aubach. Als Spezialität serviert Chefin Aurélia

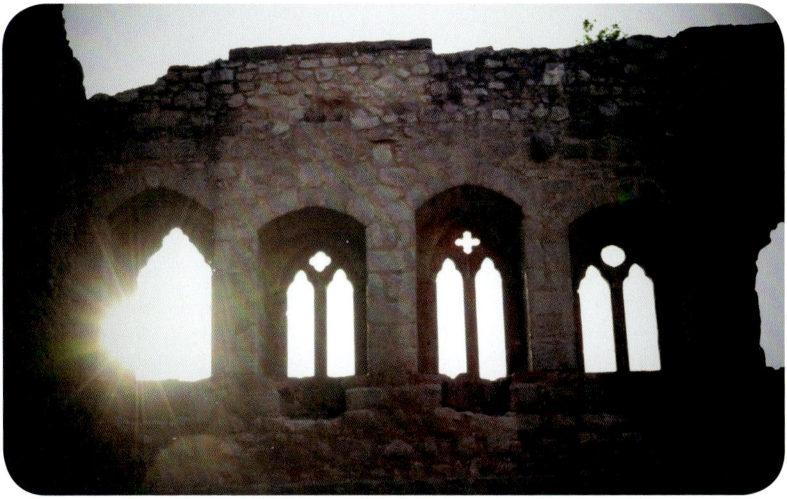

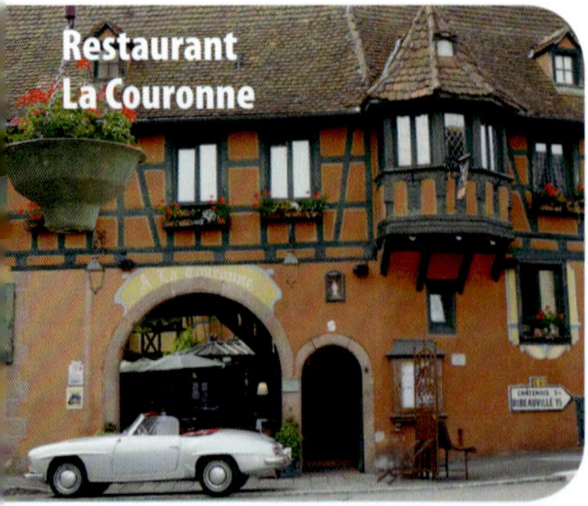

Grall frittierten Karpfen mit dreierlei Saucen. Dazu einen Biowein aus dem familieneigenen Weingut – ein perfektes Ambiente, um die Wanderung Revue passieren zu lassen, während die Ortenburg über uns aufragt.

Anschließend führt der Weg durch die Weinberge zurück zur **Chapelle du Taennelkreuz.** Wer mag, schließt einen Abstecher ins Zentrum von Scherwiller an, wo es am Ufer des Aubachs viele hübsche Plätze zum Verweilen gibt. Außerdem empfehlenswert ist das **Restaurant La Couronne** ⑤ mit herrlichem Innenhof und typisch elsässischer Küche.

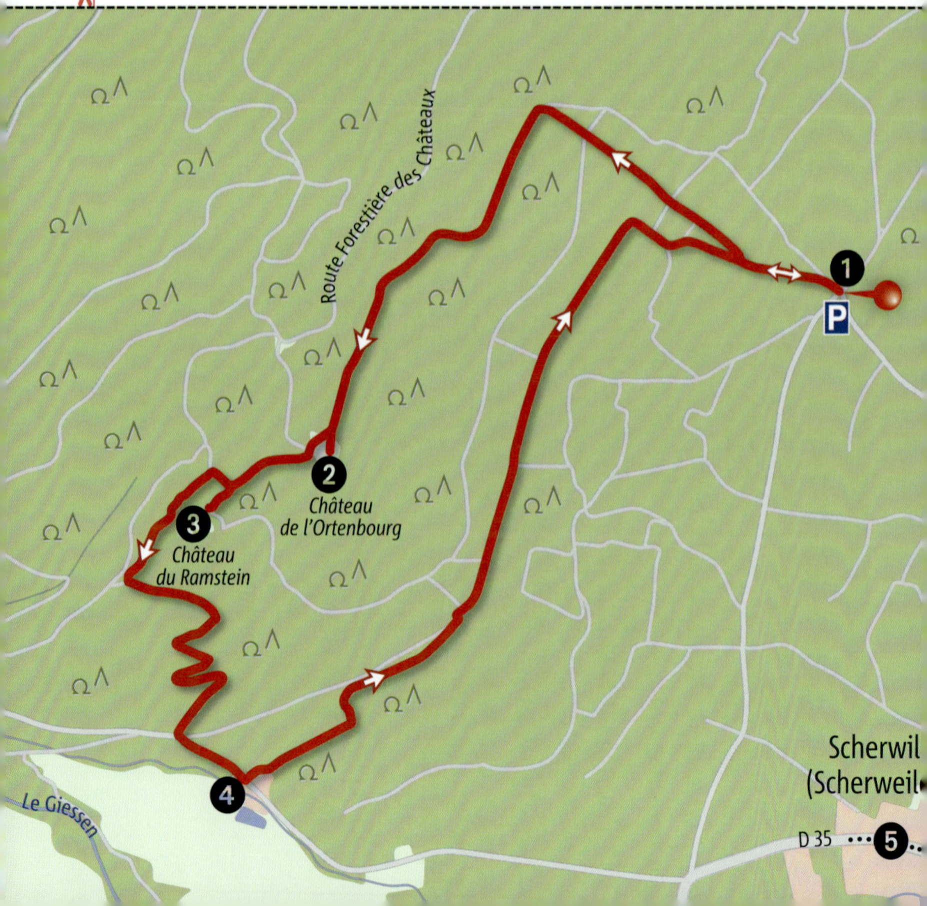

Alles auf einen Blick

WIE & WANN:
Mittelschwere Wanderung mit wenigen steilen Passagen, auch für Familien mit Kindern geeignet. Beste Wanderzeit von April bis November.

Entspannung ✱✱✱✱✱
Genuss ✱✱✱✱✱
Romantik ✱✱✱✱✱

HIN & WEG:
Auto: Parkplatz an der Chapelle du Taennelkreuz, 67750 Scherwiller, Frankreich (GPS: 48.299080, 7.406636)
ÖPNV: Regionalzug (TER) von Sélestat bis Scherwiller, dann zu Fuß zur Chapelle du Taennelkreuz

ESSEN & ENTSPANNEN:
Auberge de la Hühnelmühle ❹ Ferme Hühnelmühle, 67750 Scherwiller, Tel. +33 (3) 88 92 06 04, www.aubergedelahuhnelmuhle.com
Restaurant La Couronne ❺ 2 Rue de la Mairie, 67750 Scherwiller, Tel. +33 (3) 88 92 06 24, www.couronne.com

ENTDECKEN & ERLEBEN:
Chapelle du Taennelkreuz ❶
Château de l'Ortenbourg/Burgruine Ortenburg ❷
Château du Ramstein/Burgruine Ramstein ❸

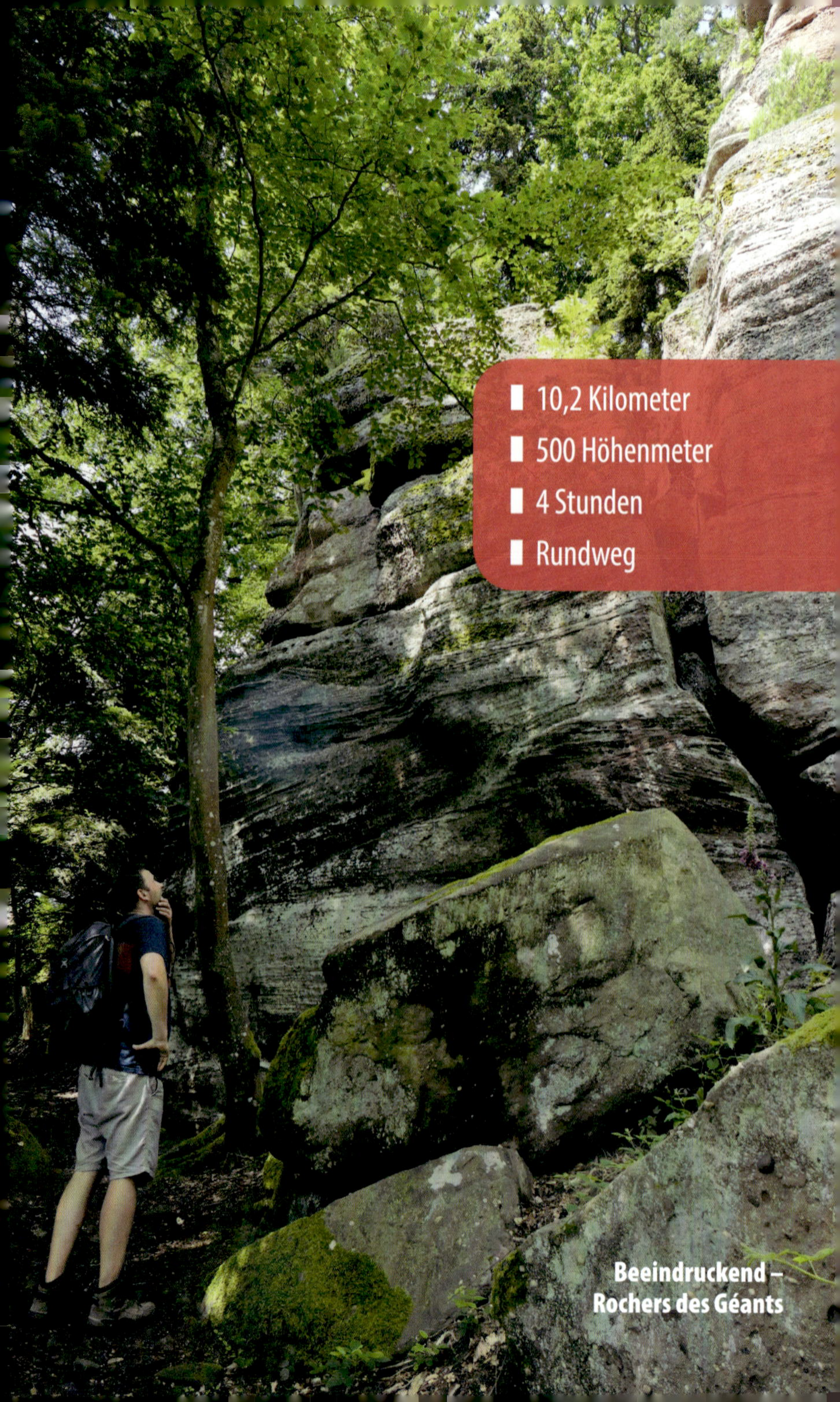

Beeindruckend – Rochers des Géants

Wir starten unsere Wanderung in **Ottrott** am Fuße des Mont Sainte-Odile. Der kleine Ort versammelt viele Hotels und Herbergen für Pilger, die sich zu Fuß auf den Weg zum Odilienberg machen. Das hoch über der Ebene gelegene Kloster ist die bedeutendste Wallfahrtsstätte des Elsass – auch wenn dort mittlerweile

Felsenreich

Rochers des Géants

ein Hotel untergebracht ist. Den dortigen Trubel sparen wir bei unserer Tour aus. Wir wollen die Naturschönheiten im Hintergrund entdecken.

In Ottrott steigen wir zunächst die **Rue Principale** hinauf, biegen links in die **Rue du Mont Sainte-Odile** ein und erreichen an deren Ende den Wanderweg am Waldrand. Wir folgen dem Pilgerweg (Sentier des Pèlerins) mit dem gelben Kreuz als Wegmarkierung. Er führt uns immer leicht ansteigend Richtung Süden. Der Wald ist zunächst dunkel und etwas trist. Bald aber lösen Laubbäume die zuvor dominanten Nadelbäume ab, es wird grüner und lichter. Wir passieren die **Kapelle St. Gorgon.** Zwischen dem Ort und dem Kloster gelegen, diente der Vorgängerbau einst Mönchen als Unterkunft. Schilder warnen davor, sich ihr zu nähern. Wir erkennen schnell warum: Sie liegt am Rande eines enormen, inzwischen stillgelegten Steinbruchs.

Weiter geht es bergan, an der folgenden Gabelung wählen wir den rechten Weg (gelbes Kreuz) und erreichen zügig das Schild, das uns den Wunderpfad (Sentier des Merveilles) ankündigt. Nun verlassen wir den Pilgerweg und folgen dem Wanderzeichen mit dem

*Das **Kloster auf dem Odilienberg** wurde im 7. Jahrhundert von Odilia, der Tochter des fränkischen Herzogs Eticho, errichtet. Rund eine Million Pilger, Wanderer und Touristen kommen jährlich auf den 763 Meter hohen Vogesenberg.*

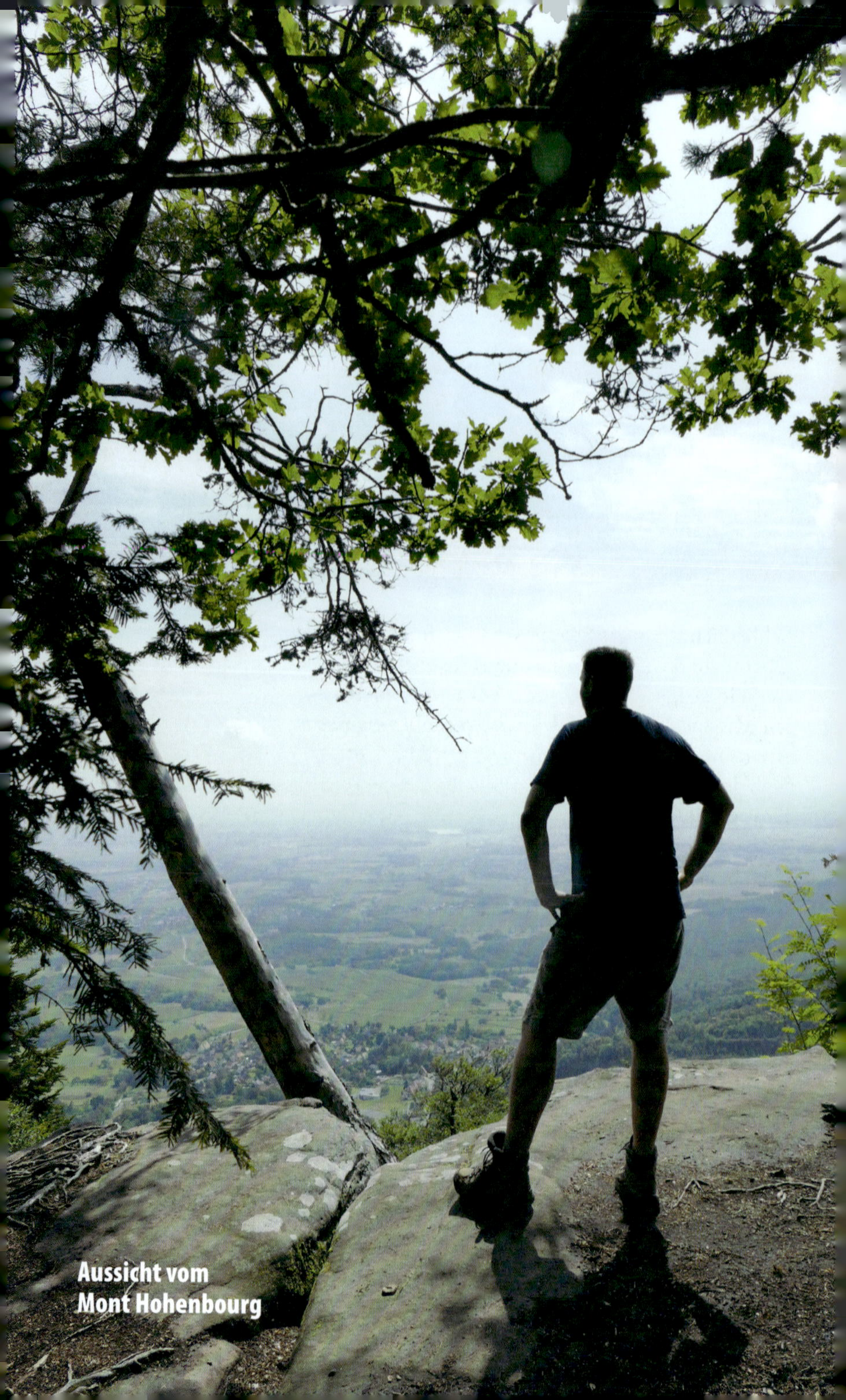

Aussicht vom
Mont Hohenbourg

gelben Dreieck nach rechts. Die langen traubigen Blütenstände des Roten Fingerhuts strecken sich neben uns empor. Bald geht der breite Weg in einen schmalen Bergpfad über. Heidelbeersträucher wachsen an seinem Rand, lange Wedel von Farn kitzeln unsere Beine.

Für die Seele

Mystisch: Wir passieren das Feenplateau, wandern auf dem Wunderpfad zu Füßen der Riesenfelsen und erreichen schließlich die Grotte von Eticho.

Schließlich geben die Bäume den Blick frei auf die Burg Ottrott auf dem bewaldeten Hügel gegenüber.

Wir steigen über Wurzeln und Felsen im hellen Mischwald bergauf. An der Weggabelung biegen wir rechts zum Mont Hohenbourg ab. Er liegt oberhalb der Rochers des Géants und bietet eine herrliche Aussicht. Darum lohnt sich dieser Abstecher unbedingt. Schon der kurze Aufstieg führt an beeindruckenden Felsen vorüber, eine dicke Schicht Moos bedeckt ihre Flanken. Noch einmal biegen wir links ab. Nach wenigen Schritten öffnet sich der Wald zu einem fantastischen Panorama. Wir sind auf dem **Mont Hohenbourg** ❶ (dt. Hohenburgerberg) angelangt und blicken über die Orte am Fuß der Vogesen hinweg bis ins Rheintal. An klaren Tagen sind auch die Höhen des Schwarzwalds zu erkennen. Aber man sollte sich hier nicht zu stark von der Aussicht gefangen nehmen lassen, sondern gut auf jeden Schritt achten: Am Rande der Klippen geht es senkrecht nach unten.

Wir lassen uns mit etwas Abstand zum Abgrund zu einem Picknick nieder und wandern schließlich gestärkt zum Fuße der Felsen zurück. Nun folgen wir

> **!**
>
> *Wer möchte, kann im Hintergrund des Mont Hohenbourg noch einen Abstecher zum* ***Plateau des Fées*** *– im Elsässischen auch Hexentanzplatz genannt – machen. Viele Schalensteine liegen hier zwischen den Bäumen und beflügeln die Fantasie der Besucher.*

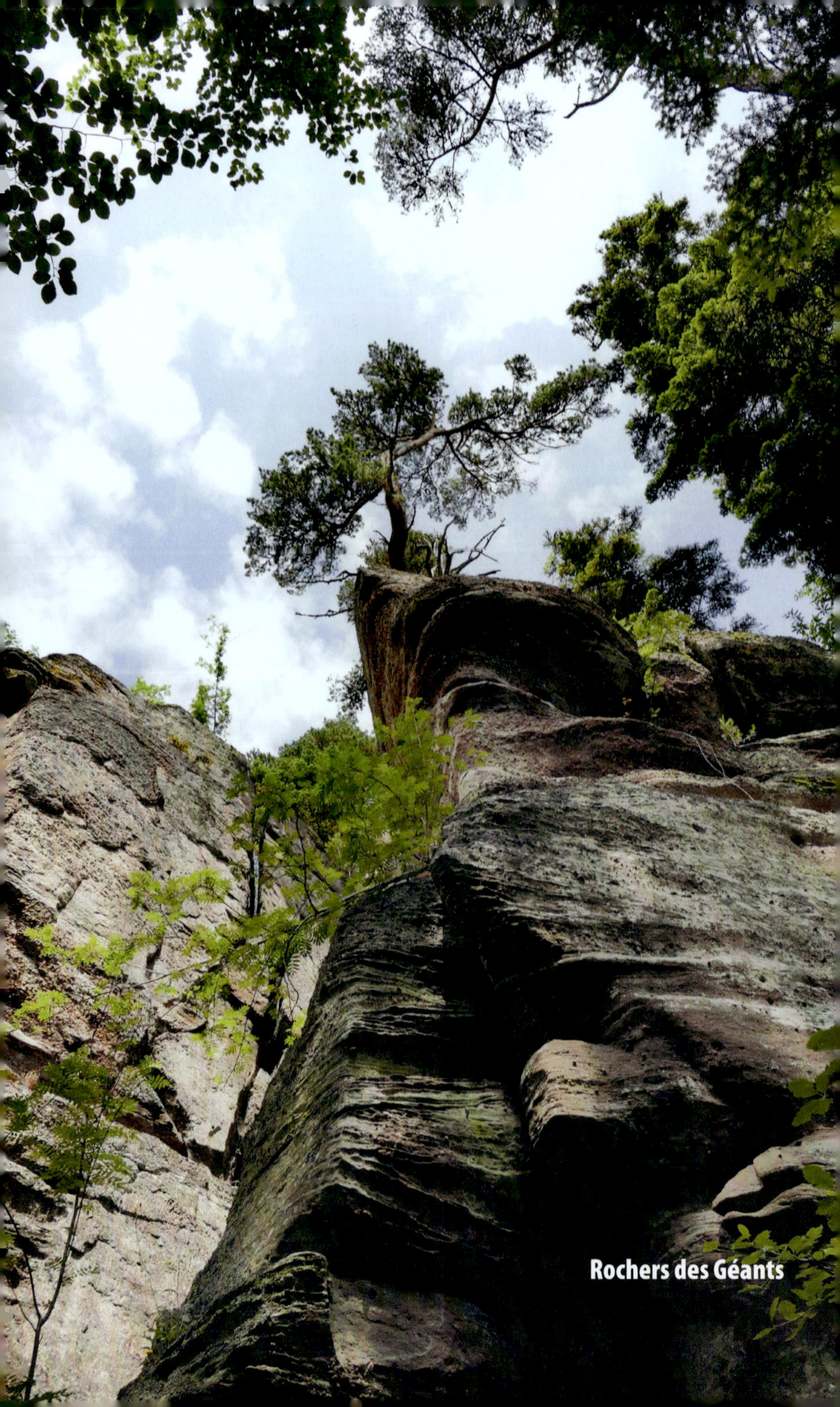
Rochers des Géants

den Schildern mit dem blauen X Richtung Stollhafen. Schon bald stehen wir unterhalb des Plateaus und erkennen die außergewöhnlichen Formen der **Rochers des Géants ❷**, der Riesenfelsen: Rund geschliffene Türme sind es, mehr als 30 Meter hoch, im hellen Rotton des Vogesensandsteins. Wir stehen und staunen: Über die Jahrtausende sind durch Verwitterung die kuriosesten Konturen entstanden.

Am Wegrand entdecken wir bald die zahlreichen Tierskulpturen aus Holz, die den **Wunderpfad (Sentier des Merveilles)** ausmachen: Eule und Falke, Hase und Bär – für mitwandernde Kinder gibt es zwischen knorrigen Traubeneichen und dichtem Blattwerk einiges zu erspähen. Die Schnitzereien werden im Gestaltungsreichtum aber weit übertroffen von den Felsklippen hoch über unseren Köpfen. Jetzt führt unser Pfad eben am Hang entlang, mal wandern wir unter einem Felsvorsprung hindurch, mal steigen wir eine steile steinerne Treppe hinauf. Und irgendwann erreichen wir die **Mur Païen ❸**, die Heidenmauer. Moosbewachsene Steine türmen sich hier, oft 3 Meter hoch, zu einer Wand. Sie zieht sich wie ein Schutzwall auf einer Länge von 10 Kilometern rund um den Odilienberg – und stellt Archäologen vor ein Rätsel: Zu welchem Zweck und wann die mächtige Mauer gebaut wurde, ist noch immer nicht geklärt. Lange Zeit wurde die Mur Païen für prähistorisch gehalten. Bei neueren Untersuchungen wurden jedoch Eichenholzklammern gefunden, die aus dem 7. oder 8. Jahrhundert nach Christus stammen. Ob sie aus der Entstehungszeit oder lediglich von späteren Reparaturen stammen, ist nicht abschließend erforscht.

Zu Füßen der Mauer wandern wir weiter. Irgendwann kommt zwischen dem dichten Grün der Bäume linker Hand das Kloster in Sicht. Und nach kurzer Zeit erreichen wir die **Grotte d'Etichon ❹**, eine natürliche Einkerbung im mächtigen Fels. Der Legende nach zog sich Herzog Eticho, Vater der von ihm verstoßenen

*Laut einer **Legende** kam das Mädchen Odilia blind zur Welt. Da der Vater das Kind töten wollte, gab die Mutter es in ein Kloster. Hier soll es durch wundersame Weise das Augenlicht erlangt haben. Viele Jahre später versöhnten sich Tochter und Vater. Dass Eticho Odilia seine Besitztümer auf der Hohenburg – dem heutigen Odilienberg – schenkte, ist historisch belegt.*

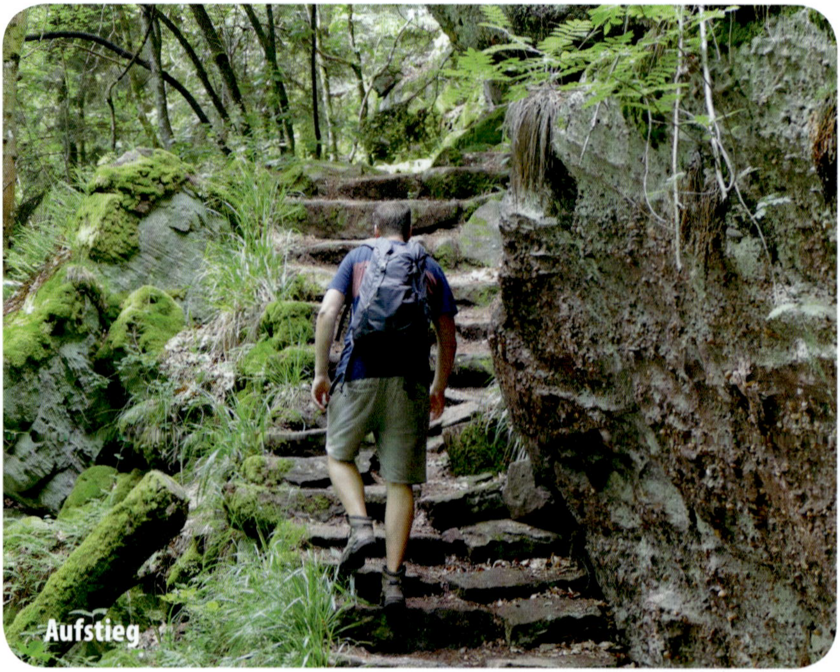

Odilia, kurz vor seinem Tod hierher zurück, um die zahlreichen Sünden seines Lebens zu büßen.

Bald nachdem wir die Grotte passiert haben, erreichen wir zwischen Felsen und Farnen eine Weggabelung. Hier biegen wir zum Schloss Dreistein ab, das lediglich 500 Meter entfernt mitten im Wald liegt. Auf felsigem Pfad wandern wir bergab und entdecken bald die Mauern der Ruine, die hoch zwischen den Bäumen aufragen. Das **Château de Dreistein** ❺ besteht eigentlich aus drei unabhängigen Burgen, die auf drei Felsen thronen. Die erste Festung an dieser Stelle wurde wohl im 12. oder 13. Jahrhundert erbaut, mit dem Ziel, das Kloster Mont Sainte-Odile zu schützen. Die östliche Burg – auch Klein-Dreistein genannt – bestand zunächst nur aus einem Belagerungsturm. Später – als nach dem Interregnum Frieden einkehrte – verwandelte sich das Fort in eine Burg: Kaiser Friedrich IV.

setzte die Familie von Rathsamhausen als Lehnsherren von Dreistein ein.

Wir wandern zwischen den beiden Felsspornen hindurch und können von Süden her gut in die Westburg hinaufsteigen. Die alten Mauern scheinen gleichsam aus den Felsen herauszuwachsen. Auf einer steilen Treppe klettern wir hinauf und gelangen durch eines der alten Tore ins Innere: Efeu umschlingt die alten Steinwände, in den Mauerritzen blühen Blumen, einzelne Bäume wachsen dort, wo einst die Wohnräume lagen. Spannend zu sehen, wie die Natur sich hier Stück für Stück ihren Raum zurückerobert: die Burg Dreistein als Symbol der Vergänglichkeit. Nachdem das Schloss wohl im 17. Jahrhundert aufgegeben wurde, geriet es tatsächlich weitgehend in Vergessenheit.

Nach einer kleinen Rast unterhalb des Châteaus wandern wir zurück zur Weggabelung nahe der Grotte und von hier aus weiter an der Heidenmauer Richtung **Stollhafen.** Dieser Felsen mit schöner Aussicht ist der

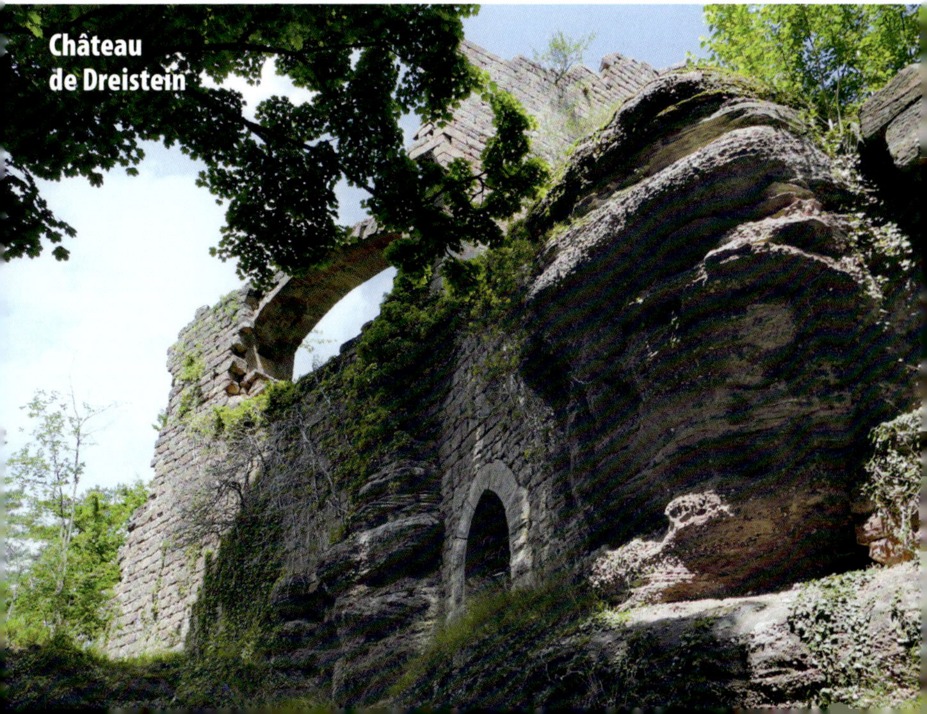

Château de Dreistein

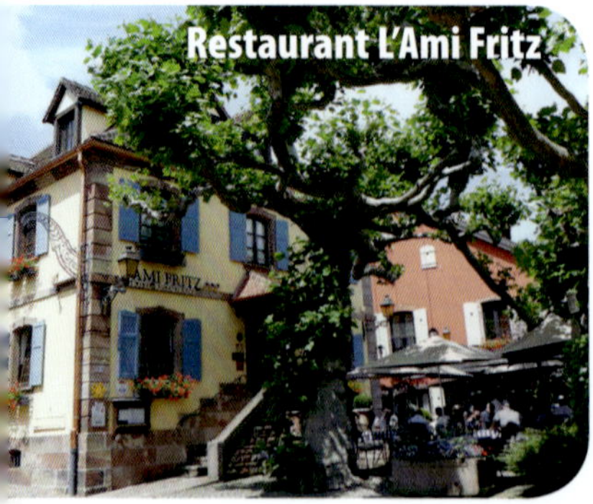
Restaurant L'Ami Fritz

Wendepunkt unserer Tour. An seiner Flanke steigen wir hinunter auf den **Sentier des Pèlerins.** Das Wegzeichen mit dem gelben Kreuz führt uns sanft bergab, innerhalb einer Stunde erreichen wir Ottrott.

Im Ort laufen wir geradewegs auf das Restaurant **L'Ami Fritz** ❻ zu. Wenn das keine Einladung zur Einkehr ist? Wir lassen uns auf der Terrasse im Schatten der mächtigen Platane nieder und genießen klassische französische Küche: Elsässisches Sauerkraut mit dreierlei Fisch oder bretonischer Hummer – hier gibt es die ganze Bandbreite der Haute Cuisine.

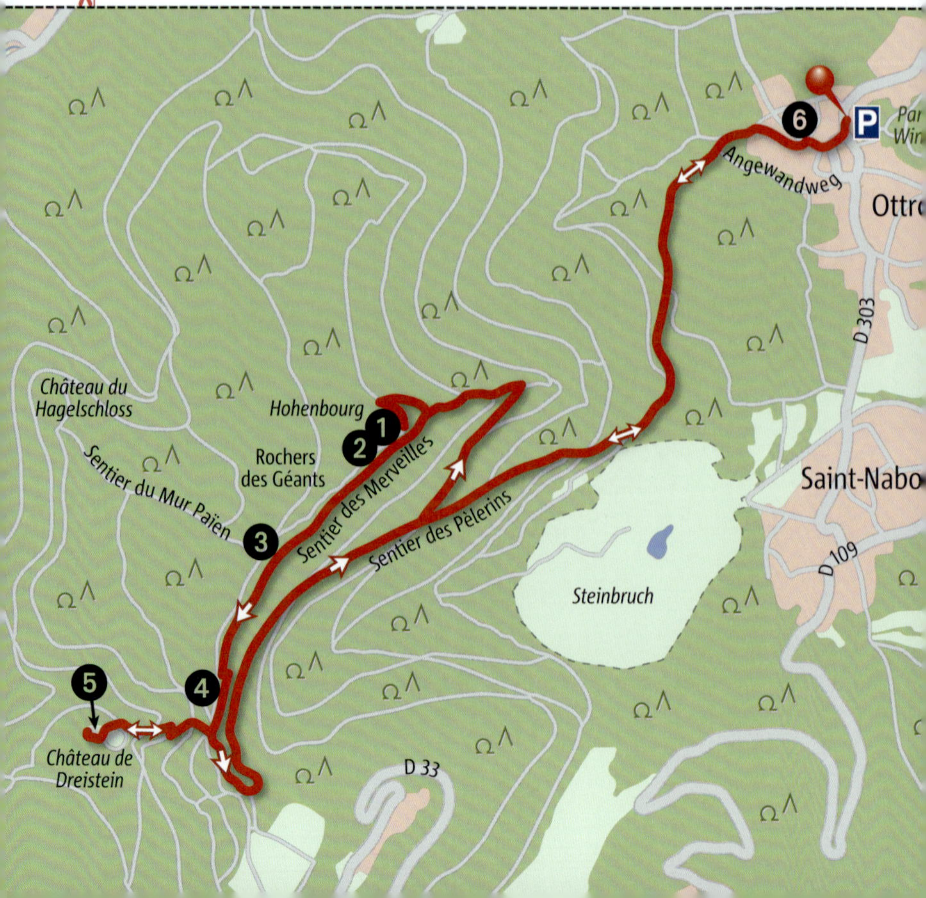

Alles auf einen Blick

WIE & WANN:
Mittelschwere Wanderung auf meist gut begehbaren Wegen, einzig der Abstieg zur Burg Dreistein ist etwas anspruchsvoller. Beste Wanderzeit von Mai bis Oktober.

Entspannung ✱✱✱✱✱
Genuss ✱✱✱✱✱
Romantik ✱✱✱✱✱

HIN & WEG:
Auto: Parkplatz, 99 Rue Principale, 67530 Ottrott, Frankreich (GPS: 48.457519, 7.424920)
ÖPNV: Buslinie 257 von Obernai (Gare Paul-Emile Victor) nach Ottrott, Ausstieg an der Haltestelle Pont de l'Ehn

ESSEN & ENTSPANNEN:
Hotel-Restaurant L'Ami Fritz ❻ 8 Rue des Châteaux, 67530 Ottrott,
Tel. +33 (3) 88 95 80 81, www.amifritz.com

ENTDECKEN & ERLEBEN:
Mont Hohenbourg/Hohenburgerberg ❶
Rochers des Géants/Riesenfelsen ❷
Mur Païen/Heidenmauer ❸
Grotte d'Etichon/Grotte von Eticho ❹
Château de Dreistein/Burg Dreistein ❺

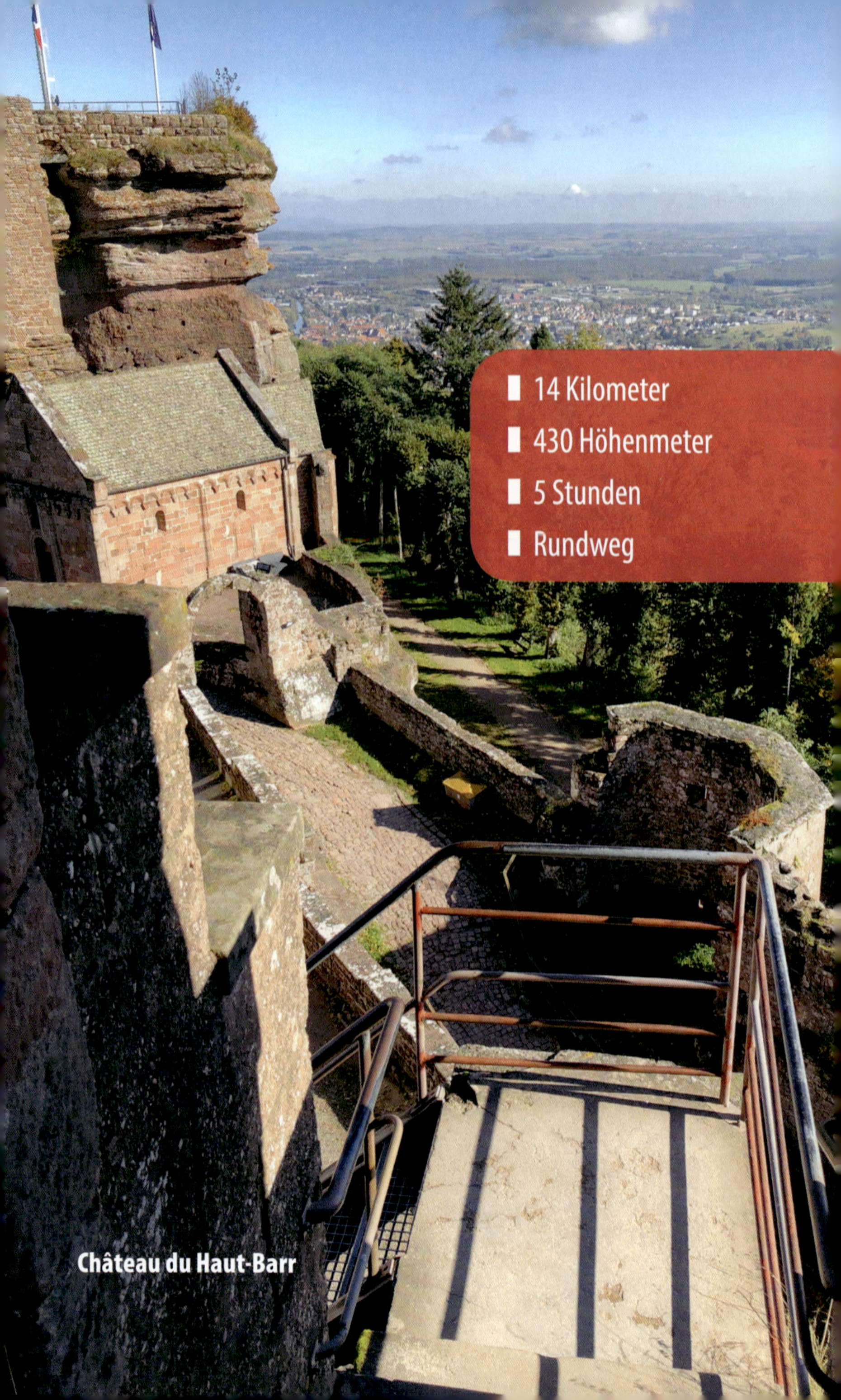

- 14 Kilometer
- 430 Höhenmeter
- 5 Stunden
- Rundweg

Château du Haut-Barr

Das kleine Städtchen **Saverne** (dt. Zabern) liegt genau in der Senke zwischen den Vogesen im Süden und dem nördlichen Höhenzug des Wasgaus. Hier starten wir unsere heutige Tour zu den erstaunlichen tafelartigen Felsformationen aus Buntsandstein, die sich in den Wäldern südlich des Ortes auftürmen.

Burgenland

Von Saverne zum Rocher du Brotsch

Los geht es am **Lycée Polyvalent du Haut-Barr.** Wir folgen zunächst dem Wegzeichen mit dem weißen Balken auf rotem Rechteck nach Westen. Es führt uns über die D102 hinweg auf einen kleinen Weg am Waldrand. Schon an der nächsten Gabelung finden wir den Hinweis zum Château du Haut-Barr, wir orientieren uns fortan am Wanderzeichen mit dem roten X und gelangen am **Bildstöckel** auf den eigentlichen Wanderweg gen Süden. Informationstafeln weisen auf die vielfältigen Baumarten hin, die diesen Wald prägen: Esskastanien und Hainbuchen, Waldkiefern und Weißtannen. Im Herbst ist der Boden mit einem dicken Teppich aus Laub bedeckt. Maronen und Zapfen verstecken sich darin. Wir müssen immer wieder achtgeben, auf feuchtem Untergrund nicht auszurutschen. Über Steine und Stufen steigen wir bergan. Die Morgensonne schickt ihre ersten zaghaften Strahlen zwischen den Bäumen hindurch, Tau glitzert auf den Blättern. Und aus dem kalten Waldboden steigen Schwaden von Nebel auf. Im Nu haben wir den Alltag weit hinter uns gelassen und sind gefangen vom Zauber der Natur.

Im Laufe der Jahrhunderte ließen die Bischöfe von Straßburg die ***Burg Haut-Barr*** *immer wieder erweitern und verstärken. Im Dreißigjährigen Krieg von französischen Truppen geschleift, wurde sie nicht wieder aufgebaut.*

Bald biegt unser Pfad nach links ab, über einige Steinstufen erreichen wir einen höher gelegenen Waldteil und stehen unverzüglich unter den mächtigen Felsen des **Château du Haut-Barr** ❶. Die Burg thront auf rund 470 Metern Höhe über dem Wald. Die weich geschliffenen Wände aus rötlichem Vogesensandstein scheinen gleichsam mit den Mauern der Burg zu verschmelzen. Nun haben wir die Qual der Wahl: Geradeaus gelangen wir direkt zum Eingangstor, rechts führt ein schmaler Pfad um die Burg herum. Wir entscheiden uns für die Rundtour: Diese bizarren Felsformationen wollen wir uns genauer ansehen. Das gelbe Wegzeichen führt uns eine Treppe hinauf, über uns ragen die Reste der Ruine empor. Wir schlagen in einen Weg ein, der uns im Rücken der Burg entlangführt. Ein mächtiger Felsen liegt am Wegrand. Es scheint fast so, als würden ihn nur ein paar Baumstämme davon abhalten, den Bergrücken hinunterzurutschen.

Blick von der Teufelsbrücke

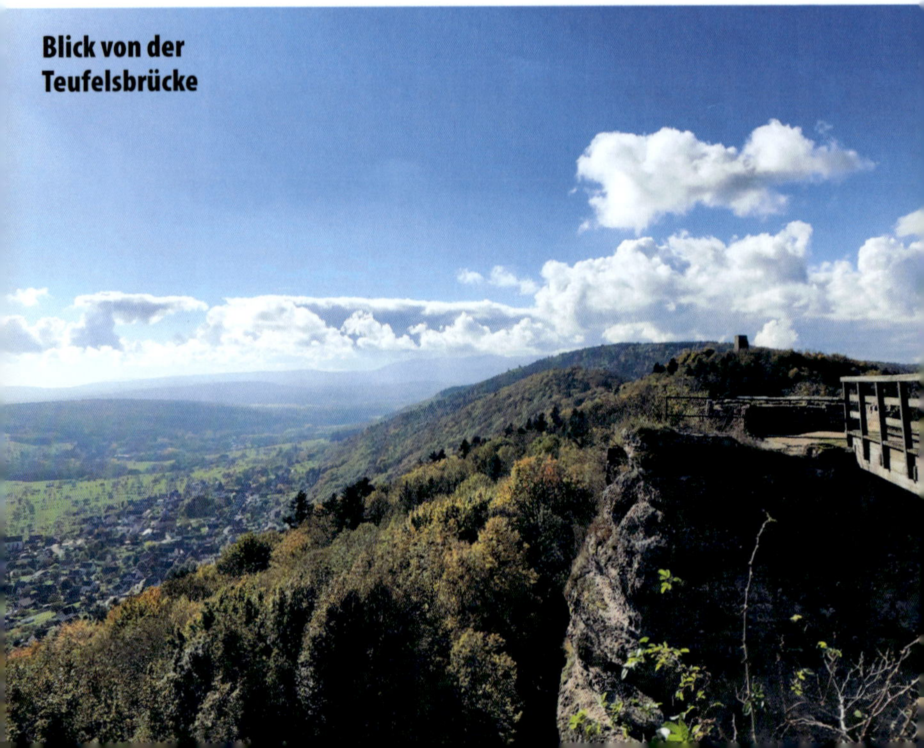

Auf diesem Pfad gewinnen wir einen guten Blick auf die faszinierende Konstruktion der Burg: Auf und zwischen drei Felsen erbaut, lag sie strategisch perfekt zwischen der Hochebene und dem Rhein. Als Besitztum der Bischöfe von Straßburg wurde Haut-Barr im 12. Jahrhundert erstmals erwähnt. Heute verbindet ein

Für die Seele

Eine Tour voller Höhepunkte: Drei Burgen und ein Felsplateau bescheren uns atemberaubende Weitblicke auf die Ebene von Saverne.

Laufsteg – Teufelsbrücke genannt – zwei der Felsen miteinander. Dieser sieht so abenteuerlich aus, dass wir ihn unbedingt überqueren wollen. Also einmal rund um die Burg herum: Im Osten gelangen wir durch das große Tor ins Innere der Burg. Eine Brücke führt auf die erste Ebene, hier bietet die Terrasse des Restaurants Là-Haut einen herrlichen Blick in die Ebene.

Uns zieht es allerdings noch höher hinauf, zu den südlichen Ausläufern der Festungsanlage: Eine steile Treppe schmiegt sich eng an den Felsen, die offene Konstruktion gibt den Blick ins Tal frei. Und oben angelangt genießen wir ein fantastisches Panorama. An klaren Tagen kann man in südöstlicher Richtung sogar den Turm des Straßburger Münsters erkennen. Kein Wunder, dass die Burg auch als „Auge des Elsass" bezeichnet wird. Nun haben wir die **Teufelsbrücke** vor uns und können in atemberaubender Höhe von Felsen zu Felsen wechseln. Die Mauerreste rundherum sind die ältesten der Burg und stammen noch aus romanischer Zeit.

Beflügelt von dieser ergreifenden Aussicht machen wir uns wieder auf: Die Treppe hinunter und durch

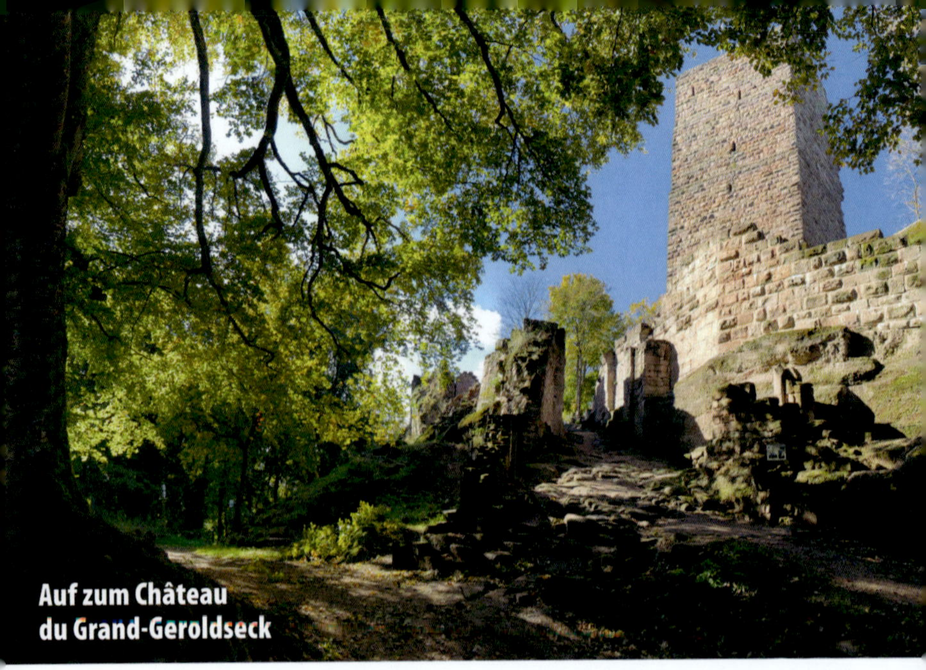

Auf zum Château du Grand-Geroldseck

das Burgtor hindurch schlagen wir erneut den Weg Richtung Süden ein – und stehen schon kurz darauf am **Tour Chappe,** einer ehemaligen Station der Telegrafenlinie von Straßburg nach Paris. Das kleine Museum, das über den Sommer geöffnet ist, gibt nebenan Auskunft über die Geschichte der Telekommunikation: Dank des von Claude Chappe erfundenen optischen Telegrafen verfügte Frankreich als erstes Land bereits 1794 über ein Fernmeldenetz.

Wir folgen weiterhin der Beschilderung mit dem roten X: Nun haben wir in wenigen Gehminuten zwei weitere mittelalterliche Burgen vor uns. Auf einem herrlichen Waldweg erreichen wir ruckzuck das **Château du Grand-Geroldseck 2.** Eine gewaltige Buche beschattet den Eingang. Am Fuße des Baumes sind noch heute die Reste des Tores zu erkennen, das die Felsenburg einst vor Eindringlingen schützte. Grand-Geroldseck war im 12. Jahrhundert vom Abt von Marmoutier zum Schutz seiner Ländereien erbaut worden. Als die Herren von Geroldseck die Burg allerdings verließen, nisteten sich Raubritter ein, die gegen den Landesherrn, den Grafen von Lothringen, wüteten.

Die Angaben, wann das ***Château du Petit-Geroldseck*** *erbaut wurde, widersprechen sich: Manche Quellen geben das 9. Jahrhundert an, andere sprechen vom 12. oder gar 14. Jahrhundert. Vermutlich wurde sie schon vor dem 15. Jahrhundert aufgegeben.*

Der Landvogt versuchte sie zweimal zu verjagen und ließ, als dies nicht gelang, die Burg 1471 schleifen. Heute versucht ein Verein, die Burg vor dem Verfall zu retten. Es ist ein herrliches Gelände: Die Vegetation nimmt langsam Besitz von der Festung ein, Bäume wachsen an den Mauerresten empor, im Nordosten öffnet sich ein herrlicher Blick ins Tal. Der perfekte Ort für eine kleine Rast.

Unterhalb von Burg und Fels geht es schließlich weiter zum **Château du Petit-Geroldseck ❸.** Wir erreichen es über eine kleine Senke. Umgeben von Wald, ragt die Höhenburg kaum über das Blätterdach hinaus. Wir wandern weiter und erreichen den Parkplatz am **Hexentisch (Table des Sorcières),** wo wir die Straße überqueren und den Weg zum Tour du Brotsch einschlagen, gekennzeichnet mit einem roten Rechteck. Vom breiten Forstweg führt bald ein schmaler Pfad links ab, der hinauf auf den **Brotschberg** führt. Ein Sturm hat unterhalb des Turmes zahlreiche Bäume gefällt, auf der Freifläche ist es nicht ganz leicht, den Pfad zu erkennen. Unterhalb einer kleinen Höhle aber erkennen wir die Markierung, kraxeln in unwegsamem Gelände hinauf. Erneut treten wir in den Wald ein und erklimmen schließlich auf einem felsigen Pfad den Gipfel mit dem Aussichtsturm. Der vom Vogesenclub im Jahr 1897 errichtete **Tour du Brotsch ❹** ragt 16 Meter in die Höhe. Über eine enge Wendeltreppe erreichen wir die Plattform und erhalten erneut einen weiten Blick auf die Umgebung. Ein bisschen trist ist es auf der Wiese, auf der sich einsam der Turm erhebt, darum schnell weiter, wieder hinein

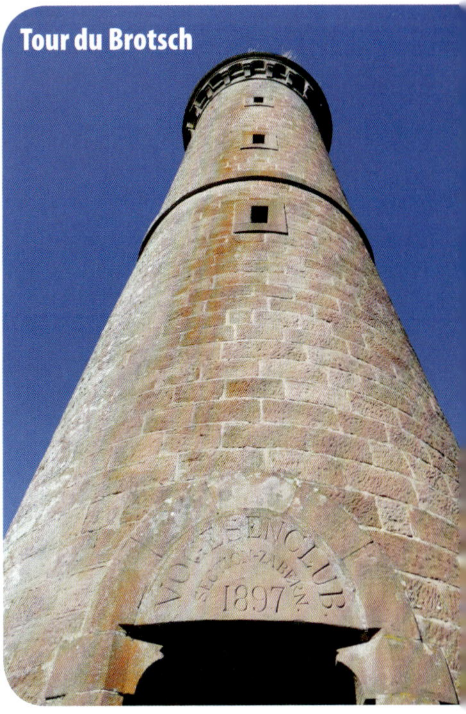

Tour du Brotsch

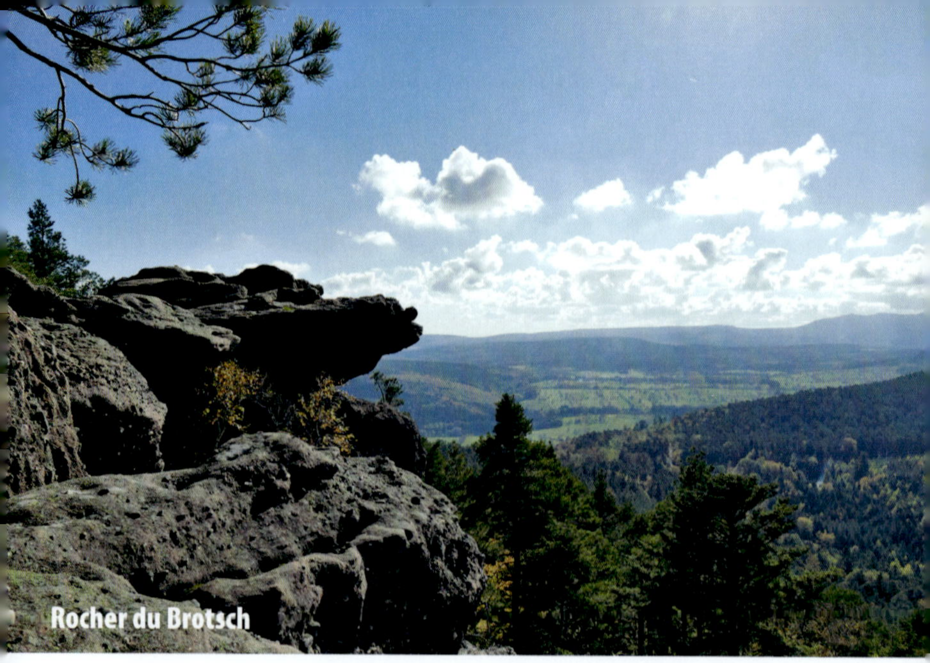

Hauptsächlich ist der Gebirgszug der **Vogesen** aus Gneis, Grafit, Schiefer und Vulkaniten aufgebaut. Im Norden aber verschwinden diese Gesteine unter einer Schicht aus Buntsandstein. Der Name bezeichnet im Übrigen nicht die Färbung des Sandsteins, sondern eine Gesteinsabfolge der Untertrias – oft mehrere Hundert Meter dick.

in den Wald. Und dieser wird langsam wilder: Knorrige Eichen strecken ihre gewundenen Äste über den Pfad, Wurzeln winden sich über den Waldboden. Wir erreichen den **Rocher du Brotsch** ❺, der in einer Höhe von 517 Metern aus dem Wald hervorspringt. Und hier finden wir im Schatten der Bäume einen herrlichen Platz für eine ausgiebige Rast mit großartiger Aussicht: Über den dunklen Sandsteinfelsen wird der Blick hinunter ins grüne Tal und auf die sanfte Hügelkette der Vogesen-Vorberge gelenkt.

Es fällt schwer, sich von diesem wunderbaren Ort wieder zu verabschieden. Aber wir bleiben dem Felsen noch ein wenig treu: Nun wandern wir nämlich zu seinem Fuß hinunter. In Serpentinen geht es den steilen Weg hinab zur **Grotte du Brotsch** ❻ – einer Höhle von enormem Ausmaß. Von unten kann man die verschiedenen Schichten des Sandsteins gut erkennen, mal rötlich, mal grau, oft mit eingeschlossenen Kieseln gespickt.

Wir gehen in südöstlicher Richtung weiter den Brotschberg hinab. An seiner südlichen Flanke zeigt er sich gefälliger, der Waldboden ist nun von Farnen,

Moos und Heidelbeerkraut bedeckt. Rasch gelangen wir an die **Cuve de Pierre,** einen riesigen steinernen Bottich, dessen Ursprünge nicht ganz geklärt sind. Diente er als Wasserspeicher in keltischer Zeit? Oder stimmt die Legende, dass ein Abt ihn in Auftrag gab, er aber nach Fertigstellung wegen seiner Größe nicht aus dem Wald heraustransportiert werden konnte?

Unterhalb des Troges finden wir jedenfalls den Wegweiser zum **Schaeferplatz,** dem wir nun entgegenwandern. Vom Schaeferplatz aus folgen wir dem Wanderzeichen mit dem blauen Kreuz zurück nach Saverne. Zunächst können wir uns auf dem ebenen, breiten Weg ein wenig ausruhen von den steilen und steinigen Passagen, die hinter uns liegen. Bald aber steigen wir erneut bergauf. Wo der Petit Krappenfels ausgeschildert ist, geht es nach rechts und sehr knackig bergauf. Vorbei am **Zimmereck,** folgen wir dem roten Rechteck mit weißen Balken. Mächtige Felsen lagern am Rande des Pfades, vom Moos in einen dicken grünen Mantel gehüllt. Wir steigen dazwischen hindurch und errei-

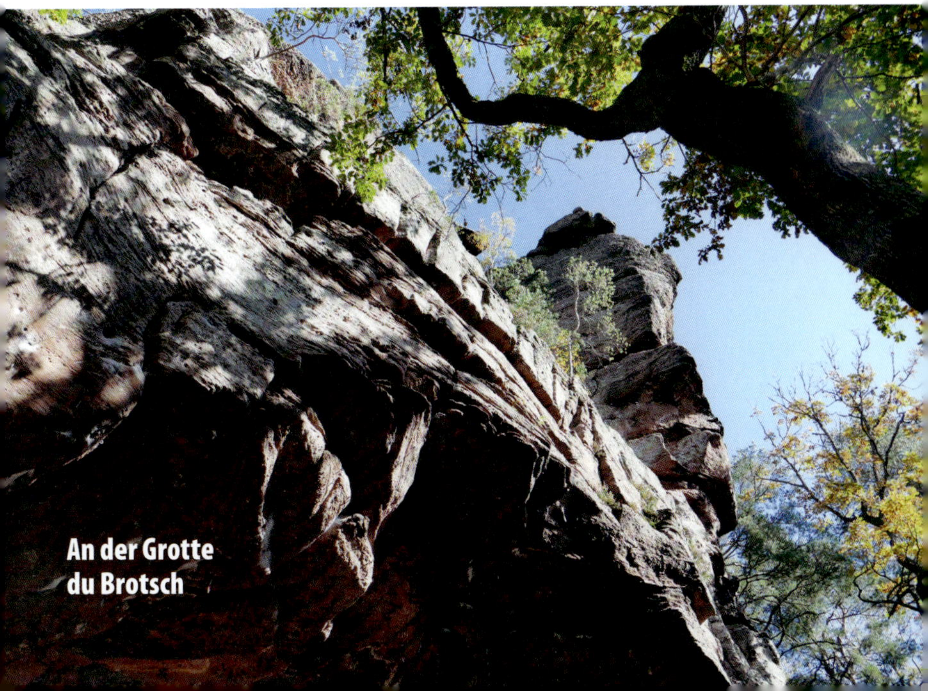

An der Grotte du Brotsch

Panoramatour 8

*Wer im Winterhalbjahr ins Restaurant Là-Haut einkehrt, kann nach vorheriger Reservierung in einem der Holz-Chalets ein fantastisches **Fondue** genießen (ab sechs Personen).*

chen ziemlich außer Puste den **Kleinen Krappenfels.** Zum Glück geht es nun weitgehend flach linker Hand weiter. Im Rücken des Brotschberg gelangen wir bald auf die uns schon bekannte Strecke, die uns zum **Hexentisch** bringt. Hier schlagen wir den Weg mit dem roten Rechteck nach Haut-Barr ein, der uns zunächst westlich des Château de Petit-Geroldseck entlangführt. Dann queren wir den Hinweg und gelangen östlich von Groß-Geroldseck zum Château du Haut-Barr. Wer möchte, steigt zum Abschluss noch einmal hinauf auf die Burg – zur Einkehr ins **Restaurant Là-Haut 7.** Die einladende Terrasse bietet noch einmal einen herrlichen Blick in die elsässische Ebene und die Küche serviert sehr gute französische Klassiker.

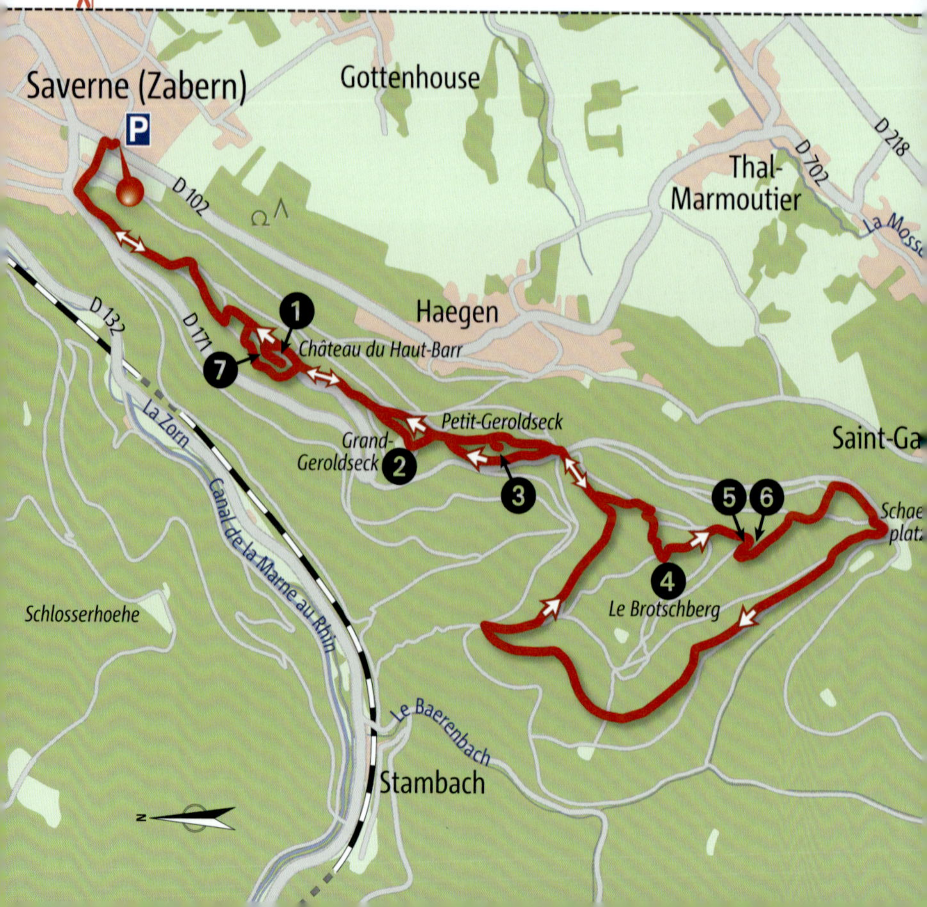

WIE & WANN:
Mittelschwere bis schwere Wanderung mit einigen steilen Passagen; Vorsicht am Rocher du Brotsch. Beste Wanderzeit von Mai bis Oktober.

Entspannung ✱✱☆☆☆

Genuss ✱✱✱☆

Romantik ✱✱✱✱✱

HIN & WEG:
Auto: Parkplatz am Lycée Polyvalent du Haut-Barr, 4 Rue Jean de Manderscheid, 67700 Saverne, Frankreich (GPS: 48.731570, 7.351592)
ÖPNV: Regionalzug (TER) von Straßburg bis Gare de Saverne, dann zu Fuß zum Startpunkt (2 km)

ESSEN & ENTSPANNEN:
Restaurant Là-Haut ❼ Château du Haut-Barr, 67700 Saverne, Tel. +33 (3) 88 91 17 61, www.restaurant-lahaut.fr

ENTDECKEN & ERLEBEN:
Château du Haut-Barr/Burg Hohbarr ❶
Château du Grand-Geroldseck/Burg Groß-Geroldseck ❷
Château du Petit-Geroldseck/Burg Klein-Geroldseck ❸
Tour du Brotsch ❹
Rocher du Brotsch ❺
Grotte du Brotsch ❻

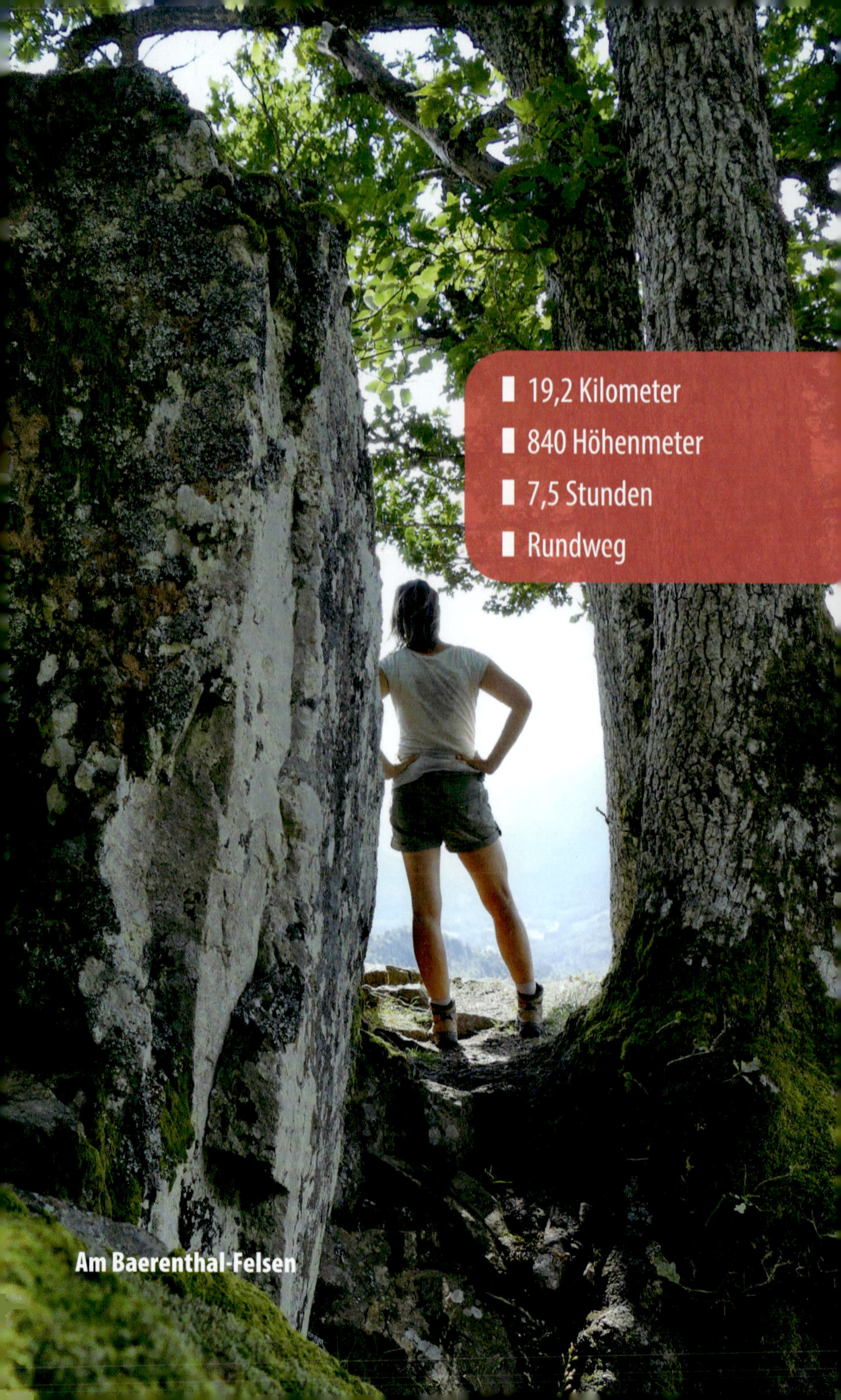

- 19,2 Kilometer
- 840 Höhenmeter
- 7,5 Stunden
- Rundweg

Am Baerenthal-Felsen

Wir beginnen unsere Wanderung an der **Rue du Général de Gaulle** in Thann und folgen ihr Richtung Nordwesten, immer dem Turm des **Münsters Saint-Thiébaut** **1** entgegen. Die Kirche gilt neben den deutlich größeren Münstern von Straßburg und Freiburg im Breisgau zu den Meisterwerken gotischer Baukunst

Im Auge der Hexe

Von Thann hinauf zum Molkenrain

am Oberrhein. Einmalig ist das 18 Meter hohe Portal der Westfassade, das mit 500 einzelnen Figuren bestückt ist. Weil wir heute einige Kilometer vor uns haben, werfen wir nur einen kurzen bewundernden Blick auf die Skulpturen und bewahren uns eine ausgiebige Besichtigung für einen späteren Zeitpunkt auf.

Stattdessen biegen wir rechts in die **Rue Saint-Thiébaut** ein, passieren das Museum und überqueren das Flüsschen **Thur.** Auf der anderen Seite der Brücke finden wir den ersten Wegweiser zur Engelsburg, der uns nach rechts schickt. Wir steigen die Rue Marsilly hinauf und gelangen an ihrem Ende auf einen Wanderweg am Waldrand. Er ist in keinem guten Zustand, wir klettern über Geröll hinweg und unter umgekippten Bäumen hindurch, erreichen aber bald einen Abzweig nach links. Eben geht es jetzt der Burgruine entgegen, über uns erkennen wir durch die Bäume schon das sogenannte Hexenauge. Wegen Bauarbeiten können wir uns der Burg nicht von Süden nähern, Schilder lotsen uns in einem nördlichen Bogen hinauf auf das Felsplateau. Und dort werden wir von einem herrlichen Panorama empfangen. Kein Wunder, dass die

Grafen von Pfirt das **Château de l'Engelbourg** ❷ im 13. Jahrhundert genau an dieser Stelle erbauen ließen: Es war der perfekte Ort, um den Zugang zum Thurtal und damit auch die Handelsstraße von Italien nach Flandern zu kontrollieren. Schon während des Dreißigjährigen Krieges allerdings wurde die Engelburg so schwer beschädigt, dass König Ludwig XIV. im Jahr 1673 den Befehl gab, sie zu sprengen. Der Hauptturm zerfiel dabei in mehrere Stücke – wovon eines nun wie ein Auge über der Stadt liegt und wacht: das **Hexenauge.** Es ist wirklich beeindruckend: die Massivität seiner Mauer, deren Rundung scheinbar mit der Felskuppe verschmilzt und sich zugleich von der geschwungenen Linie der Vogesen im Hintergrund abhebt.

Nicht ganz leicht, sich von diesem Panorama so schnell wieder loszureißen. Aber wir haben weitere Ziele im Blick und folgen dem Wegweiser mit dem roten Balken Richtung Molkenrain und Col du Grumbach. Wir steigen in einem lichtdurchfluteten Wald einen schmalen Pfad bergauf. Buchen, Eichen und Douglasien wechseln sich ab. Schließlich erreichen wir einen breiteren Weg – und eine Höhe, von der aus wir die umliegenden Gipfel überblicken können. Gut zu

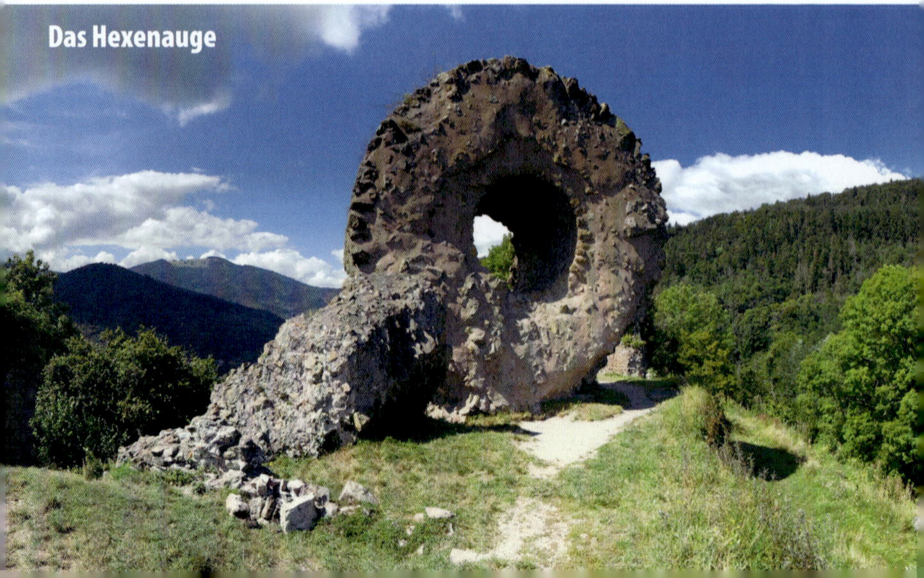
Das Hexenauge

erkennen sind der 1191 Meter hohe Rossberg und die darunterliegende Hochweide am Thanner Hubel, auf der westlichen Seite des Thurtals gelegen.

Nun gehen wir geradewegs auf den **Col du Grumbach** (dt. Fesselplatz) zu. Viele Wege führen von dort aus in den Wald. Wir wählen den schmalen Pfad, der sich

Für die Seele

Kräftezehrend, aber jede Mühe wert: Der Aufstieg über die unvergleichliche Engelsburg zur Hochweide des Molkenrain belohnt uns mit atemberaubenden Ausblicken.

uns gegenüber den Berg hinaufschlängelt, und folgen weiter dem Wegzeichen mit dem roten Balken. Jetzt wachsen beidseits des Weges Gräser, wir passieren den **Place des Canaris** (674 Meter) und gelangen auf einen wilderen Wegabschnitt. Der Pfad wird steil und steinig, Felsen säumen ihn. Hier, an der westlichen Flanke des Erzenbackopfs, hat die Sonne den Boden ordentlich aufgeheizt, es riecht nach Sommer und Süden, die Douglasien verströmen ihren typisch zitronigen Duft. Urplötzlich ändert sich die Vegetation: Wir biegen um eine Kurve und sind in einem ganz anderen Wald. Steine und Stämme am Wegrand sind mit einer dicken Schicht Moos ummantelt, der Boden ist feucht, ebenso die Luft. Während uns eben noch die Sonne wärmte, wird es jetzt kühl.

*In den südlichen Vogesen besitzen die Berge meist eine **Rundkuppe**, entstanden durch Erosion und Gletschertätigkeit. Der Grand Ballon (Großer Belchen) als höchster Gipfel der Vogesen ist dafür ein typisches Beispiel.*

Wir erreichen das **Camp des Pyramides** (783 Meter), wandern weiter dem Molkenrain und dem Naturfreundehaus (Refuge des Amis de la Nature) entgegen – immer dem Wegzeichen mit dem roten Balken nach. Eine mächtige Felswand ragt am Wegrand auf. Über uns erkennen wir bald eine Hütte. Das **Baecherkopf-Hisla** ist ein beliebter Rastplatz auf dem Weg vom

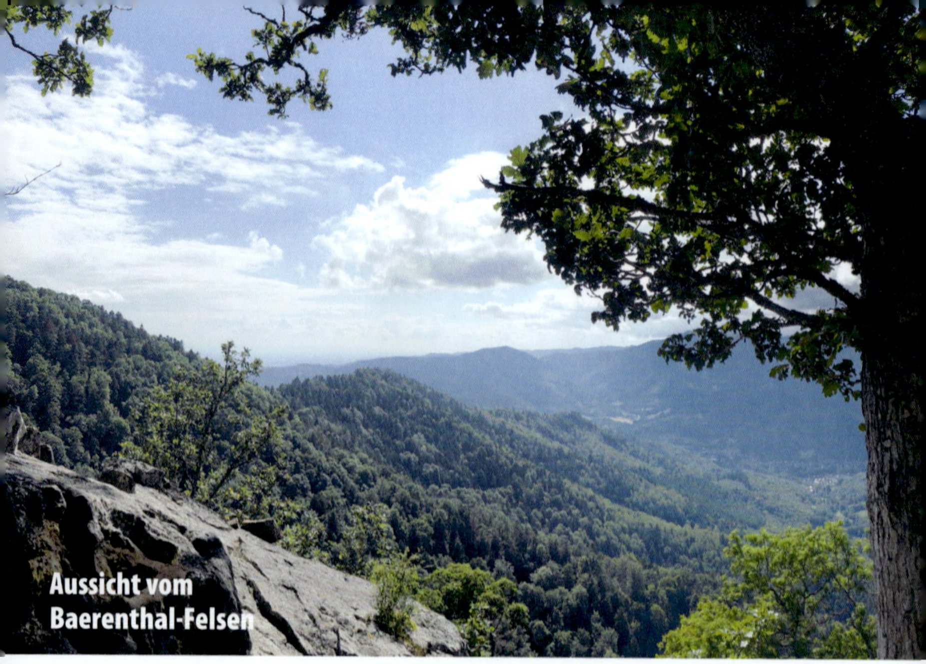

Aussicht vom Baerenthal-Felsen

Gipfel, im Winter kann man sich sogar am Holzofen aufwärmen. Aber wir wollen anderswo Halt einlegen – und dieser Ort ist nicht mehr weit entfernt: der Aussichtsfelsen mit dem Namen **Baerenthal ❸.** Hoch über dem Wald gelegen, eröffnet er uns eine atemberaubende Aussicht über die südlichen Vogesen mit ihren bewaldeten Bergrücken, geschwungenen Tälern und sonnenüberströmten Hochweiden. An diesem erhabenen Ort lassen wir uns für einen Moment der Ruhe nieder, stolz auf das schon Geschaffte, aber mit der Gewissheit, dass noch einiges an Strecke und Steigung vor uns liegt.

Nächstes Zwischenziel ist das **Camp Turenne** (dt. Thomannsplatz) auf gut 900 Metern. An dieser Stelle lag im Ersten Weltkrieg ein Lager, heute ehren ein Gedenkstein und eine französische Flagge die Männer, die hier starben.

Wir wandern weiter den Molkenrain hinauf, ein schmaler und steiniger Pfad verlangt uns einiges ab. Glücklicherweise gibt es unterwegs immer wieder eine Bank zum Ausruhen und eine Aussicht, die uns belohnt. Je höher wir steigen, desto weiter reicht der

Blick, nun nach Osten über die Vorbergzone und bis hinunter ins Rheintal. Wir wechseln auf einen breiteren Weg, schlagen aber bald erneut in einen schmalen Pfad ein, immer dem roten Balken folgend. Er fordert all unsere Kraftreserven. Wir überwinden die steilsten und anstrengendsten Passagen der Tour.

Aber wir werden reichlich entlohnt: Wo uns der Wald am **Naturfreundehaus** auf die Hochweide entlässt, sind wir völlig versöhnt – so schön ist der Anblick der blütengetupften Wiesen, der windgepeitschten Weidebuchen und des erhabenen Panoramas über den Molkenrain hinweg Richtung Norden: Von der Rheinebene erstreckt es sich über die Vorbergzone bis zum Grand Ballon – mit 1424 Metern der höchste Berg der Vogesen.

Durch ein Weidegatter betreten wir die Höhenwiese und wandern querfeldein unter den Buchen hindurch zur **Ferme Auberge du Molkenrain ④.** Man sollte sich unbedingt zuvor informieren, ob das Gasthaus geöffnet hat – und eventuell auch reservieren. Dann

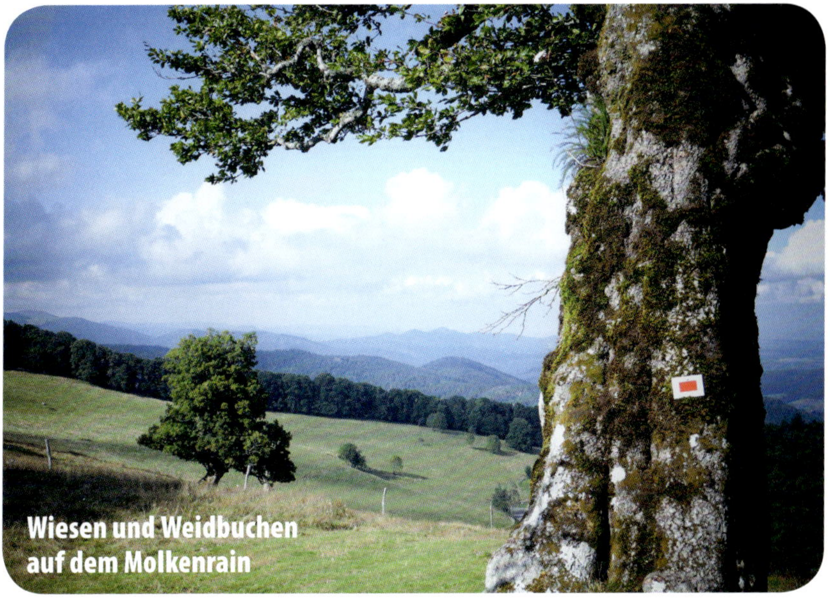

Wiesen und Weidbuchen auf dem Molkenrain

Blick vom Rangen

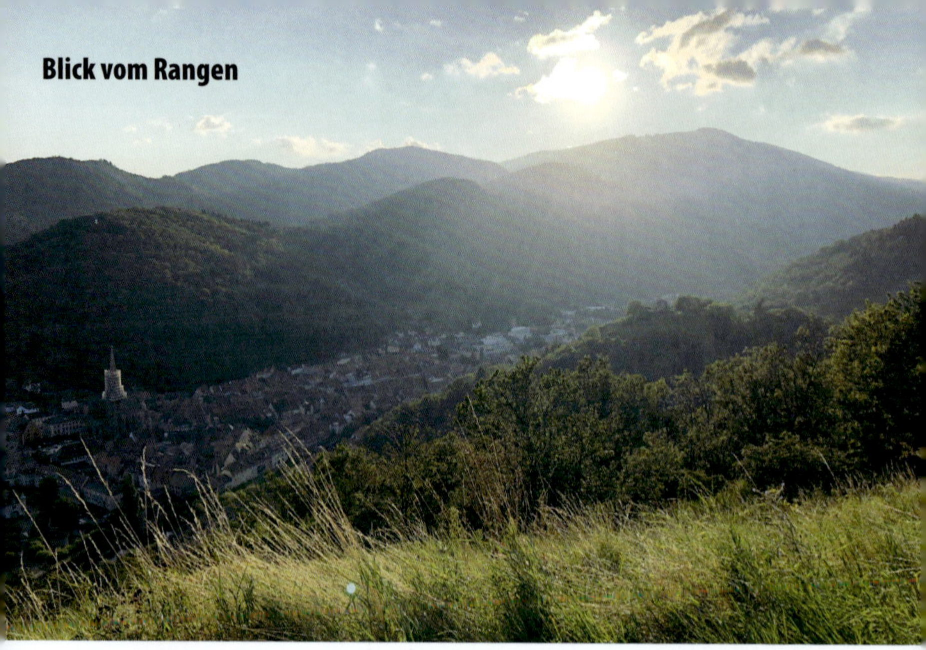

*Der **Hartmannswillerkopf** war im Ersten Weltkrieg wegen seiner strategisch günstigen Lage erbittert umkämpft. In den vier Kriegsjahren wechselte die Bergkuppe viermal den Besitzer – 30.000 französische und deutsche Soldaten starben. Heute erinnert eine Gedenkstätte an die Toten und an die Sinnlosigkeit des Krieges.*

kann man ein herzhaftes Essen, einen feinen Waldbeerkuchen oder ein erfrischendes Eis genießen – das alles getoppt von dem herrlichen Blick, den die Terrasse bietet. Gegenüber erhebt sich der Hartmannswillerkopf (957 Meter) mit dem mächtigen Kreuz, in der Ferne ist die Weite der Rheinebene zu erkennen.

Nach einer ausgiebigen Rast machen wir uns auf den Rückweg zum Camp Turenne. Er verläuft auf derselben Strecke – und die ist bergab nicht weniger anstrengend. Wer Wanderstöcke dabeihat, kommt eindeutig besser voran. Dafür haben wir auf dem Weg immer wieder einen herrlichen Blick ins Tal. Am **Camp Turenne** biegen wir links in den Wanderweg ein, der über die Waldkapelle und das Croix du Rangen zurück nach Thann führt, nun dem rot-weiß-roten Balken folgend. Während wir auf dem Hinweg westlich des Glaserbergs unterwegs waren, wandern wir nun an seiner Ostflanke bergab, passieren das **Baecherkopf-Hisla** und gelangen über den Pastetenplatz knapp eine Stunde nach dem Hisla zur **Waldkapelle** (576 Meter).

An dieser Kreuzung wählen wir den Weg nach Thann, der über das Rangen-Kreuz verläuft (Wegmarkierung grünes Kreuz): Ein schmaler Pfad führt uns eben zwischen hohen Gräsern hindurch, die Abendsonne verleiht dem Wald ihren ganz eigenen Zauber. Wo wir auf einen breiten Weg treffen, finden wir gegenüber erneut ein kleines Weglein bergab. Und dieses eröffnet uns bald einen fantastischen Blick. Während die Stadt schon im Schatten liegt, streifen die letzten Sonnenstrahlen die Ruine der Engelburg und tauchen das Hexenauge in ein geradezu mystisches Licht. Wir haben das **Croix du Rangen** 5 erreicht. Das 9 Meter hohe Eisenkreuz, gestiftet von einem Domherrn aus Thann, war im Jahr 1900 mit vier Ochsen auf die Rangenweide gebracht worden. Nun thront es über der Stadt und dem Weinberg. Der Rangen ist der südlichste Weinberg im Elsass und komplett als Grand Cru – als Wein aus Spitzenlage – eingestuft. Kein Wunder: Seine steilen Hänge profitieren von einer perfekten Sonneneinstrahlung. Die vulkanischen Böden begünstigen zusätzlich eine üppige Vegetation.

*Der **Rangen** ist die einzige Weinlage des Elsass mit vulkanischem Boden. Dementsprechend besitzen seine Weine im Unterschied zu den umgebenden Weinlagen die mit Abstand höchsten Mineraliengehalte.*

Wir wandern nun in Serpentinen den Weinberg hinunter, dem Wegzeichen mit dem blauen Dreieck folgend. Auch wir kommen in den Genuss dieser hervorragenden Lage: Während die Sonne sich immer mehr dem Vogesenkamm nähert, schickt sie noch immer ein paar wärmende Strahlen zu uns herüber. Zwischen knorrigen Eichen, Brombeersträuchern und Vulkangestein steigen wir bergab, der Blick reicht weit in das sonnenüberflutete Rheintal. Und immer wacht das Hexenauge über uns. Aber noch ein anderes Highlight schiebt sich bald in unseren Blick: die **Chapelle Saint-Urbain** 6 inmitten der Weinreben, die dem heiligen Urban, Schutzpatron der Winzer, gewidmet ist. Es ist eine zauberhafte Aussicht: Über die Weinreben hinweg wird der Blick von der Kapelle bis zur Burgruine gelenkt.

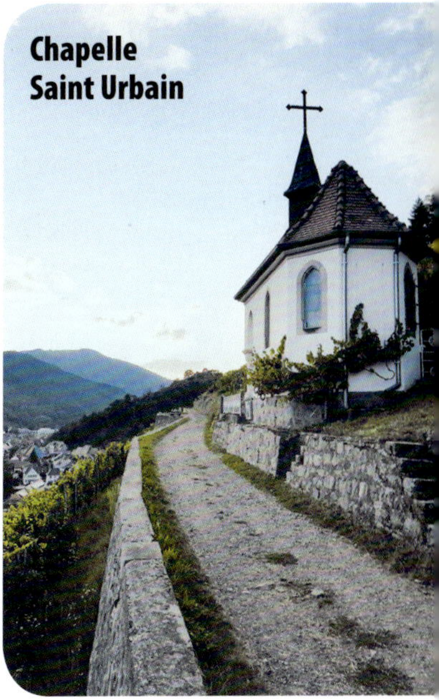

Chapelle Saint Urbain

Unterhalb der Kapelle befindet sich leider kein direkter Abstieg in die Stadt. Darum wandern wir noch einmal ein ganzes Stück ins Tal des Finsterbachs hinein und finden dort den Abstieg zur Rue du Kattenbachy. Links in die Rue du Rangen eingebogen, erreichen wir den Ausgangspunkt der Tour.

Wer nach dieser kräftezehrenden Tour neue Energie tanken möchte, findet im **Restaurant Le Caseus** 7 einen perfekten Ort für ein Abendessen mit elsässischem Charme: Zwischen allerlei antiken Küchenutensilien serviert das Team Spezialitäten aus dem Elsass und den Savoyen: Flammkuchen und Käsespätzle, Raclette und Fondue. Nach so einer Tour dürfen wir uns das gönnen!

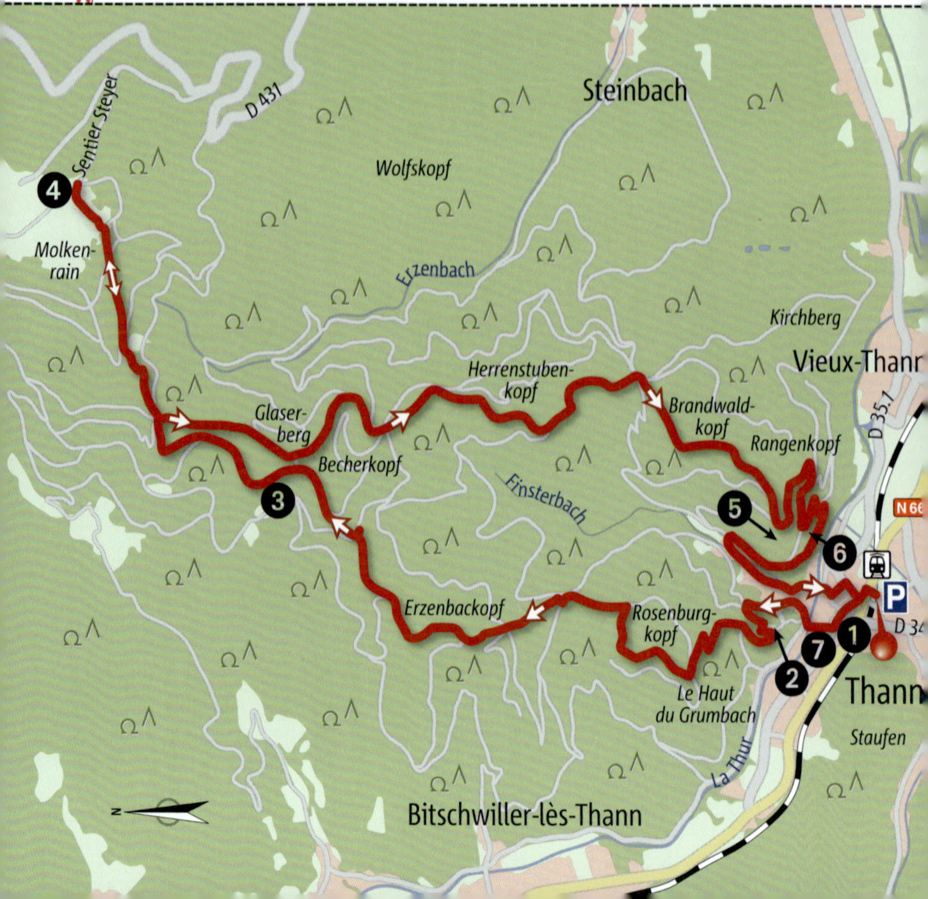

WIE & WANN:
Schwere Wanderung mit vielen Höhenmetern, Wanderstöcke unbedingt empfehlenswert. Beste Wanderzeit von Mai bis Oktober.

Entspannung ✱✱✱✱✱
Genuss ✱✱✱✱✱
Romantik ✱✱✱✱✱

HIN & WEG:
Auto: Parkplatz, 20 Rue du Général de Gaulle, 68800 Thann, Frankreich (GPS: 47.809025, 7.104077)
ÖPNV: Regionalzug (TER) von Mulhouse-Ville Richtung Kruth, Ausstieg Thann Centre

ESSEN & ENTSPANNEN:
Ferme Auberge du Molkenrain ❹ Route des Crêtes, 68700 Wattwiller, Tel. +33 (3) 89 81 17 66, www.ferme-molkenrain.com
Restaurant Le Caseus ❼ 100 Rue de la 1ère Armée, 68800 Thann, Tel. +33 (3) 89 37 10 68, www.lecaseus.fr

ENTDECKEN & ERLEBEN:
Münster Saint-Thiébaut ❶
Château de l'Engelbourg/Engelburg ❷
Aussichtsfelsen am Baerenthal ❸
Croix du Rangen ❺
Chapelle Saint-Urbain ❻

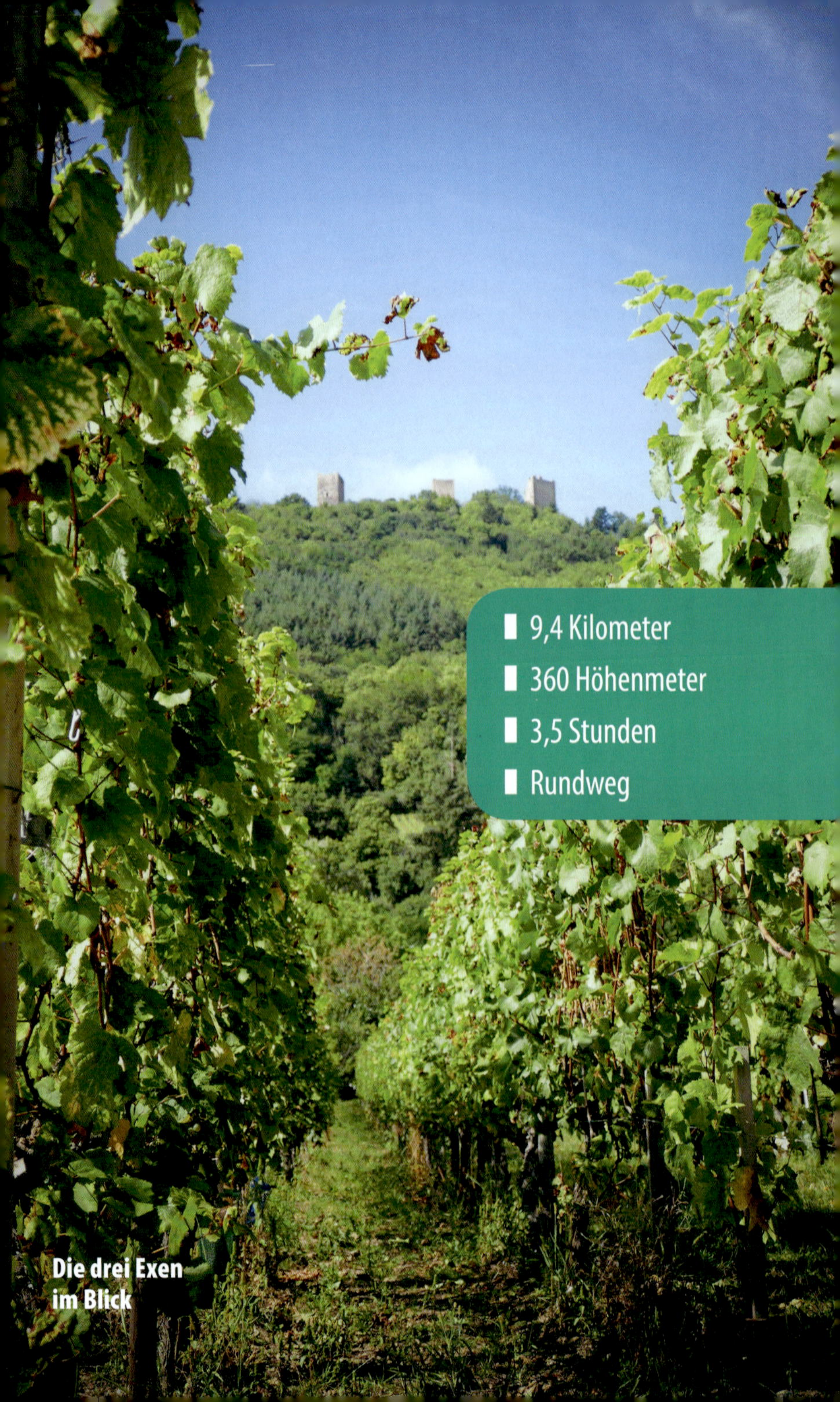

- 9,4 Kilometer
- 360 Höhenmeter
- 3,5 Stunden
- Rundweg

Die drei Exen im Blick

Wir beginnen unsere Wanderung im charmanten **Eguisheim** (dt. Egisheim). Die **Grand'Rue** führt uns hinein in den historischen Stadtkern. Und es ist im wahrsten Sinne des Wortes ein Kern: Die mittelalterliche Stadt wurde um die Burg Eguisheim herumgebaut, noch heute verlaufen die Gassen in konzentrischen Kreisen. Wir passieren zunächst die **Weinkellerei Freudenreich** mit ihrer leuchtend gelben Fachwerkfassade und erreichen schnell das Zentrum mit dem **Château d'Eguisheim** ①. Die genaue Entstehungszeit der Burg ist bisher ungeklärt, manche Quellen sprechen vom 8. Jahrhundert. Architektonische Merkmale weisen allerdings eher darauf hin, dass sie Anfang des 13. Jahrhunderts erbaut wurde. Auch die Behauptung,

Genuss pur

Eguisheim und die drei Exen

die Stadtburg sei Geburtsort von Bruno von Egisheim, dem späteren Papst Leo IX., ist nicht belegt. Gleichwohl wurde und wird um diese Legende in Eguisheim ein großer Kult betrieben: Auch auf dem blumengeschmückten Brunnen thront der Papst mit Tiara und die **Kapelle St. Leo IX.** wurde ihm zu Ehren ab 1888 erbaut und im Innern aufwendig mit Fresken verziert. Wahrscheinlicher ist, dass Bruno von Egisheim in einer Burg auf dem Schlossberg zur Welt kam – vermutlich in einem Vorgängerbau der Burgen, die heute als Ruinen hoch über dem Ort aufragen. Dorthin machen wir uns nun auf den Weg.

*Leo IX. wurde als **Bruno von Egisheim** im Jahr 1002 geboren. 1049 zum Papst gewählt, hatte er das Amt bis zu seinem Tod 1054 inne. Der Reformbefürworter galt wegen seiner Herkunft als deutscher Papst.*

Wir wandern Richtung Westen zügig aus dem Ort hinaus, das Wanderzeichen mit dem blauen Kreuz

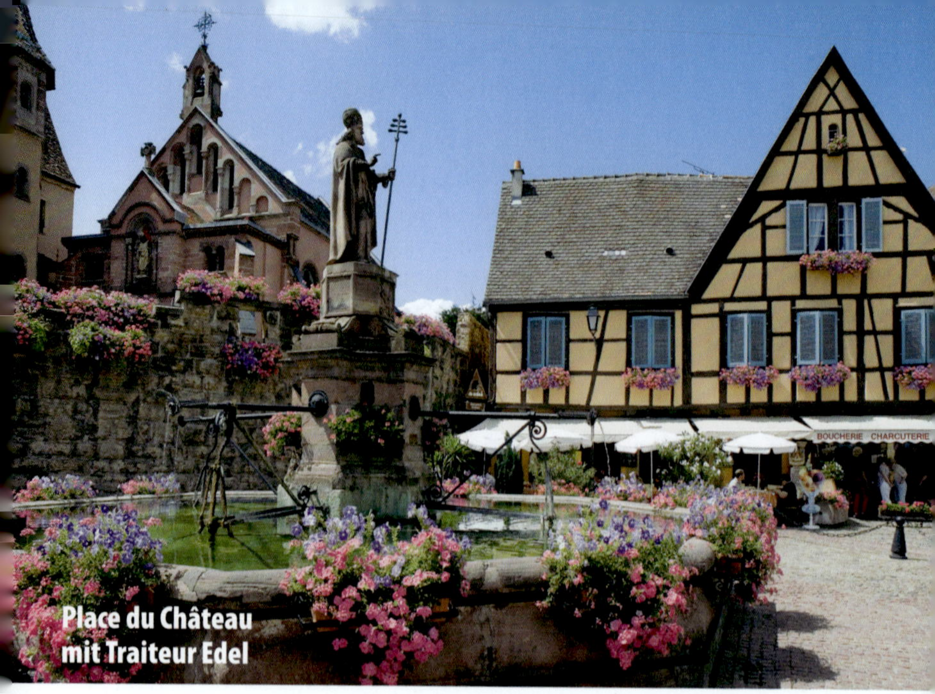

Place du Château mit Traiteur Edel

führt uns. Schnell erreichen wir die Weinberge. Am Campingplatz biegen wir rechts ein und gehen bergan. Schon von hier aus haben wir die Silhouette des Schlossbergs mit den drei mächtigen Burgtürmen immer im Blick.

Auf die Weinberge folgt der Wald, im Schatten der Bäume wird es merklich kühler. Esskastanien säumen den Pfad, im Herbst ist der Boden übersäht von ihren stacheligen Früchten. In Serpentinen geht es den Berg hinauf, die Wegzeichen wechseln, mal ist es eine rote Raute, mal ein roter Punkt, der den Weg zu den drei Burgen weist. Und das freundliche Grün der Kastanienbäume weicht kurzfristig einem trockenen Douglasienwald.

Bald türmen sich mächtige Felsen um uns herum auf, Stufen führen uns in einen höheren Waldteil, jetzt dominieren Kiefern. Die Sonne hat den mit Nadeln bedeckten Boden aufgeheizt, es duftet nach Urlaub im Süden. Wir schrecken ein paar Eidechsen auf, die auf den glatten Steinen ein Sonnenbad nehmen, eilig huschen sie in die Spalten am Wegrand. Zwischen Felsen schlängelt sich unser Pfad nun kräftig bergauf – und wir erreichen den wunderbaren Aussichtspunkt am **Damensessel ❷:** Unter uns breiten sich die Reben aus und hinter einem hellen Band aus herbstlichem Dunst erheben sich die Höhen des Schwarzwalds.

Weiter klettern wir den Berg hinauf, der Pfad wird noch steiler und steiniger. Doch plötzlich stehen wir zu Füßen der **Burg Weckmund,** der südlichsten der drei Burgen. Gewaltig ragt ihr Turm aus Buntsandstein vor uns auf. Wir steigen die letzten Stufen hinauf und staunen über diesen massiven Wehrturm, 2 Meter dick sind seine Mauern. Wer genau hinsieht, entdeckt, dass seine Schießscharten nicht Richtung Tal hin ausgerichtet sind, sondern in Richtung der Nachbar-

*Die **Burg Weckmund** ist die jüngste der drei Burgen von Eguisheim und entstand wohl um das Jahr 1200. Nachdem die Burgen ab dem 15. Jahrhundert aufgegeben wurden, verfielen sie nach und nach.*

Für die Seele

Weinberge und Wald, Berge und Burgen, kulinarische Genüsse in Fülle: Eine Wanderung rund um Eguisheim – das ist Elsass pur.

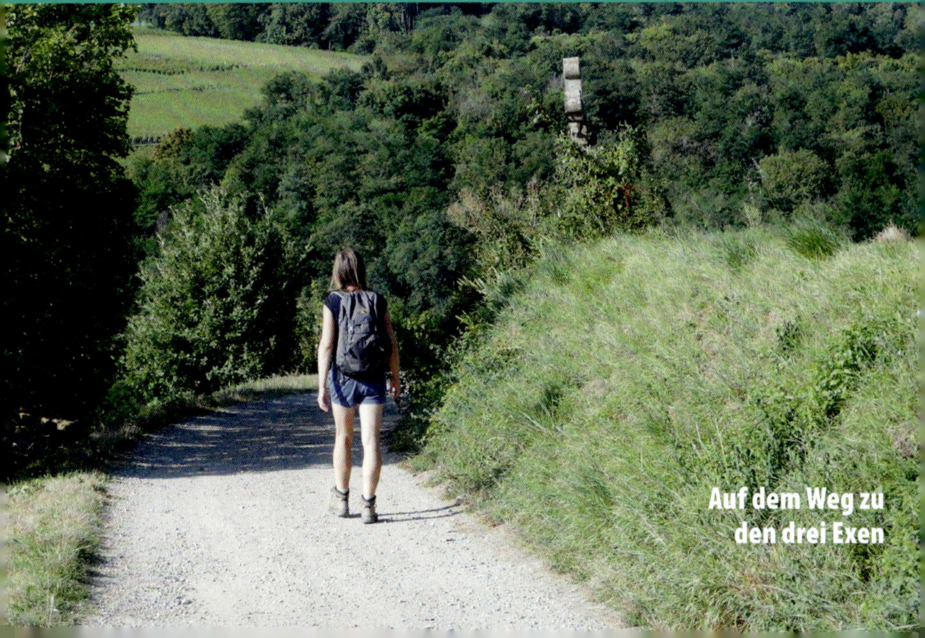

Auf dem Weg zu den drei Exen

burgen. Eindeutiges Zeichen für den Konflikt, der sich hier abspielte.

Die **Trois Châteaux d'Eguisheim** ③ – im Elsässischen auch **Die Drei Exen** oder Egsen genannt – liegen in unmittelbarer Nähe zueinander, wurden jedoch zu unterschiedlichen Zeiten und von unterschiedlichen Herren erbaut. In einer Biografie Papst Leos IX. wird eine Burg auf dem Schlossberg erstmals erwähnt. Archäologische Ausgrabungen weisen darauf hin, dass dieses erste Kastell wohl aus dem 10. oder frühen 11. Jahrhundert stammte. Es war vermutlich deutlich größer als die spätere Gesamtanlage: Ihre Fundamente haben Archäologen sowohl im Norden als auch ganz im Süden der Anlage nachweisen können. Nachdem die Grafen von Eguisheim ausstarben, fiel der Nordteil des Plateaus an die Grafen von Dagsburg. Sie errichteten auf den Mauerresten des ursprünglichen Gebäudes die Dagsburg, jene Burg, deren Ruine heute als nördlichste aufragt. Die Südburg wurde vermutlich als Reaktion auf die Dagsburg er-

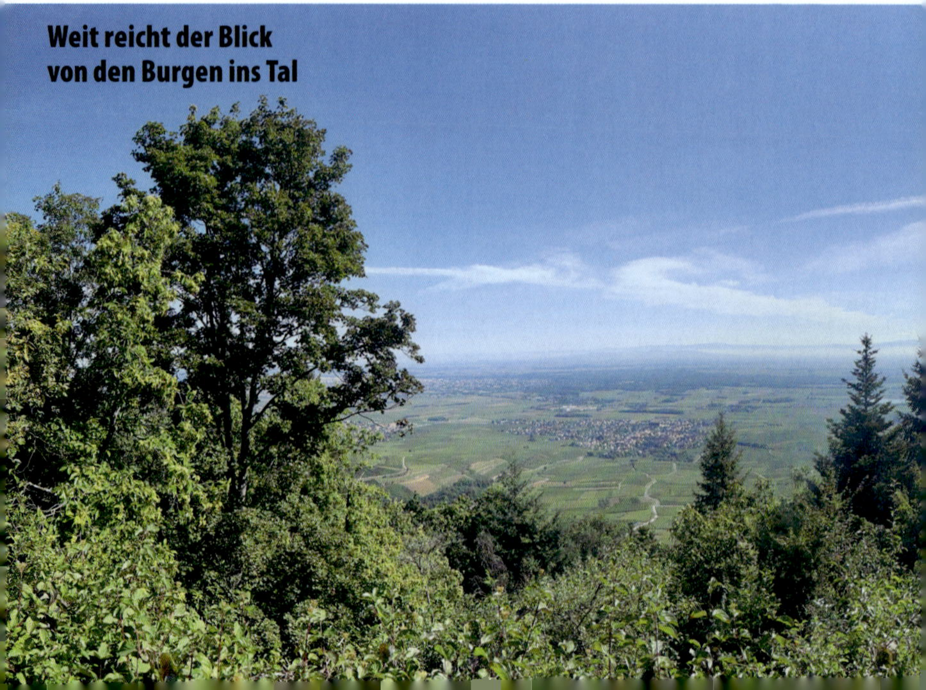

Weit reicht der Blick von den Burgen ins Tal

richtet – und später in zwei Burgen geteilt: die Burg Weckmund und die **Wahlenburg.**

Zur Wahlenburg steigen wir nun hinauf. Ihr Bergfried aus dem 12. Jahrhundert ist von Wohngebäuden umgeben. Auf Treppen und durch Torbögen können wir die Reste der mittelalterlichen Festung erkunden – und die Aussicht in die Umgebung genießen: Im Norden erkennen wir unter anderem die Burgruine Hohlandsberg (frz. Château du Hohlandsbourg) mit ihrer kräftigen Mauer aus Granit, die weithin sichtbar den Eingang des Münstertals bewacht.

Wenige Schritte weiter, ganz im Norden des Plateaus, erreichen wir schließlich die Ruine der **Dagsburg.** Der Wehrturm, der aus der Ferne ebenso massiv wirkte wie seine beiden Nachbarn, ist deutlich stärker verfallen: Nur noch zwei Wände ragen empor. Das Gelände rings zu seinen Füßen aber eignet sich wunderbar für eine Rast: Wir setzen uns nieder, bestaunen die mächtigen Mauern und genießen den Blick in die elsässische Ebene. Weil ganz in der Nähe ein Besu-

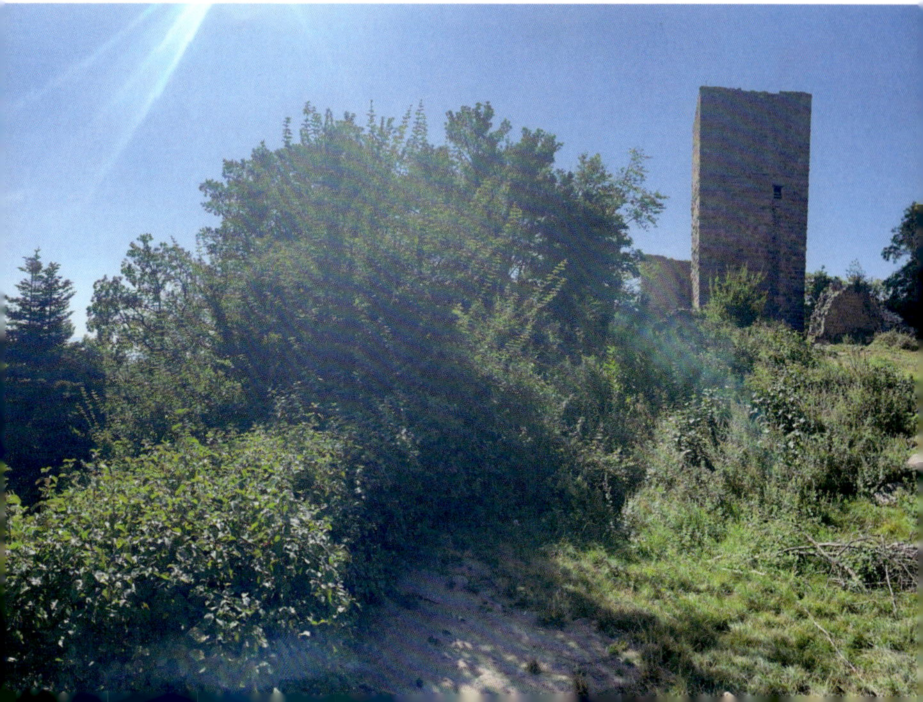

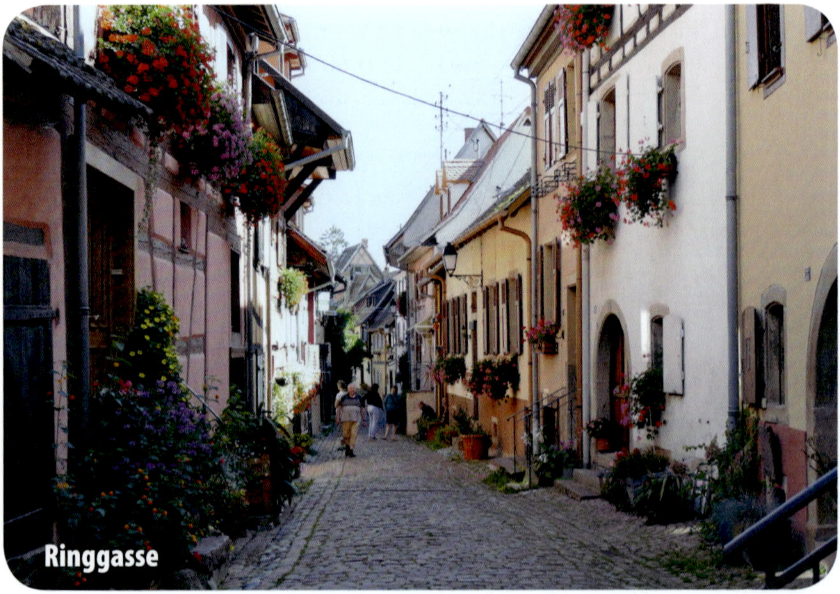
Ringgasse

cherparkplatz liegt, ist es hier oben nicht mehr ganz so menschenleer auf den Pfaden zwischen dem Ort und der Burg. So kehren wir rasch zurück in die Einsamkeit des Waldes.

Wir steigen einen Teil des Weges wieder über Wurzeln und Felsen hinunter. Unterhalb des **Damensessels** aber schlagen wir den kleinen Pfad ein, der direkt nach Süden führt, und folgen den Schildern nach Husseren-les-Châteaux (dt. Häusern; gelber Punkt). Im Zickzack geht es nun steil bergab, die Knie werden ordentlich belastet, aber der Wald ringsum ist einfach wunderbar.

Schon nach 10 Minuten erreichen wir **Husseren-les-Châteaux** (dt. Häusern), wir laufen direkt auf die ausladende Kastanie an der Rue Principale zu. Eine Bank lädt zu einer Pause in ihren Schatten ein, dann folgen wir der Rue Principale nach Norden, biegen an der Kirche rechts und kurz darauf links in die **Rue des Vignerons** ein. Durch die Weinberge wandern wir, dem

Wegzeichen mit dem roten Kreis folgend, zurück nach Eguisheim, die drei Burgen zu unserer Linken, das Rheintal zur Rechten – und in der Ferne ist gut die Silhouette von Colmar zu erkennen.

Am Campingplatz erreichen wir wieder den Ort, folgen der **Rue Porte Haute** und biegen am Pavillon Gourmand rechts in die **Rue du Rempart Sud** ein. Sie ist vielleicht die hübscheste **Ringgasse 4,** die sich um die Stadtburg schließt: eng, von kleinen Fachwerkhäusern mit bunten Fassaden gesäumt und von den Anwohnerinnen liebevoll mit Geranien geschmückt. In diesem Sträßchen finden wir auch das **L'Atelier de Béné 5,** ein kuschelig kleines Restaurant im ebenso winzigen Fachwerkhäuschen. Flammkuchen, Quiche oder Käsespätzle – die elsässischen Spezialitäten werden authentisch zubereitet und liebevoll serviert.

Wer hier keinen Platz findet, geht zurück ins Zentrum: Auf der Terrasse des Feinkostgeschäftes von **A. Edel 6** sitzt man mit Blick auf den Hauptplatz und

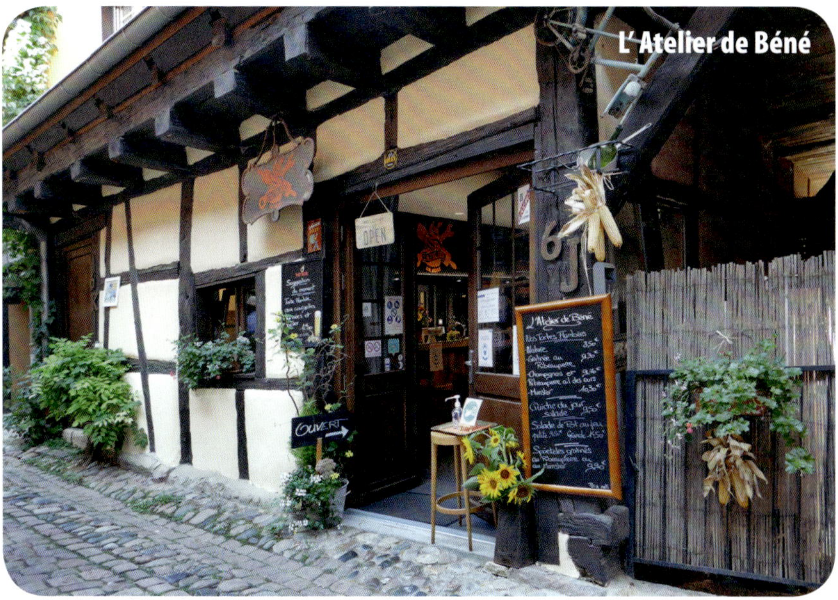

L'Atelier de Béné

kann die feinen Speisen aus der hauseigenen Metzgerei genießen. Neben allerlei Fleischgerichten stehen aber auch vegetarische Genüsse wie eine wunderbare Tarte mit grünem Spargel auf der Karte. Wer mag, findet eine reichliche Auswahl an Feinkostgerichten im Glas – perfekt, um den Geschmack des Elsass mit nach Hause zu nehmen.

Unbedingt sollte man auch einen Stopp im **Maison Alsacienne de Biscuiterie** ⑦ einlegen: Neben Kougelhopf und allerlei Bredele werden köstliche Macarons in allen Variationen kredenzt, mit Pistazien- oder Karamellgeschmack, fruchtig mit Himbeeren oder Zitrone verfeinert oder gar mit Marc de Champagne – ein Genuss für Auge und Gaumen.

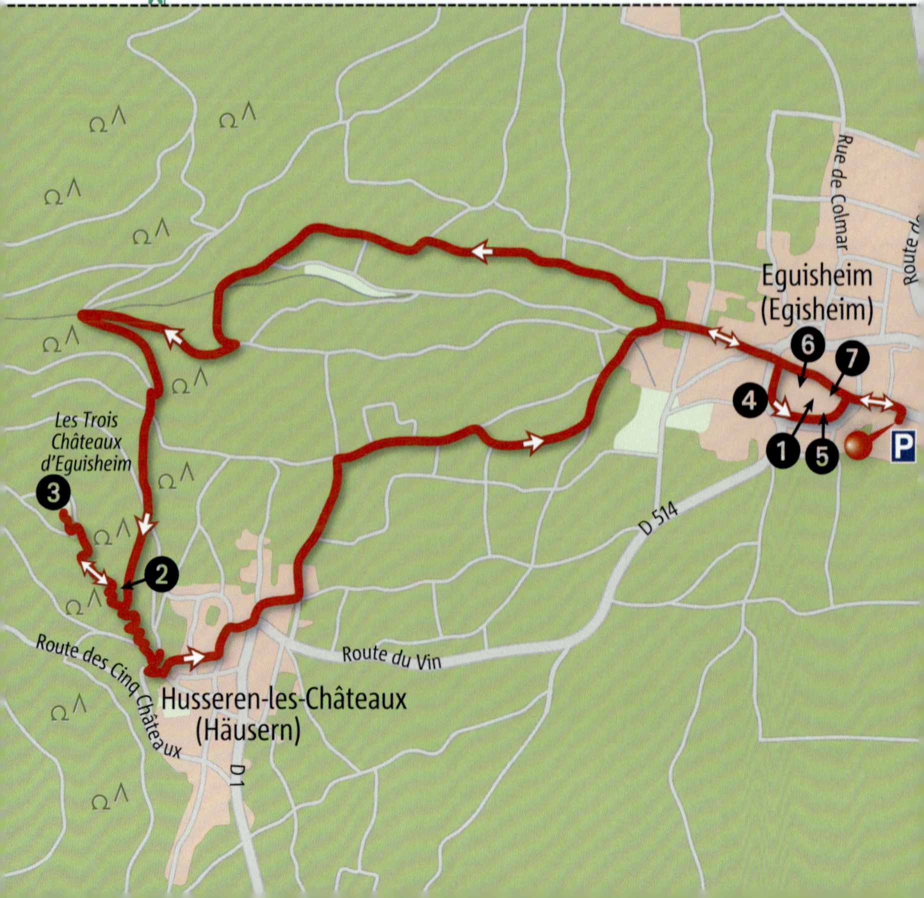

Alles auf einen Blick

WIE & WANN:
Mittelschwere Wanderung auf meist gut begehbaren Wegen, wenige steile Passagen. Beste Wanderzeit von April bis November.

HIN & WEG:
Auto: Parking Mairie (kostenpflichtig), 21 Grand'Rue, 68420 Eguisheim, Frankreich (GPS: 48.041716, 7.309748)
ÖPNV: Buslinie 440 (Lignes de Haute Alsace) von Colmar, Gare SNCF, bis Eguisheim Poste

ESSEN & ENTSPANNEN:
L'Atelier de Béné ❺ 6J Rue du Rempart Sud, 68420 Eguisheim, Tel. +33 (3) 68 61 38 04, latelier-de-bene.business.site

Entspannung ✱✱✱✱✱
Genuss ✱✱✱✱✱
Romantik ✱✱✱✱✱

Traiteur A. Edel ❻ 2 Place du Château Saint-Léon, 68420 Eguisheim, Tel. + 33 (3) 89 41 22 40, www.a-edel-traiteur-eguisheim.fr
Maison Alsacienne de Biscuiterie ❼ 12 Place du Château Saint-Léon, 68420 Eguisheim, Tel. +33 (3) 89 21 85 10, www.maison-alsacienne-biscuiterie.com

ENTDECKEN & ERLEBEN:
Château d'Eguisheim/Burg Egisheim ❶ 4 Place du Château Saint-Léon, 68420 Eguisheim
Damensessel ❷
Les Trois Châteaux d'Eguisheim/Die Drei Exen ❸
Ringgasse ❹ Rue du Rempart Sud, 68420 Eguisheim

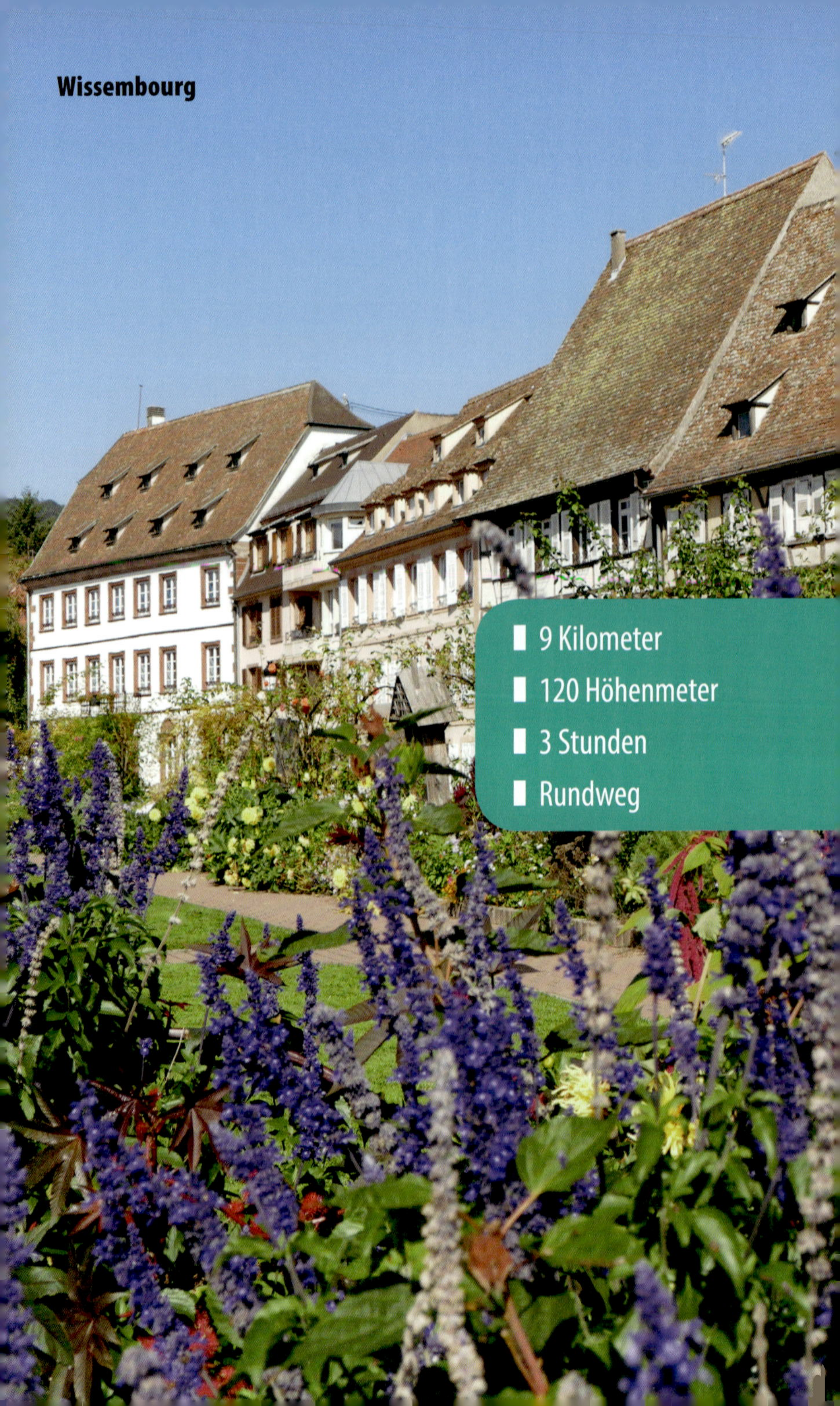
Wissembourg
9 Kilometer
120 Höhenmeter
3 Stunden
Rundweg

Leibliche Genüsse finden sich in Wissembourg (dt. Weißenburg) beinahe an jeder Ecke. Ob süß oder deftig – hier finden Genießer ihr Glück. Um auch die Landschaft rund um das nordelsässische Städtchen zu entdecken und um uns die Delikatessen wirklich zu verdienen, beginnen wir die Wissembourg-Wanderung mit einer Runde durchs Grüne – an der Lauter entlang und mit einem winzigen Abstecher in den Pfälzerwald.

Wir starten an der Rue des Messageries und biegen an ihrem nördlichen Ende links in die **Avenue de la Gare** ein. Ihr folgen wir in westlicher Richtung bis zum Kreisverkehr an der ehemaligen Porte de Haguenau. Hier beginnt ein Rundweg um die alte **Stadtmauer** ①,

Einfach süß!

Malerisches Wissembourg

von der Wissembourgs Altstadt noch teilweise umschlossen ist. Diesem wollen wir ein Stück weit folgen. Wir orientieren uns am Schild zur Chapelle de Weiler (grüner Kreis) und wandern südlich der Lauter direkt am Wasser entlang. Riesenmammutbäume und mächtige Kastanien beschatten den Weg. Und bald erkennen wir jenseits des plätschernden Flusses Teile der Stadtbefestigung aus ganz unterschiedlichen Epochen: den Wasserturm aus dem 18. Jahrhundert jenseits der alten Brücke, später den Südwall mit seinen Türmen, der schon im 14. Jahrhundert entstand.

Die ursprüngliche Stadtmauer rund um Wissembourg wurde im 13. Jahrhundert gebaut, aber immer wieder ergänzt. Als im 18. Jahrhundert leistungsstarke

*Auch wenn die Wissembourger Stadtbefestigung hielt: Preußische Truppen gewannen die **Schlacht bei Weißenburg** gegen die zahlenmäßig unterlegenen Franzosen. Es war die erste Schlacht im deutsch-französischen Krieg von 1870/71. Nach Kriegsende musste Frankreich das Elsass und Lothringen an das neu gegründete Deutsche Kaiserreich abtreten.*

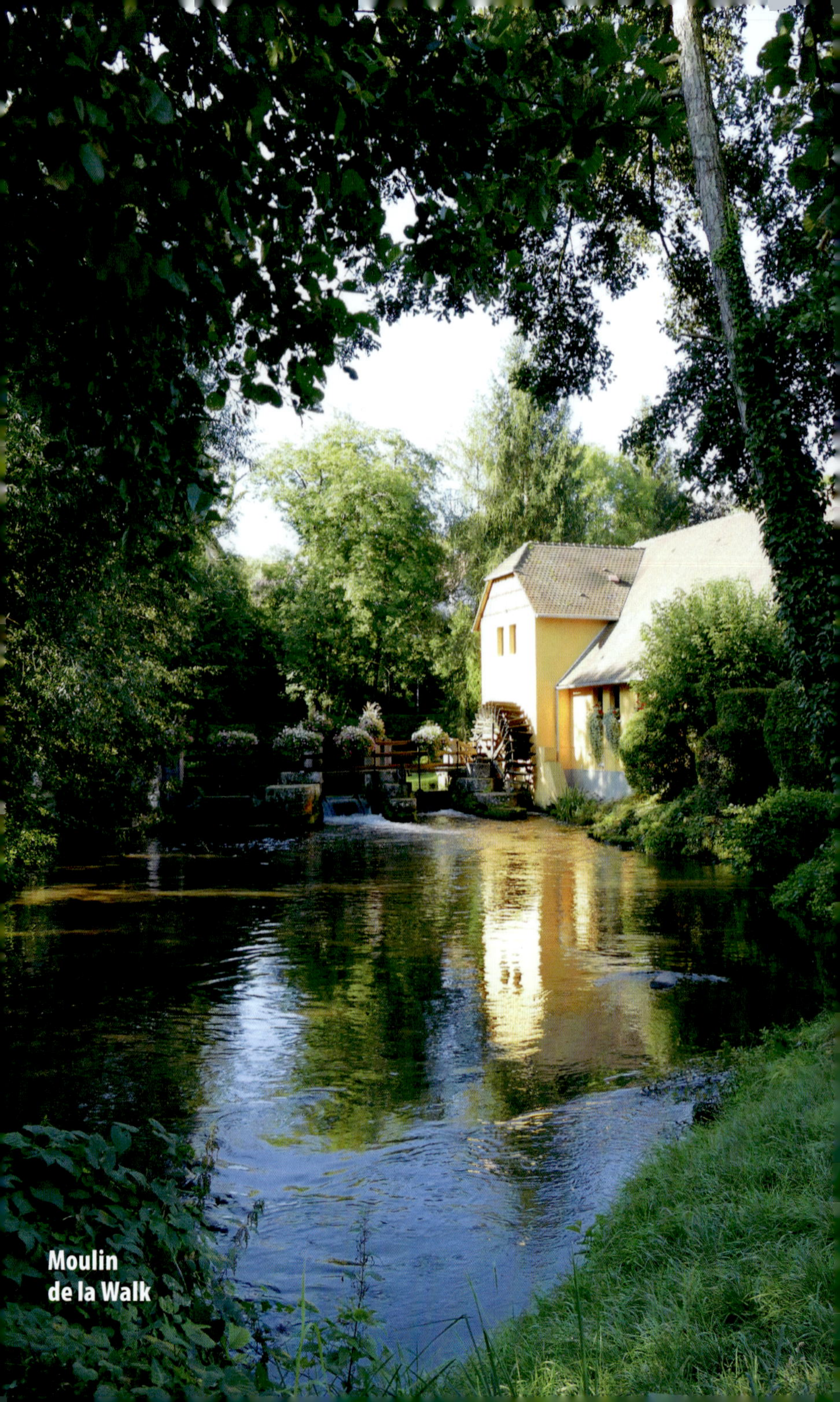
Moulin de la Walk

Kanonen entstanden, musste auch die Befestigung angepasst werden: Mauern wurden mit Wällen ummantelt; vor dem Wall verlief jeweils ein Graben, der geflutet werden konnte und zusätzlichen Schutz bot. Mit Erfolg: Als am 4. August 1870 bayerische Truppen in der sogenannten Schlacht bei Weißenburg angriffen, gelang es ihnen nicht, die Verteidigungslinie zu durchbrechen.

Schließlich führt unser Weg zurück an die Straße (Boulevard Clemenceau). Wir folgen ihr, überqueren die Lauter und schlagen direkt am anderen Ufer den Weg Richtung **Weiler** ein, der mit der gelben Raute markiert ist. Schon nach wenigen Metern erkennen wir die malerische **Moulin de la Walk** ❷ am Flussufer.

Das Mittelgebirge zwischen Saverne und Wissembourg bildet naturräumlich eine Einheit mit dem Pfälzerwald. Hier dominieren niedrigere Höhenzüge und markante Sandsteinfelsen. In Frankreich nennt man das Gebiet Vosges du Nord (Nordvogesen), im Deutschen auch ***Wasgau****.*

Für die Seele

An der Route du Chocolat gelegen, ist Wissembourg ein absolutes Highlight für Schokoladenfans – und bezaubert zudem mit einer malerischen Altstadt und wunderbaren Wegen an der Lauter.

Einst lag hier eine Walkmühle: In der vom Flusswasser angetriebenen Maschine konnten Wollstoffe verdichtet werden. Heute steht an der gleichen Stelle ein Hotel mit Restaurant. Zwei Mühlräder aber erinnern noch an die einstige Nutzung.

Wir passieren einen Weiher, den **Étang de la Walk,** überqueren die Lauter ein weiteres Mal und biegen auf einen kleinen Pfad am linken Flussufer ein. Bald schließt sich ein lichtes Blätterdach über uns. Wir wandern zwischen Buchen und Büschen weiter, mal begrenzt eine Streuobstwiese unseren Weg, dann tauchen wir wieder ein ins Dickicht. Während sich zu unserer Rechten die Lauter in Schleifen durchs Tal zieht, schlendern wir auf das kleine Örtchen **Weiler** zu.

Wir folgen den Schildern mit dem gelben Balken zwischen den Häusern und hübschen Gärten hindurch und gelangen erneut auf einen kleinen Pfad im Grünen. Er bringt uns an die Straße, auf der wir ein Stück nach links weitergehen. Schon nach kurzer Zeit aber biegen wir rechts in Richtung des Carrefour du Langenberg ab, nun weist uns der grüne Ring den Weg. Die Straße steigt an und führt uns bald erneut in den Wald hinein. Der **Carrefour du Langenberg** liegt direkt an der Grenze zu Deutschland. Eine Menge Wanderwege beginnen hier. Wir wählen den **Pfälzer Waldpfad** nach Wissembourg. Schon an der nächsten Weggabelung finden wir wieder die französischen Wanderwegweiser und folgen dem grünen Ring auf kleinen Pfaden bergauf. Ein heller Mischwald umgibt uns, eine Zeit lang wandern wir direkt auf der Grenze entlang. Ab und zu kreuzen Mountainbiker unseren Weg und deutlich mehr Wanderer sind hier unterwegs als noch auf der französischen Seite des Lautertals. Schließlich biegen wir vom Grenzpfad rechts ab und

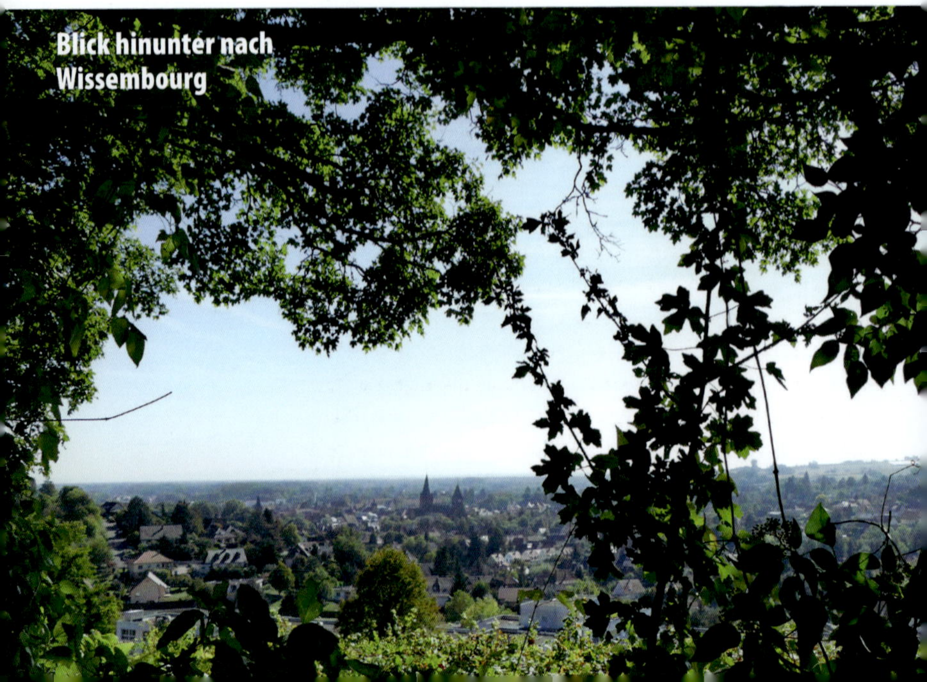

Blick hinunter nach Wissembourg

gelangen auf einen parallel zum Hang verlaufenden Pfad. Noch einmal schwenken wir nach rechts und passieren die **Trois Maronniers** (drei Kastanienbäume). Der Weg eröffnet uns bald einen wunderhübschen Blick auf Wissembourg: Eingerahmt vom Grün der Bäume erkennen wir in der Ferne die Türme der Kirche St. Peter und Paul.

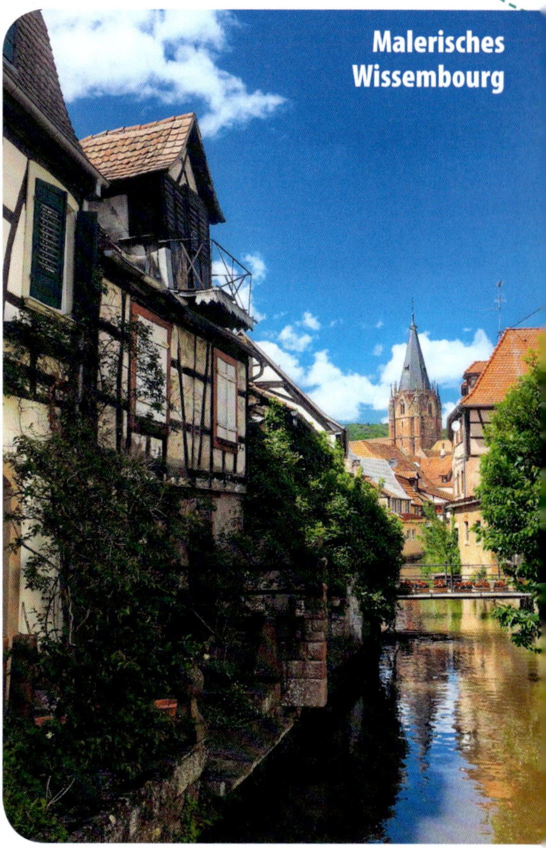

Angezogen von diesem herrlichen Blick wandern wir weiter dem Ort entgegen. Bald liegen Weinberge am Weg und wir erreichen die ersten Häuser von Wissembourg. Wir umrunden das Krankenhaus und erreichen die Route de Weiler. Ihr folgen wir über den Kreisverkehr hinweg und biegen bei nächster Möglichkeit rechts in die **Route de Bitche** ein. Wir gelangen wieder an die Lauter. An ihrem Ufer geht es linker Hand dem **Maison de l'Ami Fritz** entgegen. Das Gebäude aus dem 16. Jahrhundert mit dem reich verzierten Erker ist eines der beliebtesten Fotomotive der Stadt. Ihm gegenüber finden wir unser nächstes Ziel: das Restaurant **Caveau du Châtelet ❸.** Wir nehmen auf der herrlichen Gartenterrasse zwischen allerlei Blumen und Kräutern Platz, lauschen dem Plätschern der Lauter und genießen ein fantastisches Menü mit einem feinen elsässischen Wein.

Um uns herum erstreckt sich das malerische **Quartier du Bruch,** das ehemals als Vorort außerhalb der

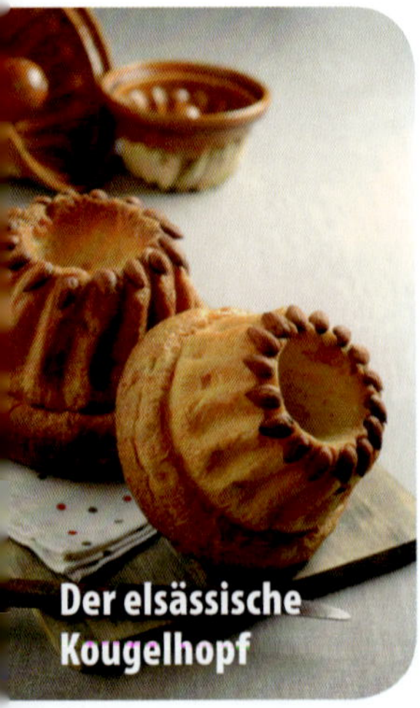

Der elsässische Kougelhopf

Stadtmauern lag. Kontrolliert wurde der Durchgang vom Pfisterturm aus, der hier stand. Er wurde 1807 zerstört, erhalten ist aber die Schleuse, die einst zur Stadtbefestigung gehörte. Nach einer ausgiebigen Pause schauen wir uns diesen Ort genauer an und schlendern schließlich ins Innere der Stadtmauer. Schon ragen die beiden Türme der **Abteikirche Sankt Peter und Paul** rechts neben uns auf. Warum die Türme sich so voneinander unterscheiden? Das weitgehend gotische Gebäude wurde um den romanischen Glockenturm des Vorgängerbaus aus dem 11. Jahrhundert herumgebaut. Im Innern kann man Glasfenster und Wandmalereien aus dem 14. Jahrhundert bestaunen.

Auf dem Quai du 24 Novembre erreichen wir den Stadtkern mit Parkanlage und Brunnen – und das imposante **Maison du Sel (Salzhaus)** ❹ aus dem 15. Jahrhundert mit seinem auffallenden Dach. Die eigentümlichen Luken haben in früheren Zeiten dazu gedient, dass bei der Salztrocknung die Luft besser zirkulierte. Das Gebäude diente aber auch als Hospital, als Lazarett und als Schlachthaus.

An seiner Seite spazieren wir weiter die **Rue du Marché aux Poissons** entlang. Wir passieren das klassizistische Rathaus, das vom Straßburger Stadtarchitekten Joseph Massol gebaut wurde. Und wir erreichen die Rue Nationale mit ihren Restaurants und Cafés, Boutiquen und kleinen Lebensmittelläden. Hier treffen wir auf ein Highlight in der Wissembourger Altstadt: die **Patisserie Au Petit Kougelhopf** ❺ mit ihren süßen Versuchungen. Man kann sich kaum entscheiden bei dieser Vielzahl an Törtchen: mit Bananen-Mousse oder dunkler Schokolade, mit Mango oder Erdbeere. Tipp: Auch die Rhabarber-Tarte mit Meringue ist exzellent. Wer mag, setzt sich ins Straßencafé, um einige der Leckereien zu probieren, andernfalls kann man sie sich auch einpacken lassen.

Und wer noch nicht genug hat von schokoladigen Verlockungen, der sollte noch der **Patisserie Daniel**

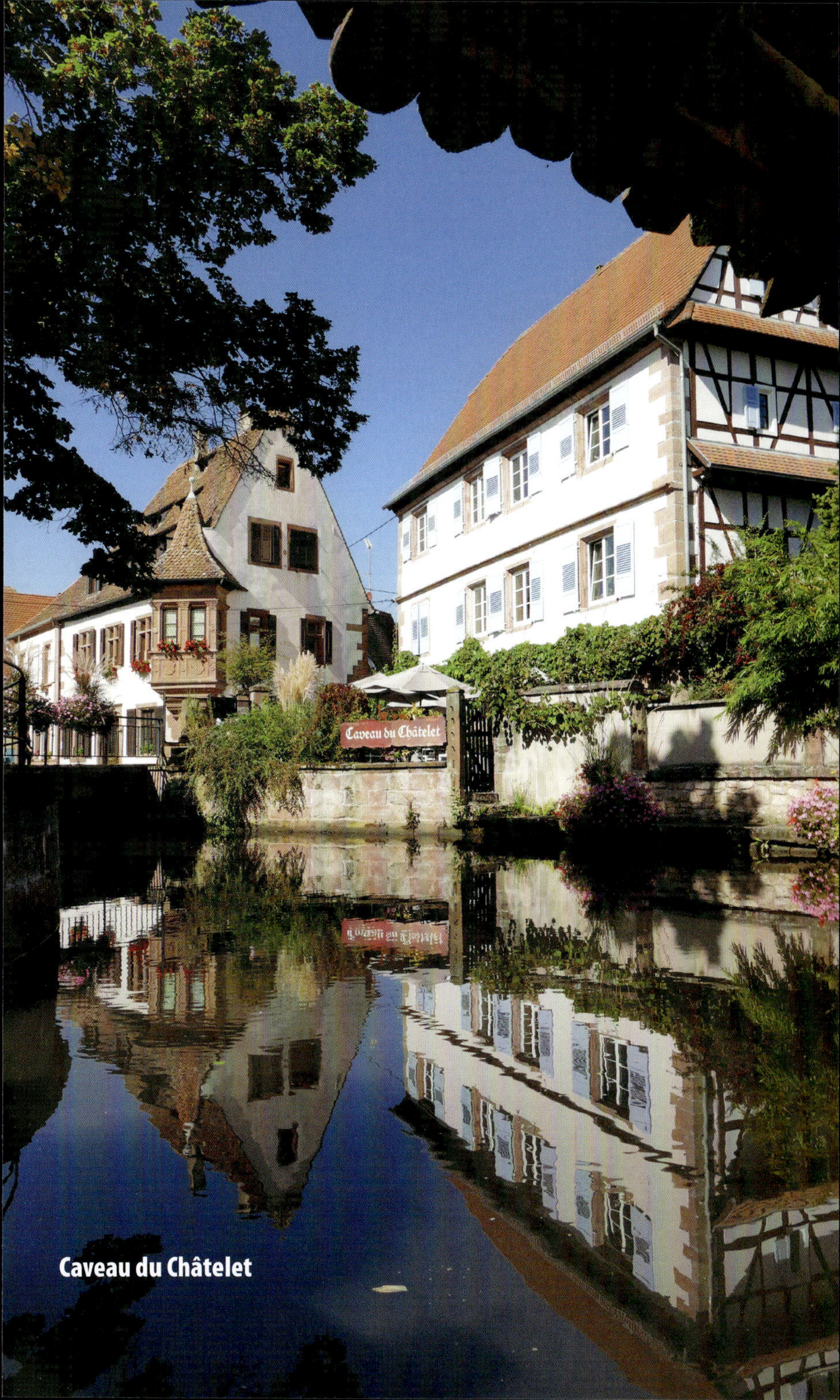

Caveau du Châtelet

Die **„Route du Chocolat et des Douceurs d'Alsace"** führt vom südlichen Sundgau bis nach Wissembourg. Mehr als 40 Patisserien und Chocolaterien laden auf der Strecke zum Probieren und Genießen ein. Auch Workshops werden angeboten – unter anderem bei Daniel Rebert.

Rebert 6 einen Besuch abstatten. Dazu folgt man ab dem Petit Kougelhopf der Rue des Charpentiers zur Rue de l'Ange. Links zum Place du Marché aux Choux abgebogen, steht man schon vor der fantastischen Chocolaterie von Daniel Rebert. Die Törtchen, Macarons und Bonbons Chocolat des Patissiers sind wahrhafte Kunstwerke. Im Hinterhof oder im kleinen Salon de Thé kann man sie sich wunderbar schmecken lassen. Und wer es lieber salzig mag, findet eine große Auswahl an deftigen Köstlichkeiten. Ein Genuss!

Für den Rückweg zum Parkplatz geht es nun links über den Impasse des Capucins weiter, noch einmal über die Lauter hinweg und durch die Parkanlage Richtung Bahnhof.

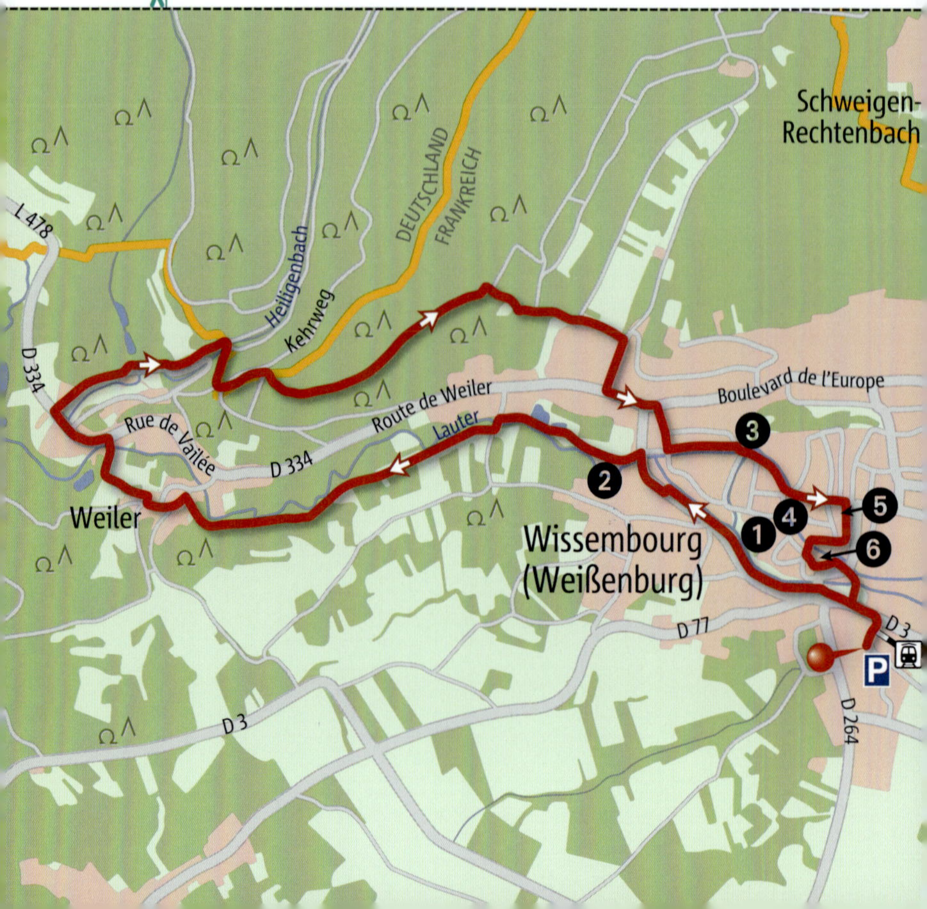

Alles auf einen Blick

WIE & WANN:
Leichte Wanderung auf gut begehbaren Wegen. Beste Wanderzeit von April bis November.

HIN & WEG:
Auto: Parking de la Pépinière, Rue des Messageries, 67160 Wissembourg, Frankreich (GPS: 49.031901, 7.947192)
ÖPNV: Regionalbahn (TER) von Strasbourg Hauptbahnhof bis Wissembourg

ESSEN & ENTSPANNEN:
Restaurant Caveau du Châtelet ❸ 65 Faubourg de Bitche, 67160 Wissembourg, Tel. +33 (3) 88 94 16 11

Entspannung ★★★★☆
Genuss ★★★★★
Romantik ★★★☆☆

Patisserie Au Petit Kougelhopf ❺ 20 Rue nationale, 67160 Wissembourg, Tel. +33 (3) 88 94 00 56
Patisserie Daniel Rebert ❻ 7 Place du Marché aux Choux, 67160 Wissembourg, Tel. +33 (3) 88 94 01 66, patisserie-rebert.fr

ENTDECKEN & ERLEBEN:
Stadtmauer ❶
Moulin de la Walk ❷
Maison du Sel/Salzhaus ❹

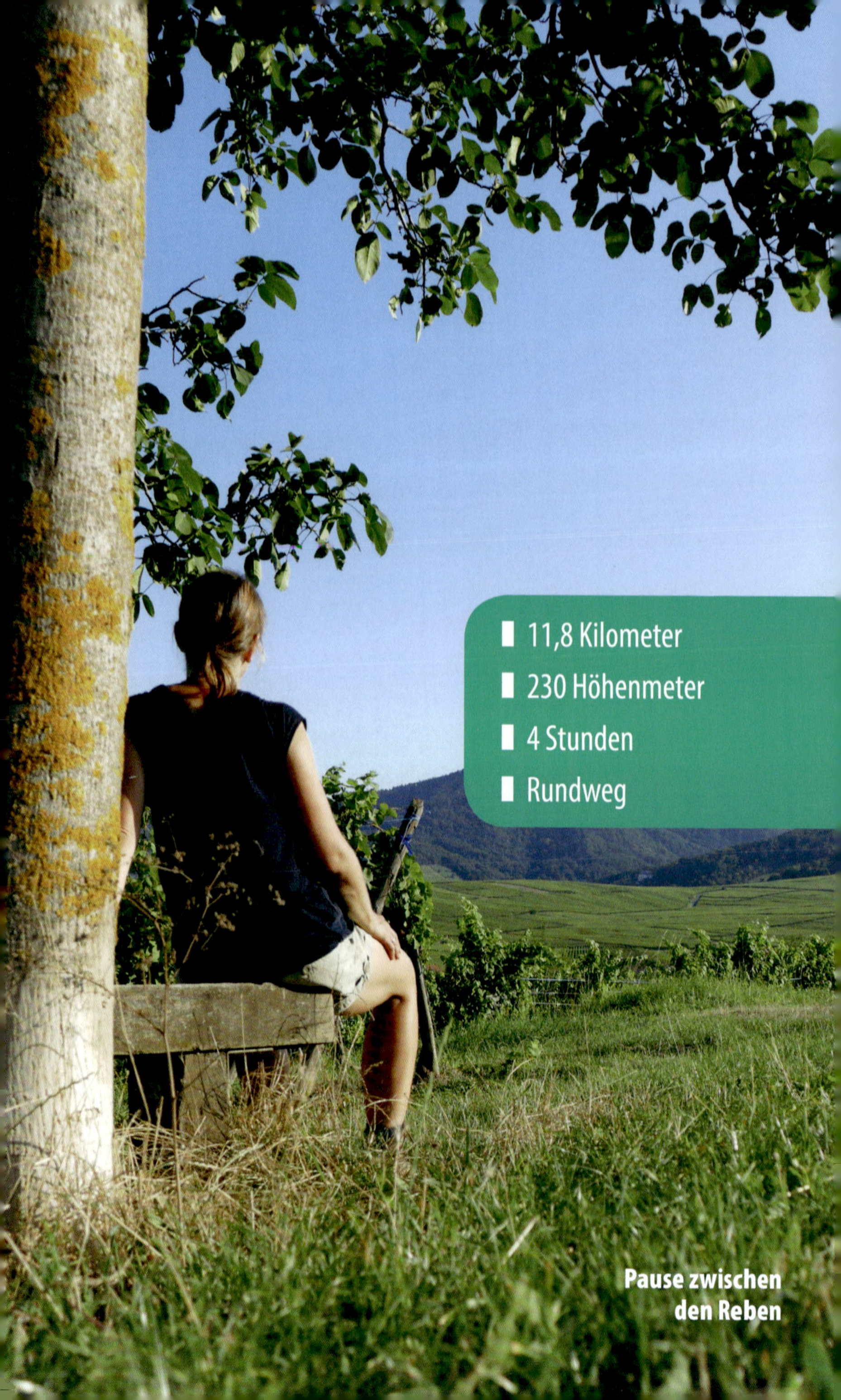

Pause zwischen den Reben

Grand Cru – mit diesem Begriff bezeichnet man im Elsass Weine aus Spitzenlagen. Und rund um die Gemeinde **Mittelwihr** (dt. Mittelweier) sind Weinberge, die dieses Prädikat tragen dürfen, besonders häufig zu finden. Darum starten wir hier, um die Schätze der Rebhänge zu entdecken.

An der **Rue du Bouxhof** geht es los, am Rande des Parkplatzes finden wir den Wegweiser, dem wir folgen. Es ist ein kleines Schild mit einer stilisierten Frauengestalt in elsässischer Tracht. In nördlicher Richtung startend, erreichen wir schon nach wenigen Metern die **Rue des Merles,** der wir nach rechts folgen. Am Rathaus überqueren wir die Route du Vin, folgen ihr ein Stück nach links und biegen dann rechts in die

*Der **Winzerpfad** mit dem komplizierten Namen „Sentier viticole des Grand Cru – Les Perles du Vignoble" führt auf einer Strecke von rund 17 Kilometern um Mittelwihr und die angrenzenden Orte. Wir wollen bei dieser Tour einige Passagen davon erwandern, wir verlassen ihn aber auch immer wieder und folgen lokalen Wanderwegen.*

Spitzenlage

Weinwandern rund um Mittelwihr

Rue du Château ein, die uns zur Kirche bringt. Ein Gotteshaus mit interessanter Geschichte: Ab dem 17. Jahrhundert feierten in dem ursprünglich protestantischen Bau auch Katholiken ihre Messe. Laut Dekret von Ludwig XIV. galt dies in allen Dörfern mit mindestens sieben katholischen Familien.

An der Kirche biegen wir links ein, erreichen die **Rue des Amandiers** und schlagen am Hotel „Le Mandelberg" den Weg zur gleichnamigen Anhöhe ein. In großen weißen Lettern prangt der Schriftzug im Weinberg. Der **Mandelberg** ❶ ist eine der Reblagen, die die Auszeichnung Grand Cru tragen.

Dem Süden zugewandt bleibt der steile Hang von kühlen Winden aus nördlicher Richtung verschont

***Grand Cru** bedeutet wörtlich übersetzt „großes Gewächs". Die Bezeichnung wird in Frankreich für besondere Weine verwendet, aber auch für Käse, Schokolade, Kaffee und Bier.*

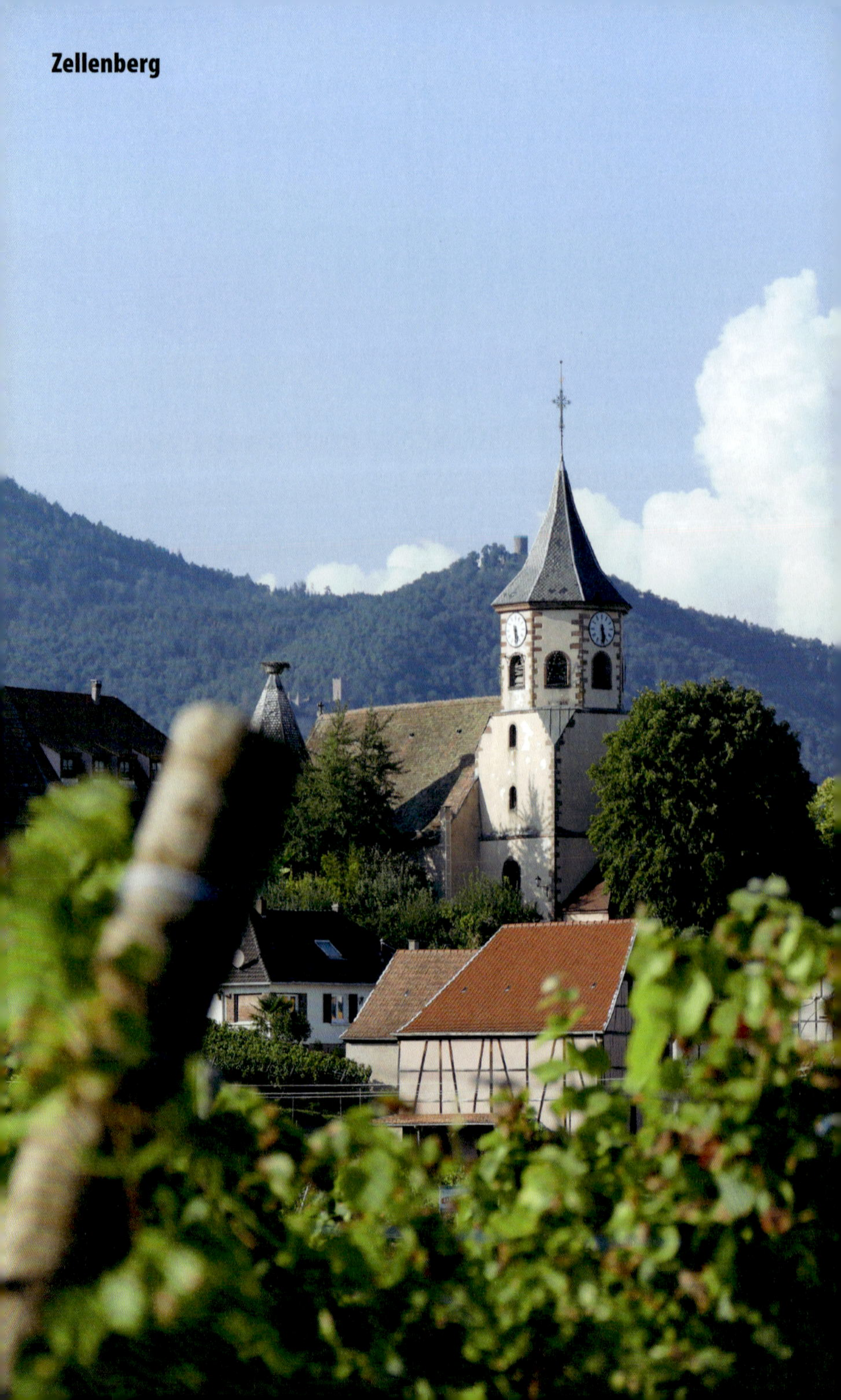
Zellenberg

und liegt zugleich so weit vom Vogesenmassiv entfernt, dass er abends lange von der Sonne erwärmt wird. Und diese ideale Lage schmeckt man: Die Weine des Mandelberges – vorwiegend Gewürztraminer, aber auch Riesling und Pinot Gris – sind besonders fruchtig und kraftvoll.

Zwischen den Reben erkennen wir die Namensgeber des Hügels: Zahlreiche Mandelbäume profitieren ebenso vom perfekten Mikroklima am Hang. Im Frühjahr ist es ein herrlicher Anblick, wenn die Bäumchen wie weiße Schneebälle zwischen den noch kahlen Reben erstrahlen. Unser Weg zieht sich leicht bergan, schwenkt an der Kuppe nach links ab und eröffnet uns bald ein wunderschönes Panorama auf Beblenheim und Zellen-

Für die Seele

Auf den Spuren ganz besonderer Weine wandern wir durch eine üppige, sonnenverwöhnte Landschaft – und kehren im Anschluss zu einer Weinprobe ein.

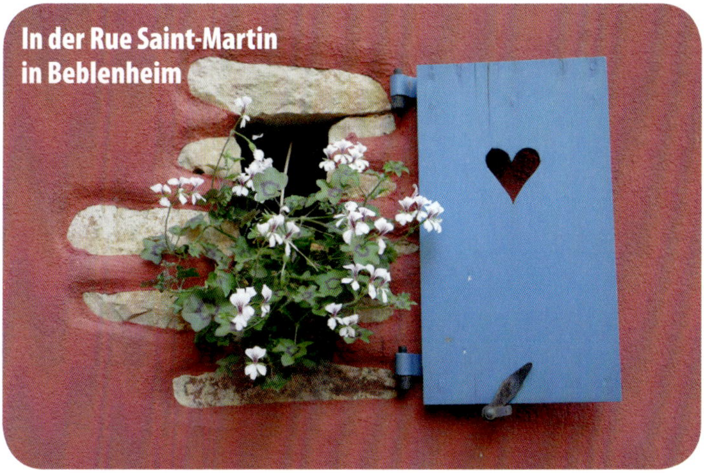

In der Rue Saint-Martin in Beblenheim

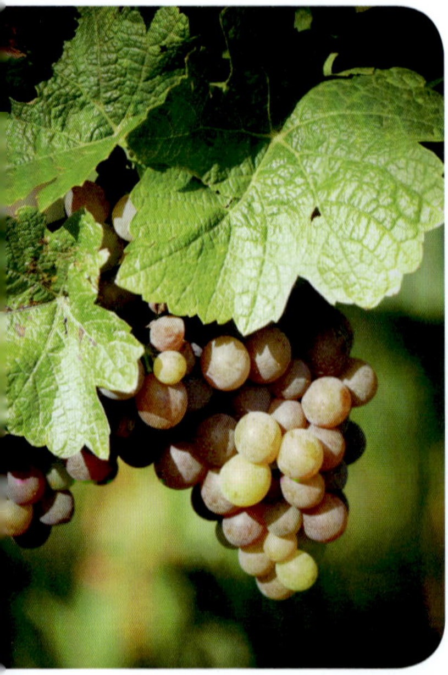

berg auf dem Hügel dahinter. Noch weiter reicht der Blick: Hinter dem Kirchturm von Zellenberg strecken sich die drei Burgen von Ribeauvillé empor. Folgen wir der Vogesenlinie nach Norden, erkennen wir zudem die Hohkönigsburg, die stolz auf dem Gipfel thront.

Nun führt unser Weg direkt ins Herz von **Beblenheim** hinein. Von der Rue de Hoen machen wir einen kleinen Abstecher in die Rue de la Grande Cave, wo wir im **Maison Fischer** ❷ herrlichen Käse, unter anderem einen ausgezeichneten Munster, kaufen können. Dazu ein Baguette – und das Wander-Vesper für unterwegs ist perfekt.

Nach diesem Abstecher kehren wir auf die Rue de Hoen zurück und biegen von dort aus in die pittoreske **Rue Saint-Martin** ❸ ab. Dicht an dicht schmiegen sich die bunten Fachwerkhäuser aneinander, nur durch ein schmales Sträßchen voneinander getrennt. „Schlupff" nennt man im Elsass diese engen Gassen, die in früheren Zeiten dazu dienten, Regen und Abwasser abzuleiten und Brände einzudämmen. Nur winzige mit Geranien geschmückte Fenster durchbrechen die leuchtenden Fassaden. Die Winzerhäuser wenden der Gasse gleichermaßen den Rücken zu und öffnen sich auf der gegenüberliegenden Seite zu einem Innenhof.

An der nächsten Kreuzung folgen wir dem hölzernen Schild zum Weinberg **Sonnenglanz** und sind bald mitten in den Reben. Anders als in vielen anderen Weinbaugebieten dominieren in dieser Gegend nicht Terrassen und strenge menschengemachte Struktur. Vielmehr reihen sich sanfte Hügel aneinander, knorrige Rebstöcke ranken sich um hölzerne Pfähle, der Blick wird immer wieder eingefangen vom langen

Band der Vogesen. Im Osten reicht er gar bis zum Kaiserstuhl, gut zu erkennen am hohen Funkmast auf dem höchsten Punkt, dem Totenkopf.

Auf der Hügelkuppe angekommen, wenden wir uns **Zellenberg** ④ zu, das sich in der Abendsonne leuchtend von den bewaldeten Höhen der Vogesen abhebt. Unser Weg nähert sich von Südosten dem Ort, der hübsche Turm der Kirche St. Ullrich weist uns die Richtung. Am **Place de L'Église** biegen wir für eine kleine Rundtour durch den Dorfkern links in die Rue du Schlossberg ein. In diesem alten Teil von Zellenberg drängen sich die Häuser eng aneinander. Auf der Rue de la Fontaine mit ihren bunten Fachwerkfassaden gelangen wir wieder zur Kirche und wählen ihr gegenüber die **Rue du Vignoble.** Auf ihr gelangen wir über die Route du Vin hinweg in den **Hutweg.** Von hier aus weist uns das markante Schild des Weinwanderwegs erneut in die Weinberge.

!

Ribeauvillé *mit seinen malerischen Vierteln, den prächtigen Bauwerken und dem Blumenschmuck ist bei Tagestouristen äußerst beliebt. Wer dem Rummel entgehen möchte, kann auf einem Rundweg die drei Burgruinen erobern.*

Reben am Schoenenbourg

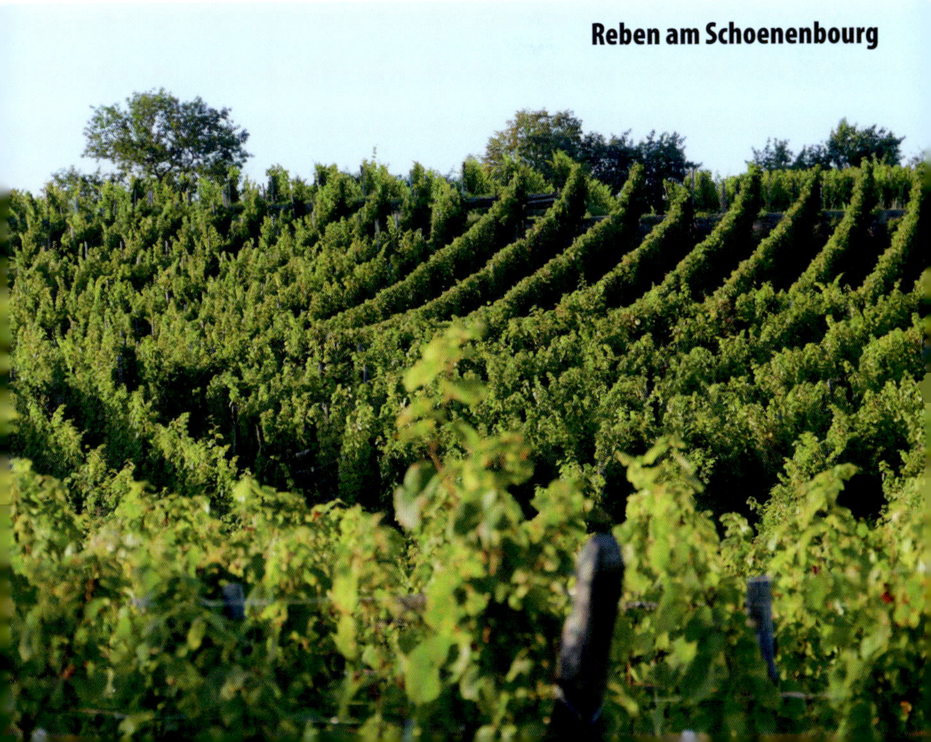

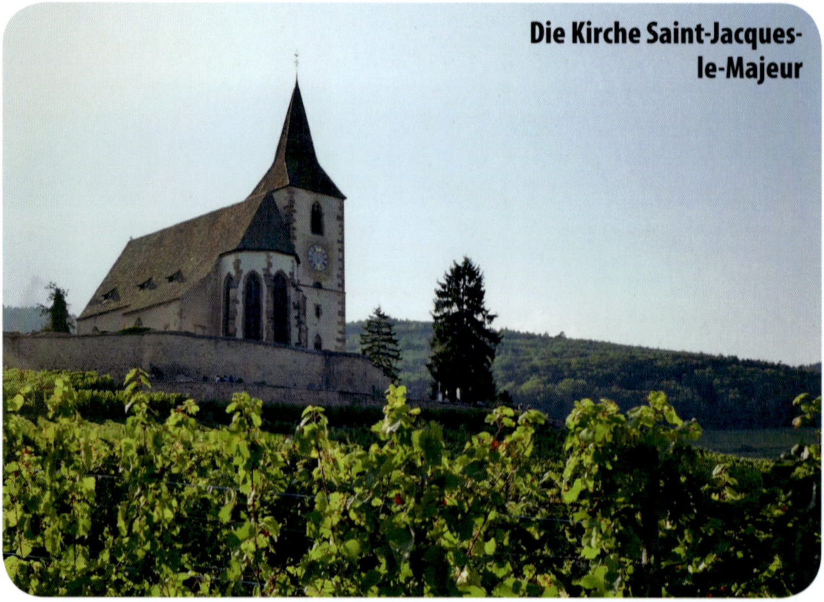

Nun wandern wir in weitem Bogen dem Örtchen Hunawihr entgegen, noch verbirgt es sich hinter der Anhöhe, dafür aber ergibt sich ein herrlicher Blick auf die Burgen von Ribeauvillé: ganz links die Ulrichsburg, rechts daneben das Château du Girsberg und darüber auf dem Kamm thronend die Burg Hohrappoltstein (frz. Château du Haut-Ribeaupierre).

Der **elsässische Wein** profitiert von besonderen klimatischen Bedingungen. Die Vogesen bewahren das Anbaugebiet vor zu viel Niederschlag.

Wir lassen die Burgen und auch den Ort **Hunawihr** rechts liegen, bleiben in den Reben und steigen links der **Kirche Saint-Jacques-le-Majeur** ⑤ den Hügel bergan. Der burgähnliche Bau ist von einer Wehrmauer aus dem 12. Jahrhundert umgeben, die den Dorfbewohnern bei Angriffen Schutz bot. Ebenfalls bemerkenswert ist die Kirchturmuhr mit nur einem traubengeschmückten Zeiger.

An der Flanke des Kirchbergs erreichen wir einen unbefestigten Weg, der zwischen alten Apfelbäumen hindurch bergan führt und uns bald auf die Straße zwischen Hunawihr und Riquewihr (dt. Reichenweier) entlässt. Ihr folgen wir nach links. Alte Gärten säumen die wenig befahrene Verbindung. Oberhalb von **Riquewihr** halten wir uns links und wandern den **Schoenenbourg** 6 hinauf: Zwischen Wald und Weinberg genießen wir ein malerisches Panorama auf den Ort und die hügelige Weinlandschaft im Hintergrund. Infotafeln am Wegrand erläutern uns die Zusammensetzung des Bodens. Wir aber sind ganz gefesselt von der charmanten Aussicht ins Tal. Bald taucht auch Zellenberg wieder auf, wir überblicken die gesamte Oberrheinebene bis zum Schwarzwald. Uns gegenüber erhebt sich der Marckrain, ebenfalls eine Grand-Cru-Weinlage. Gut sind die Flaggen erkennbar, die auf dem Soldatenfriedhof auf seiner Kuppe wehen.

Zwischen Riesling-Trauben wandern wir nun ins Tal, immer den hölzernen Tafeln des Sentier Viticole folgend. Wir streifen Riquewihr lediglich und wandern durch die Weinlage **Sporen** unserem Ausgangs-

Aussicht vom Schoenenbourg auf Riquewihr

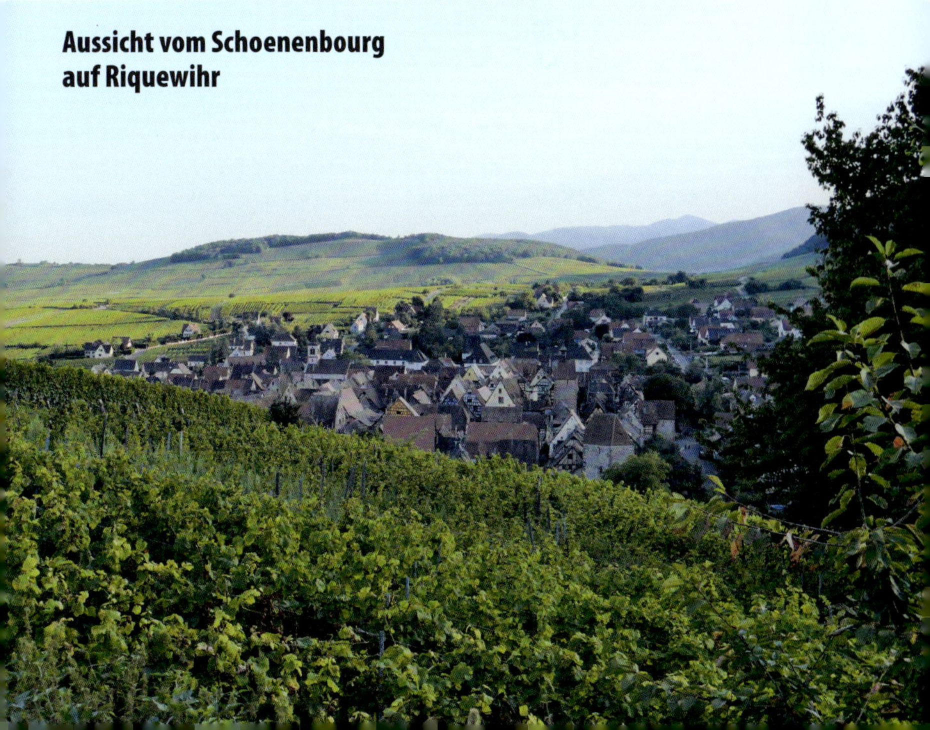

punkt Mittelwihr entgegen. Jetzt können wir jenseits der elsässischen Ebene die Höhen des Schwarzwaldes erkennen, markant wölbt sich der runde Rücken des Belchen. Wo der Rebweg nahe einem Weingut nach Süden hin abbiegt, gehen wir direkt auf **Mittelwihr** zu und lassen uns an Streuobstwiesen entlang wieder in die **Rue de Bouxhof** führen.

Nun, am Ende unserer Tour, können wir uns endlich den leiblichen Genüssen dieser Landschaft widmen. Sehr herzlich wird man im Weingut **Jean Siegler** 7 zur Verkostung und Kellerbesichtigung empfangen, ebenso bei Winzer **Edgar Schaller** 8. Im Programm ist selbstverständlich auch Grand Cru: feiner Riesling vom Mandelberg. Na dann: A votre santé!

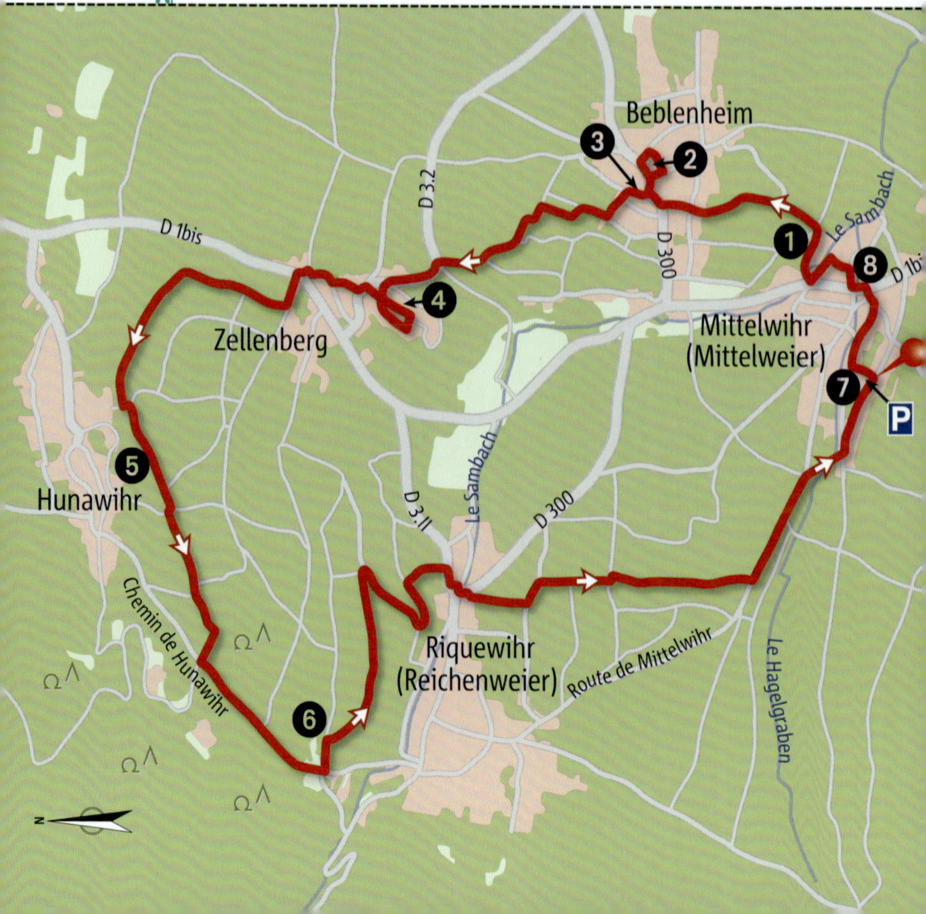

Alles auf einen Blick

WIE & WANN:
Leichte Wanderung auf gut begehbaren Wegen. Beste Wanderzeit von Mai bis November, während der Weinlese können manche Streckenabschnitte gesperrt sein.

HIN & WEG:
Auto: Parkplatz an der Rue du Bouxhof, 68630 Mittelwihr, Frankreich
(GPS: 48.150048, 7.315921)
ÖPNV: Buslinie 106 (Lignes de Haute-Alsace) von Colmar, Haltestelle Place Scheurer Kestner bis Mittelwihr Mairie

ESSEN & ENTSPANNEN:
Maison Fischer ❷ 7 Rue de la Grande Cave, 68980 Beblenheim,
Tel. +33 (3) 89 47 90 01, www.maison-fischer.fr

Entspannung ✱✱✱✱
Genuss ✱✱✱✱✱
Romantik ✱✱✱✱

Weingut Jean Siegler ❼ 26 Rue des Merles, 68630 Mittelwihr,
Tel. +33 (3) 89 47 90 70, www.jeansiegler.fr
Edgar Schaller ❽ 1 Rue du Château, 68630 Mittelwihr,
Tel. +33 (3) 89 47 90 28, www.edgard-schaller.net

ENTDECKEN & ERLEBEN:
Mandelberg ❶ 68630 Mittelwihr
Rue Saint-Martin ❸ 68980 Beblenheim
Zellenberg ❹
Kirche Saint-Jacques-le-Majeur ❺ 68150 Hunawihr
Schoenenbourg ❻

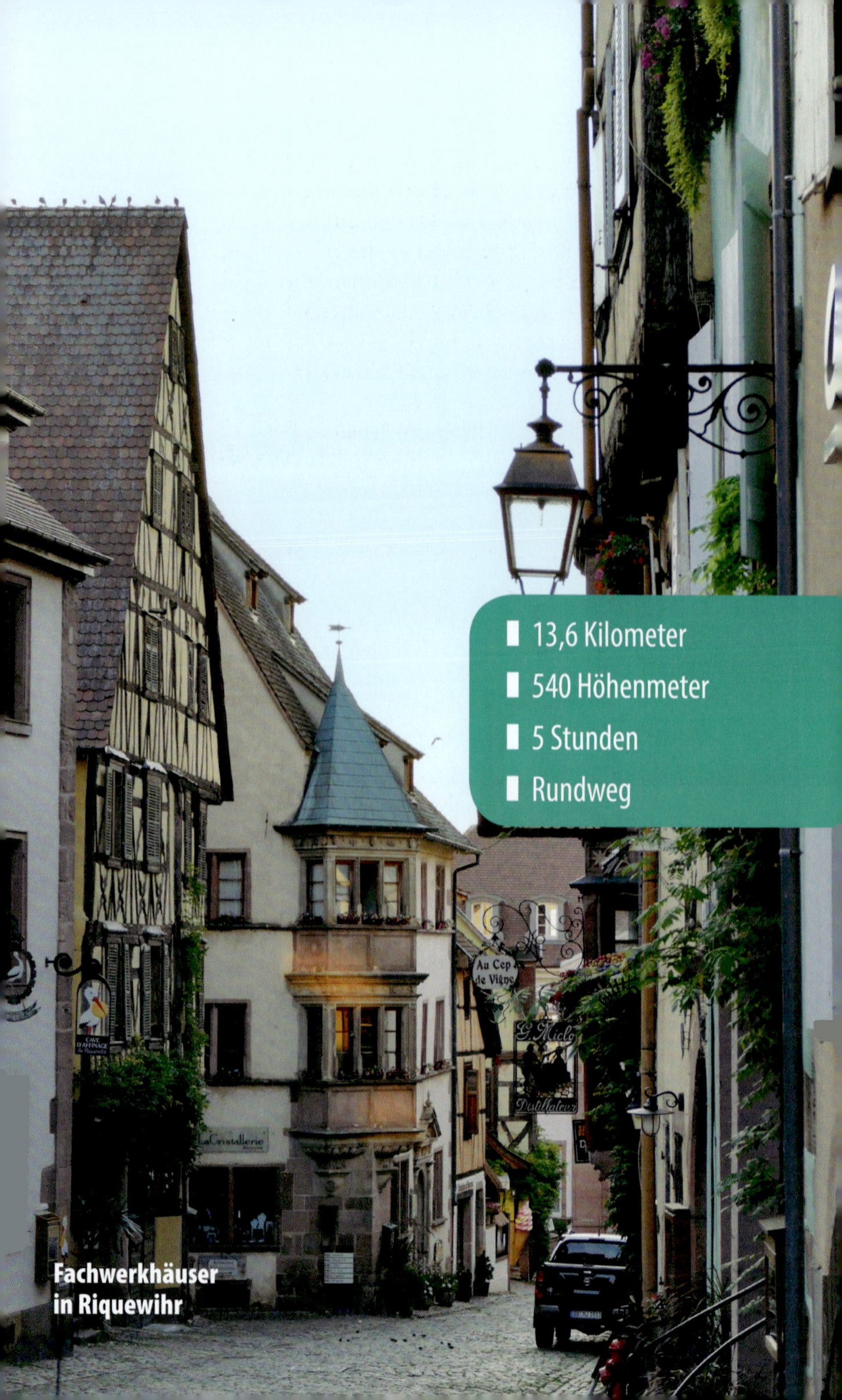

- 13,6 Kilometer
- 540 Höhenmeter
- 5 Stunden
- Rundweg

Fachwerkhäuser in Riquewihr

Riquewihr (dt. Reichenweier) ist mit Sicherheit eines der hübschesten Dörfer des Elsass: Hinter der Stadtmauer schmiegen sich bunte Fachwerkhäuser eng aneinander, mittelalterliche Türme ragen in die Höhe, verwinkelte Gassen führen dazwischen hindurch. Wegen dieses unversehrt erhaltenen Stadtbildes aus dem 16. Jahrhundert strömen täglich Tausende von Touristen in den Ort. Um diesen Massen zu entgehen, starten wir unsere Tour sehr früh am Morgen.

Die **Avenue Jacques Preiss** führt uns geradewegs durch den Torbogen des **Hotel de Ville** und hinein in die idyllische Altstadt. Die Hausfassaden leuchten in allen Farben, Glyzinien ranken sich an ihnen entlang, überall blühen Geranien, schmiedeeiserne Schilder weisen

*Der Name **Riquewihr** geht auf ein Landgut namens Richo villa aus dem 8. Jahrhundert zurück. Im 10. Jahrhundert ging der Ort an die Grafen von Horbourg über. Diese umgaben ihn im Jahr 1291 mit der ersten Festungsmauer.*

Augenschmaus

Von Riquewihr nach Kaysersberg

auf Restaurants und Boutiquen hin. Zu dieser Uhrzeit gehört die Postkartenidylle ganz uns allein, nur ein paar Einheimische kommen gerade mit einem Baguette unter dem Arm aus der Bäckerei. Und auch wir decken uns in der **Boulangerie Kouglopf & Cie** ❶ mit etwas Wanderproviant ein: Das Baguette de Tradition schmeckt hier besonders knusprig-lecker. Und die Törtchen sehen so fein aus, dass wir uns einen erneuten Abstecher auf dem Rückweg auf jeden Fall vornehmen.

Nun wandern wir zunächst die Rue du Général de Gaulle hinauf zum **Dolder** ❷. Der mittelalterliche Torturm stammt als Teil der Stadtmauer aus dem Jahr 1291. Jetzt, am frühen Morgen, wird seine fachwerkgeschmückte Fassade von der Sonne perfekt in Szene

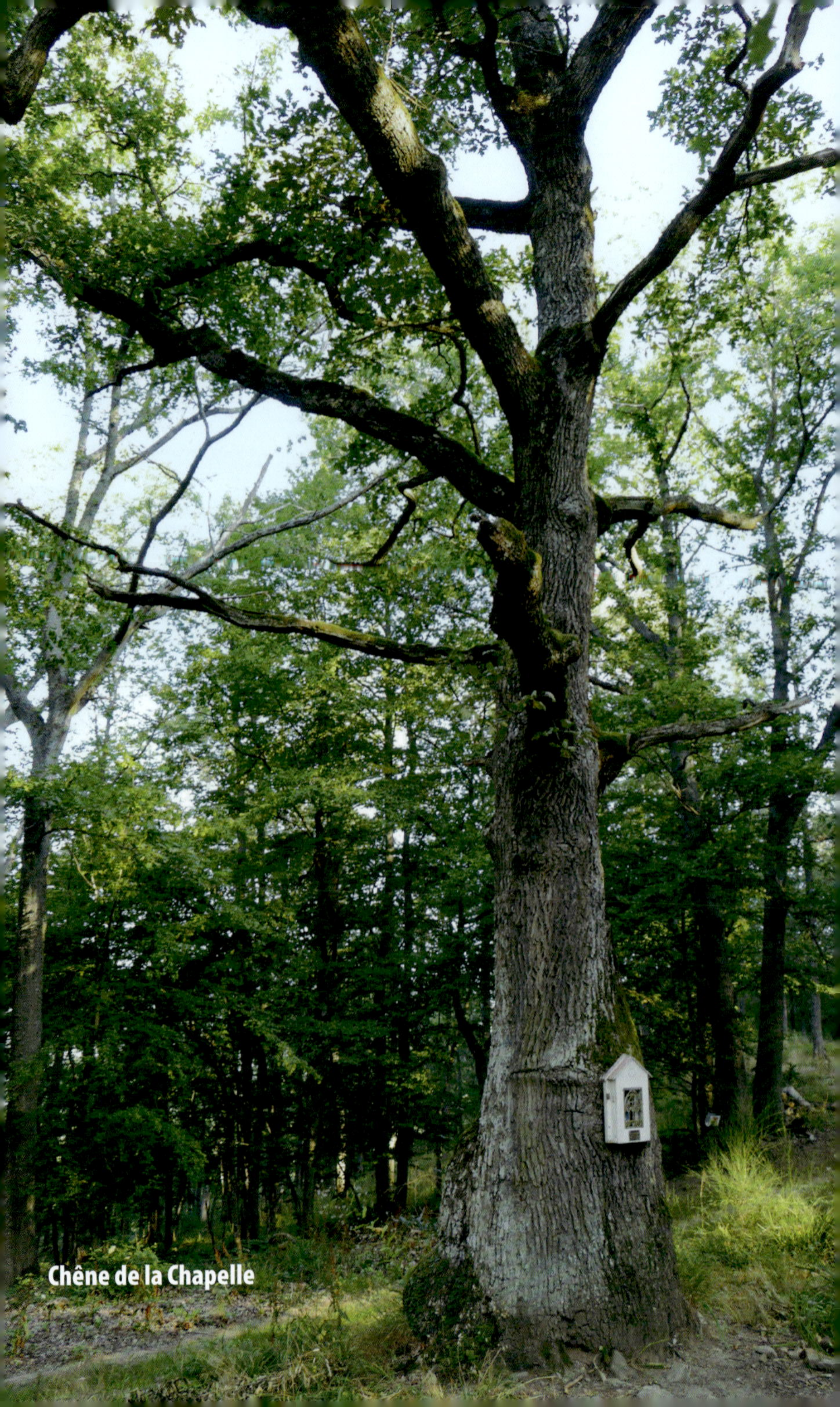
Chêne de la Chapelle

gesetzt. Durch sein Tor erreichen wir den **Place des Charpentiers** und an seinem Ende den Beginn des Wanderwegs. Wir folgen dem Zeichen mit dem roten Dreieck in Richtung Haute-Schwertz und treten auf einem schmalen Pfad ins Grüne hinein. Silberweiden spenden Schatten, ein Bächlein plätschert neben uns, Schilder weisen die Namen und Besonderheiten der Bäume ringsum aus. Langsam wird es steiler. Ein hölzernes Brücklein führt uns über den Wasserlauf und wir biegen Richtung Süden ab. Mal überqueren wir einen breiten Weg, um gegenüber erneut in den schmalen Pfad einzusteigen, mal klettern wir ein paar Stufen hinauf und oft müssen wir das Wegzeichen mit dem roten Dreieck zwischen dem dichten Blattwerk der Bäu-

Für die Seele

Genuss für Auge und Gaumen: Wilder Wald, sonnige Weinberge und zwei der schönsten Orte des Elsass liegen auf unserem Weg – und zum Schluss warten französische Delikatessen.

me suchen. Der Wald ist saftig grün, Sonnenstrahlen durchdringen das Laub. Esskastanien wachsen hier, später bedecken Kiefernzapfen den Waldboden. Irgendwann wird es ringsum trockener, einige Felsen ragen am Wegrand empor. Wir kämpfen uns die letzten Meter der **Haute-Schwertz** hinauf. Ein beschwerliches Wegstück, überwinden wir doch auf diesen ersten 4 Kilometern der Tour rund 350 Höhenmeter.

Im Rücken der Anhöhe wechselt das Wegzeichen, nun folgen wir dem blauen Kreuz Richtung Kaysersberg. Während wir langsam wieder an Höhe verlieren, verändert sich der Bewuchs um uns herum: Nun dominieren Ginster und Gräser. Wir erreichen die **Chêne de la Chapelle ❸**, einen Rastplatz mit einer markanten

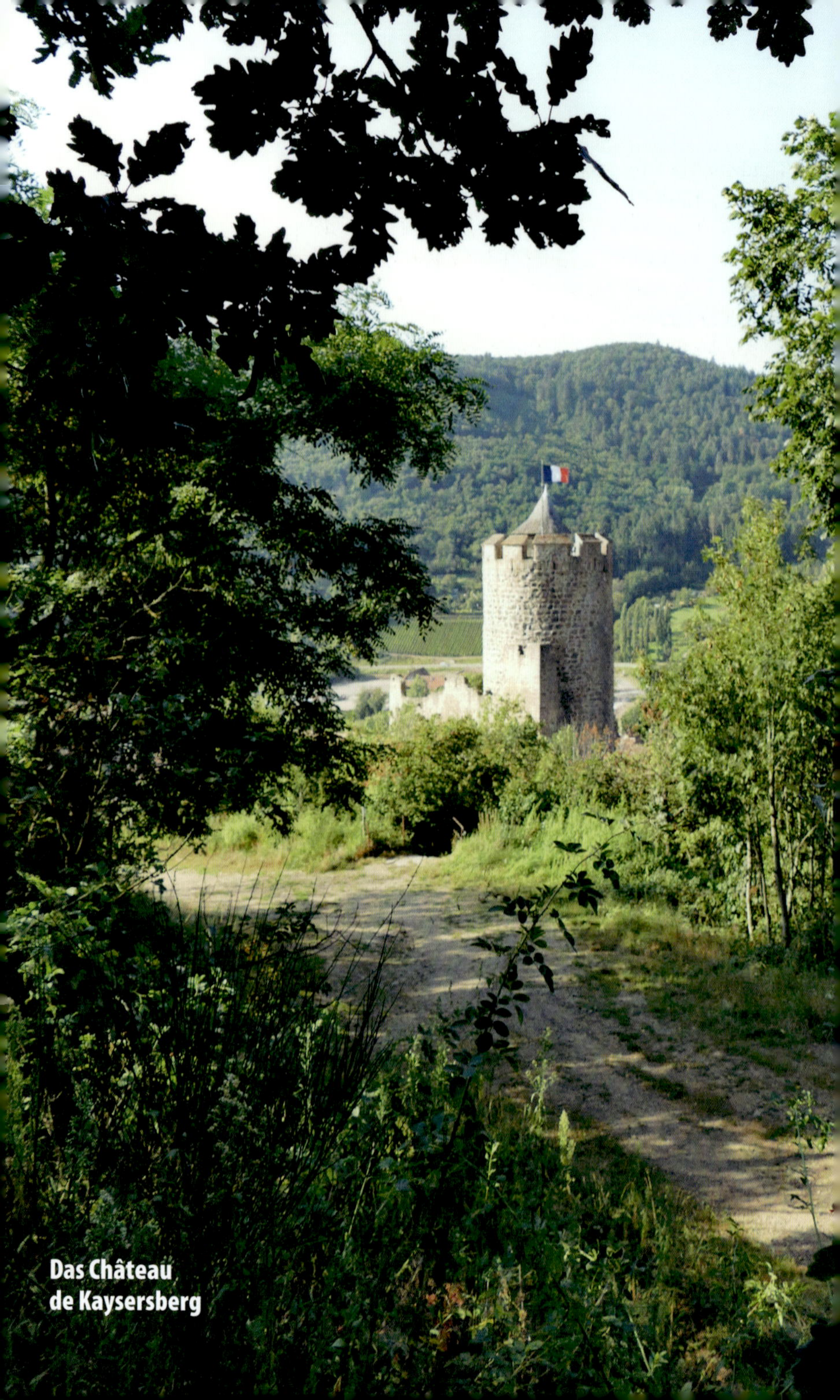

Das Château
de Kaysersberg

Traubeneiche, an deren Stamm ein kleines kapellenförmiges Kästchen mit Marienstatue hängt. Ein perfekter Ort für eine Ruhepause. Die haben wir nötig nach den kräftigen Steigungen der vergangenen Kilometer – und der Abstieg nach Kaysersberg wird nicht minder anstrengend werden.

An der Chêne de la Chapelle wechseln wir auf den Wanderweg mit dem roten X – diese Variante führt über einen wunderbaren Aussichtsfelsen: Zunächst fällt der Weg hinunter zum **Rocher du Corbeau** ④ sanft ab. Und dort eröffnet sich zwischen den Bäumen ein Panorama über die Höhen der südlichen Vogesen, das bis zum Petit Ballon reicht. Um den Rocher du Corbeau – im Elsässischen auch Krappen- oder Rappenfelsen genannt – ranken sich einige Legenden. Je nach Erzählung lebte hier einst der „Nachtgrappa" oder die „Tschaplara": Von der Riesin erzählte man, sie hole die ungehorsamen Kinder, die bei Einbruch der Dunkelheit noch nicht zu Hause waren.

Immer wieder treffen wir in Kaysersberg auf den Namen ***Albert Schweitzer****. Der berühmte Sohn der Stadt ist als Wegbereiter humanitärer Hilfe und Vordenker für den Frieden noch heute vielen Menschen ein Vorbild.*

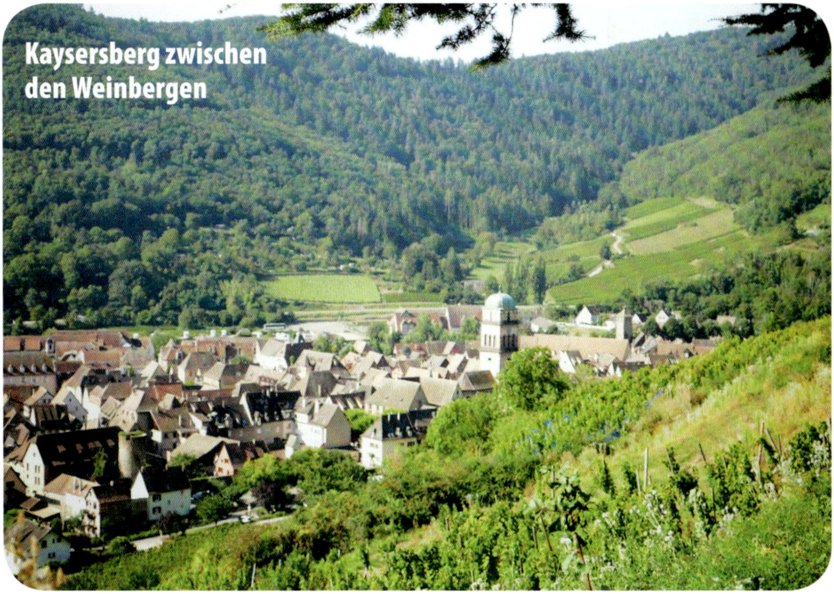
Kaysersberg zwischen den Weinbergen

Weiter geht es bergab. Unterhalb des Felsens erreichen wir erneut den Wanderweg mit dem blauen Kreuz, der uns zur Kaysersberger Burg führt. Es folgt ein kräftezehrendes Wegstück: Über einen steinigen Pfad steigen wir bergab – zum Glück steht immer wieder eine Bank am Wegrand, wo wir uns setzen und die angestrengten Knie etwas entspannen können.

Zunächst blicken wir nach Westen auf das Tal von Alspach hinunter, später weitet sich die Aussicht bis in die Rheinebene: Über die Weinberge hinweg schauen wir nach Kientzheim und Colmar, an klaren Tagen bis zum Kaiserstuhl und in den Schwarzwald.

*Wahrscheinlich befand sich an der Stelle des heutigen Ortes **Kaysersberg** bereits in römischer Zeit eine Siedlung. Das Tal des Flüsschens Weiss wurde im Mittelalter als wichtiger Verbindungsweg zwischen der Rheinebene und Lothringen genutzt.*

Unter knorrigen Eichen steigen wir den Felsenpfad weiter bergab – und da eröffnet sich uns noch eine ganz neue Perspektive: Der Wehrturm der Burgruine ragt plötzlich zwischen den Bäumen auf. Die Geschichte des **Château de Kaysersberg** ⑤ reicht bis ins 13. Jahrhundert zurück, als Friedrich II., Kaiser des römisch-deutschen Reichs, den strategisch wichtigen Ort Kaysersberg durch eine Festung sichern ließ. Die folgenden Jahrhunderte waren geprägt von Belagerungen und Angriffen. Obwohl die Burg immer wieder instand gesetzt und ausgebaut wurde, zerfiel sie schon nach Ende des Dreißigjährigen Krieges zur Ruine. Ab 1795 ließ der damalige Besitzer sämtliche verbliebenen Gebäude mit Ausnahme des Bergfrieds abreißen und das Gelände terrassieren, um es als Weinberg zu nutzen. Heute stehen die Kernburg und die verbliebenen Teile der Ringmauer unter Denkmalschutz.

Einige Treppen führen uns aus dem Wald und zwischen Reben hinunter zur Burg. Durch ein kleines Tor treten wir in den Schlosshof, den ein herrlicher Kastanienbaum beschattet. Von hier aus können wir den imposanten Bergfried besteigen, dessen Mauer an mancher Stelle 4 Meter stark ist. Von der Turmspitze schauen wir über das gesamte Tal von Kaysersberg.

Nun steigen wir hinunter in die Stadt. Wir wählen den Weg westlich des Wehrturms, der uns treppab in

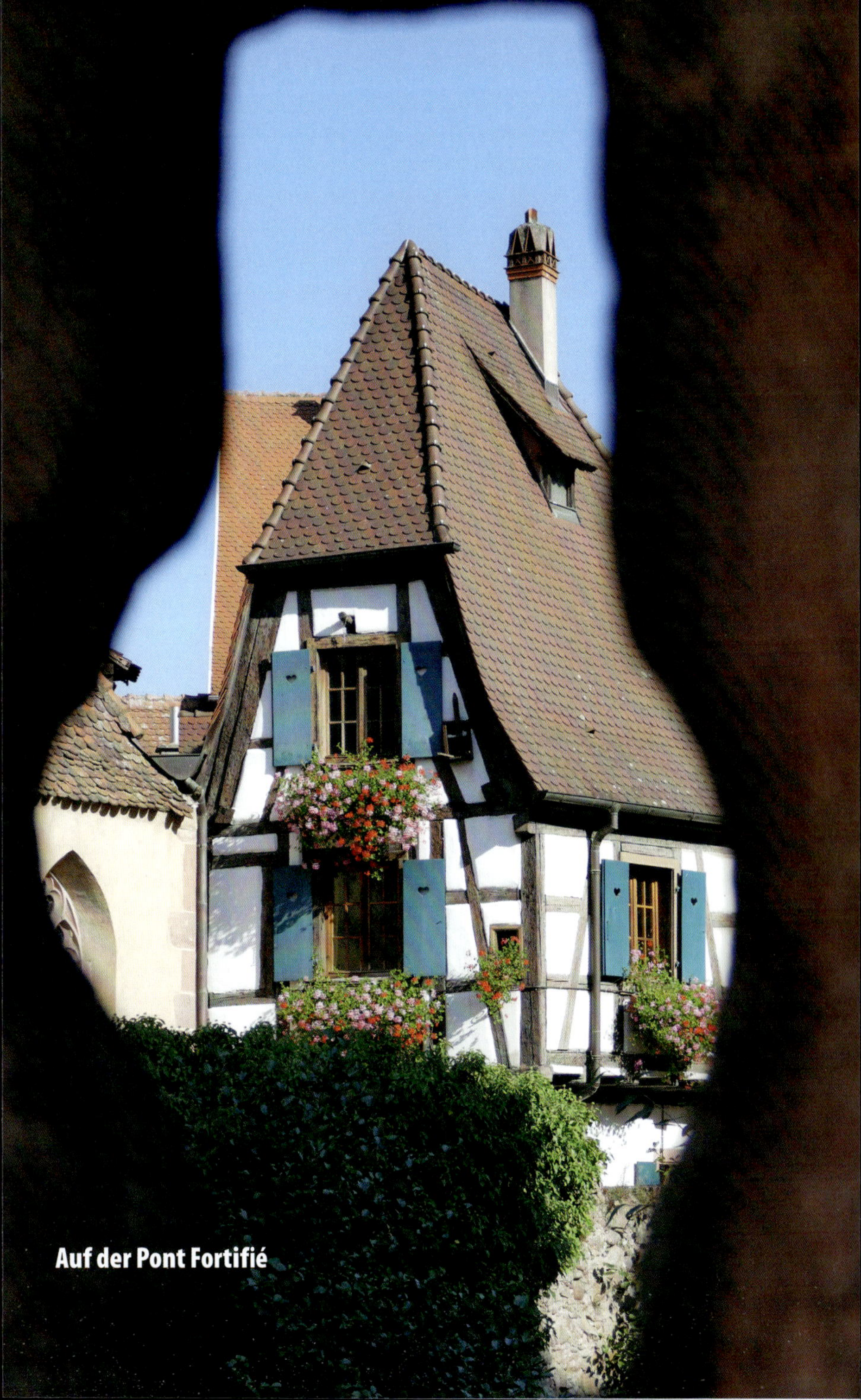

Auf der Pont Fortifié

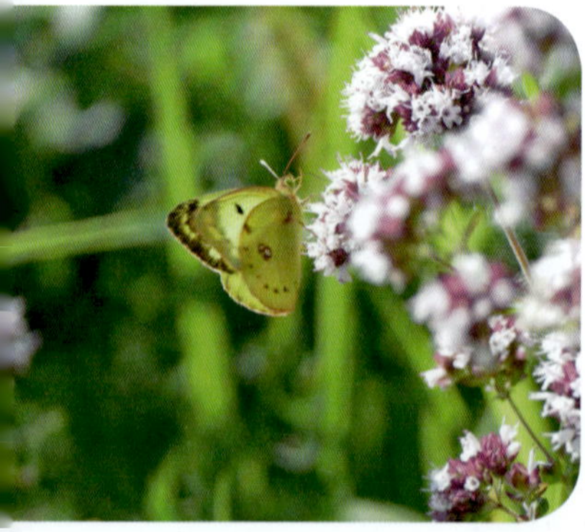

den mittelalterlichen Ortskern bringt: auf die **Rue de Forgerons** mit ihren bunten, geschmückten Häusern, ihrem Kopfsteinpflaster und ihren kleinen Läden mit Töpferwaren. Eine wirklich pittoreske Szenerie – kein Wunder, dass die Touristen nach Kaysersberg strömen. Noch sind wird früh genug, um nicht den ganz großen Gruppen zu begegnen, darum ziehen wir zügig weiter. An der Rue du Général de Gaulle biegen wir rechts ab auf die **Pont Fortifié ❻,** die befestigte Brücke über die Weiss. Ein Abstecher, der sich unbedingt lohnt: So schön ist der Blick über Fluss und Fachwerkhäuser.

Die **Rue des Bains** und die **Rue du Collège** führen uns an hübschen Läden vorbei zurück ins Zentrum, wo die Kirche Sainte-Croix über den gepflasterten Gassen emporragt. Am **Office du Tourisme** halten wir uns links und erreichen durch einen Rundbogen den Rückweg hinauf in die Weinberge. Zunächst steigen wir den Pfad zur Burg hinauf. Sobald wir den Turm passiert haben, wählen wir den zweiten Weg, der rechts in die Weinberge hineinführt, und wandern parallel zum Hang Richtung Osten. Wir sind auf dem Schlossberg unterwegs, dessen Wein weit über die Region hinaus bekannt ist und geschätzt wird. Schon im 15. Jahrhundert wurde er in die Schweiz und nach Lothringen exportiert. Der Wein aus diesen Parzellen unterhalb des Schlossbergs war der erste, der im Elsass als „Grand Cru" anerkannt wurde – als Wein aus einer Spitzenlage. Und auch wir genießen diese exponierte Lage mit dem unvergleichlichen Blick: Ringsum erstrecken sich die Reihen der Reben, unter uns liegt Kientzheim mit dem spitzen Kirchturm, gegenüber erhebt sich die Anhöhe des Marckrain südlich von Bennwihr.

Einmal biegt unsere Tour links auf einen Weg aus Rasengittersteinen ab, der uns noch mal eine schöne Sicht auf Kaysersberg beschert. Wir folgen kurz dem

Radweg W12 und erreichen den Wanderpfad mit dem grünen X, der uns zurück nach Riquewihr bringt. Schilder informieren über die Rebsorten, die hier angebaut werden. Immer wieder sind die Wegränder von herrlich bunten Farben gesäumt: Die leuchtend pinken Blüten des Blutweiderichs ziehen unzählige Schmetterlinge an. Dies ist ein Weg zum Runterkommen. Er zieht sich gemächlich über die Hügel. Wir müssen keine großen Höhen mehr überwinden, sondern wandern gemütlich dahin, während der Blick nur von den Reihen der Reben gelenkt wird. Irgendwann kommt die Silhouette von Riquewihr in Sicht.

Über die **Rue des Châtaigniers** und die Rue du Cormier gelangen wir wieder ins Innere der Stadtmauer. Nun haben wir eine Stärkung verdient. Um dem Trubel der Hauptstraße zu entgehen, suchen wir die **Caveau des Rois** 7 auf. Das urige Gasthaus mit schöner Terrasse liegt ruhig in einer kleinen Gasse. Hilfreiches

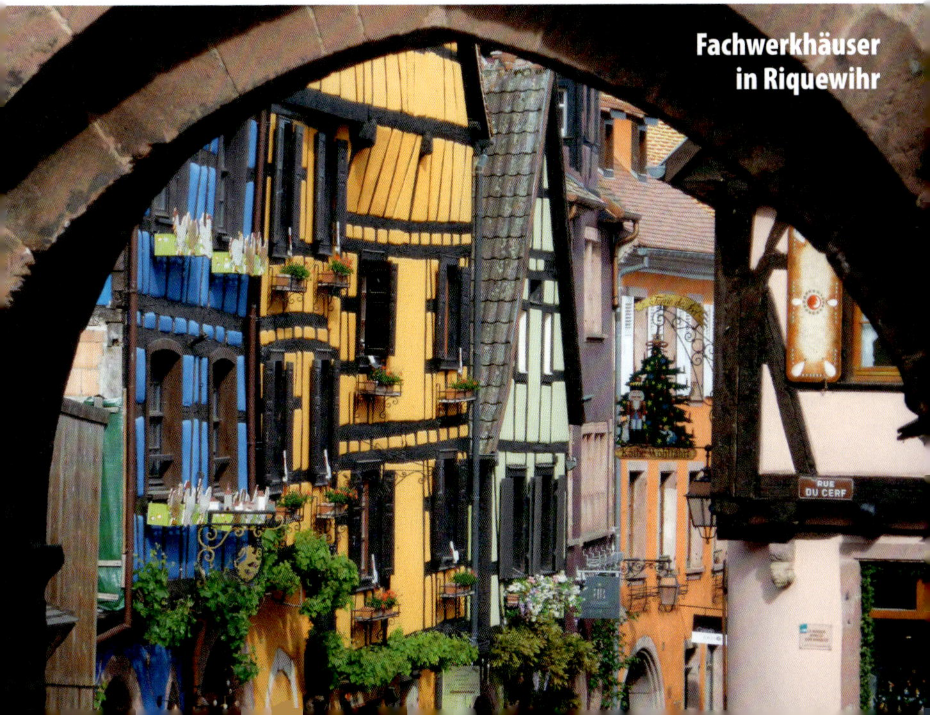

Fachwerkhäuser in Riquewihr

Verwöhntour 13

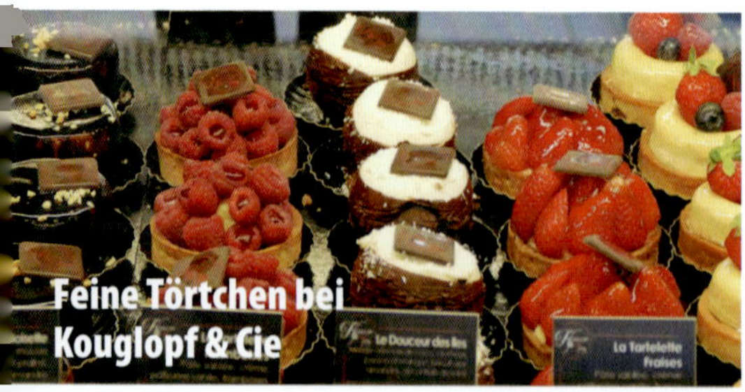

Feine Törtchen bei Kouglopf & Cie

Indiz für ein gutes Restaurant: Neben Touristen trifft man hier auch Einheimische. Und die lassen sich die authentisch französischen Speisen schmecken: Schnecken und Foie gras, Flammkuchen und Forellensalat. Aber auch Vegetarier finden etwas Feines auf der Karte. Zum Nachtisch suchen wir dann noch einmal **Kouglopf & Cie** auf und lassen uns einen kleinen süßen Traum für den Rückweg einpacken: Casse Noisette mit feiner Schokoladencreme und knuspriger Nuss und ein Tartelette au Citron.

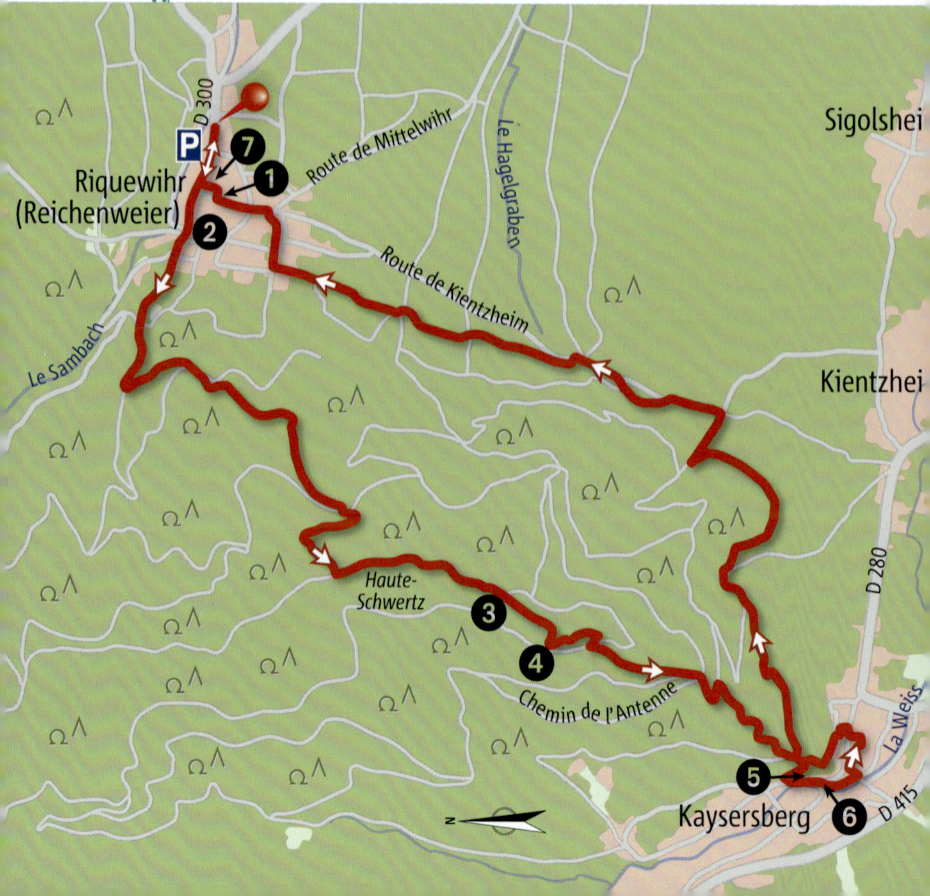

Alles auf einen Blick

WIE & WANN:

Schwere Wanderung mit anstrengendem Auf- und Abstieg auf dem Hinweg, Wanderstöcke empfehlenswert. Beste Wanderzeit von April bis Oktober.

HIN & WEG:

Auto: kostenpflichtiger Parkplatz an der Avenue Jacques Preiss, 68340 Riquewihr, Frankreich (GPS: 48.166370, 7.301453)

ÖPNV: Buslinie (TER) Sélestat bis Riquewihr Poste oder Buslinie 106 (Lignes de Haute Alsace) von Colmar, Gare SNCF, bis Riquewihr Poste

ESSEN & ENTSPANNEN:

Kouglopf & Cie ❶ 17 Rue de la Couronne, 68340 Riquewihr, Tel. +33 (3) 89 72 91 57

Caveau des Rois ❼ 1 Rue Hederich, 68340 Riquewihr, Tel. +33 (3) 89 49 04 77, www.facebook.com/caveaudesrois.riquewihr

Entspannung ✸✸✸

Genuss ✸✸✸✸✸

Romantik ✸✸✸✸✸

ENTDECKEN & ERLEBEN:

Dolder ❷ Rue du Général de Gaulle, 68340 Riquewihr

Chêne de la Chapelle ❸

Rocher du Corbeau/Krappenfelsen ❹

Château de Kaysersberg/Burg Kaysersberg ❺

Pont Fortifié ❻ Rue de la Weiss, 68240 Kaysersberg

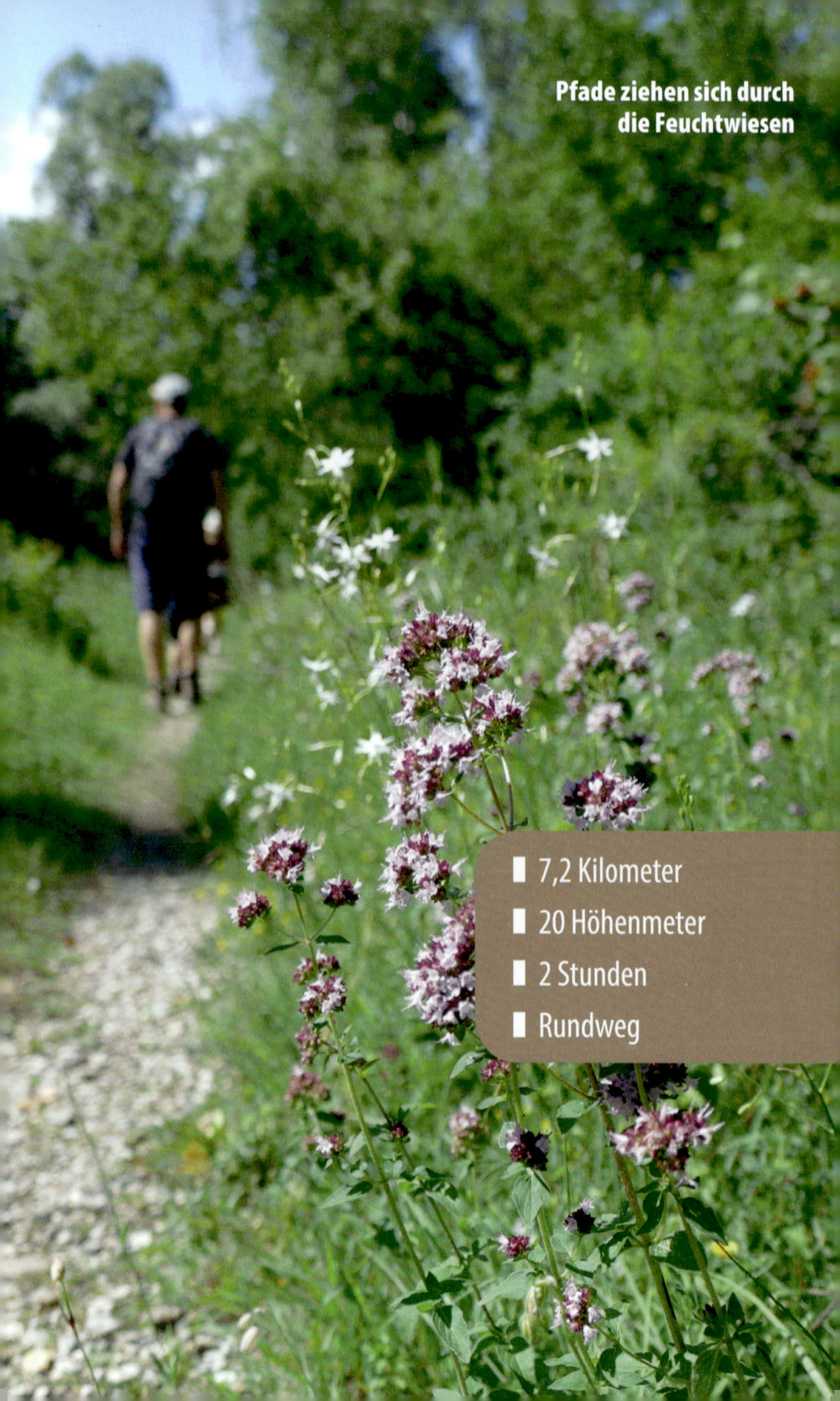

Pfade ziehen sich durch die Feuchtwiesen

- 7,2 Kilometer
- 20 Höhenmeter
- 2 Stunden
- Rundweg

Wir beginnen unsere Wanderung am **Maison Éclusière ①**, am Schleusenhaus. Das renovierte Gebäude ist gewissermaßen das Tor zum Naturschutzgebiet. Es liegt am **Canal de Huningue,** der einst Rhein und Rhein-Rhône-Kanal miteinander verband. Heute ist der Kanal Teil der Petite Camargue Alsacienne. Wir überqueren ihn direkt an der Schleuse und biegen nach dem Fischweiher rechts auf einen kleinen Weg ab. Das freundliche Grün von Büschen und Bäumen umgibt uns, schließt sich bald wie ein Dach über unseren Köpfen. Mal streift unser Pfad eine blütenbunte Wiese, mal führt er uns am knorrigen Stamm einer uralten Buche vorbei. Und irgendwann entlässt er uns auf einen hölzernen Steg. Der Untergrund ist feucht. Einst mäanderte der Rhein hier durch eine weite Landschaft aus Wiesen und Wald. Erst die Rheinbegradigung im 19. Jahrhundert zwängte ihn in sein enges Bett jenseits des Damms. Was zurückblieb, sind Altwasser-Arme – abgetrennte Teile früherer Rheinschleifen – und Gießen, vom Grundwasser gespeiste glasklare Fließgewässer. Um diese Relikte der einstigen Auenlandschaft

*Ab dem Jahr 1828 verband der **Canal de Huningue** den Rhein-Rhône-Kanal mit dem Rhein. Er diente neben der Schifffahrt auch der Wasserversorgung des Kanals. Nachdem ab 1961 der Rheinseitenkanal diese Verbindung ersetzte, wurden sämtliche Schleusen stillgelegt.*

Alte Auen am Rhein

Petite Camargue Alsacienne

am Rhein zu schützen, entstand auf Initiative von französischen und Schweizer Naturschützern das Schutzgebiet Petite Camargue Alsacienne. Es ist das erste Naturschutzgebiet des Elsass, von der französischen Regierung im Jahr 1982 ausgewiesen.

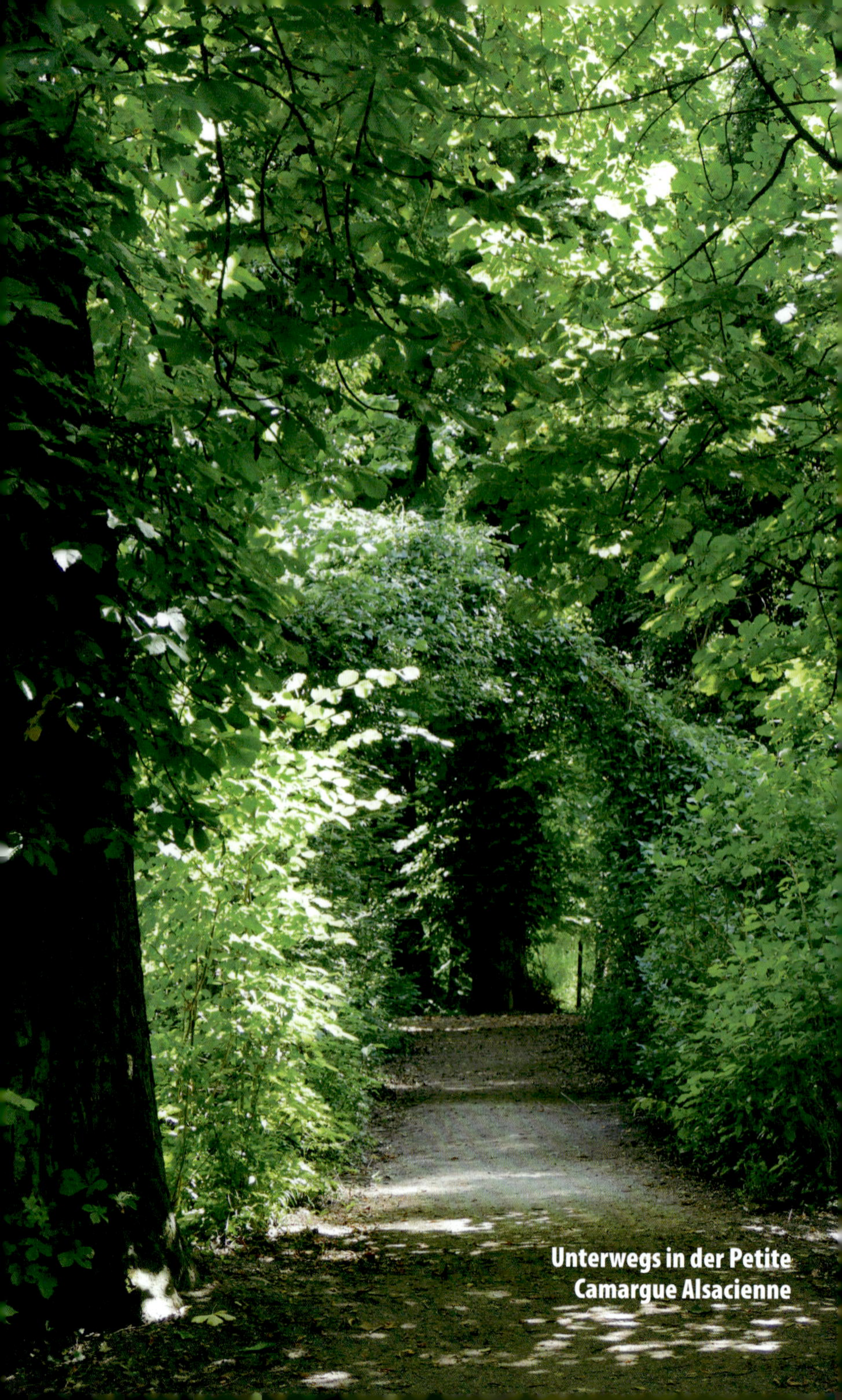

Unterwegs in der Petite Camargue Alsacienne

Nach wenigen Metern erreichen wir den ersten Beobachtungsturm, das **Observatoire de la Mittlere Au ❷.** Eine metallene Wendeltreppe führt auf die gut geschützte Empore. Hier lässt sich erahnen, wie es am Rhein vor der Begradigung aussah: Wasserflächen breiten sich zwischen Feuchtwiesen aus, Altrheinarme ziehen sich durch den Auenwald. Und überall ist Leben: Der Ruf quakender Wasserfrösche klingt zu uns herüber, schillernde Libellen surren dicht über die Wasseroberfläche, in der Ferne sind verschiedene Arten von Enten erkennbar. Und was schwimmt eigentlich so gleichmäßig mitten durch den Tümpel zu unserer Linken? Eine Nutria ist es, gut zu erkennen an ihren leuchtend weißen Barthaaren und den sichtbaren Ohren. Sie ist eine der eingeschleppten Arten, die im Naturschutzgebiet zu Hause sind.

Und noch ein paar neue Bewohner hat die Petite Camargue: Schottische Hochlandrinder, die heute das erledigen, was früher Wisente und Auerochsen taten. Sie fressen Süßgräser und Schilf, verhindern die Verbuschung der Wiesen und fördern damit Arten, die es

*Die **Petite Camargue Alsacienne** beherbergt mit ihren vielfältigen Gewässertypen insgesamt 43 Libellenarten, etwa die Kleine Pechlibelle oder die Feuerlibelle.*

Für die Seele

Auenwald und Feuchtwiesen, Moorgebiete und Grundwasserquellen: In der Petite Camargue Alsacienne erleben wir ein Relikt des einstigen Urwalds am Rhein.

sonst schwer hätten: Orchideen und Binsen. Ihr Kot lockt Insekten an, die wiederum Nahrung für viele Vögel im Gebiet sind: Der Zilpzalp ist ein Bewohner des Auengebietes, Rohrschwirl und der Zwergreiher leben hier, Knäkente und Rohrweihe.

Mit offenen Augen wandern wir weiter, immer vom feuchten Atem der Auenlandschaft umgeben. Noch

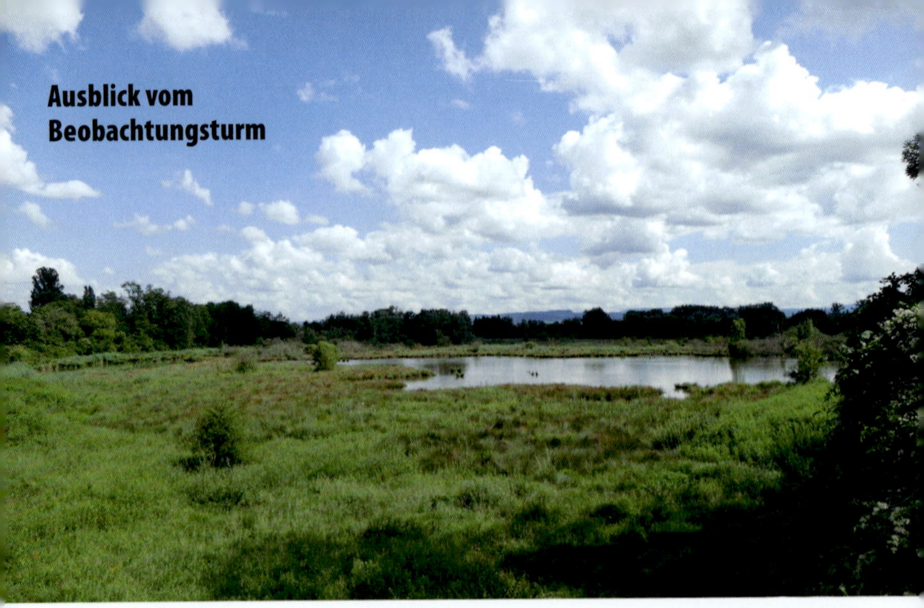

> **!**
>
> ***Statt Wandern:*** *Der Canal de Huningue darf an einigen Abschnitten mit Ruderbooten oder Kanus befahren werden. Außerdem verläuft der EuroVelo, ein europäischer Rad-Fernweg, an seinem Ufer.*

zwei Beobachtungstürme liegen an diesem Weg, ein beliebter Ort auch von Naturfotografen, die mit großen Objektiven ausharren, um die seltenen und besonderen Bewohner des Naturschutzgebietes einzufangen. An der Weggabelung schlagen wir den Pfad nach rechts ein und erreichen den sonnigen Weg am **Canal de Huningue.** Schnurgerade zieht er sich gen Norden, von allerlei Gräsern und blühenden Halmen überwuchert. Bald haben wir die Möglichkeit, auf dem **Sentier du Grand Marais** links abzubiegen: Als schmaler Pfad zieht er sich durch die Feuchtwiesen. Wilder Majoran wächst hier, Gilbweiderich und Kartäusernelken verteilen bunte Tupfen im Wiesengrün. Noch einmal führt uns der Weg hinauf zum Kanal, dann biegt er am **Belvédère du Grand Marais** ❸ erneut links ab. Auf dieser Aussichtsplattform genießen wir einen erhabenen Blick über die **Untere Au,** eine offene Landschaft aus Wiesen und Wasser.

Schließlich biegen wir vom Kanal weg nach links ab und wandern durch Felder von Raps und Roggen. Der Sentier du Grand Marais mit seinen grünen Schildern führt uns zunächst nach Westen, später nach Süden. Hier beschattet kein Baum den Weg, die Sonne brennt. Wir gehen zügig und erreichen am **Observa-**

toire de L'Étang Nord erneut den Auenwald. Ein Paradies für Wasservögel ist dieser nördliche Weiher: Gerade erhebt sich ein leuchtend weißer Silberreiher aus dem Schilf, segelt sanft über die Wasseroberfläche und verschwindet im dichten Bewuchs am anderen Ufer. Dieses Gestrüpp zwischen Böschung und Waldrand ist auch Heimat der Nachtigall. Nirgendwo in der näheren Umgebung kann man im Mai so intensiv ihrem Gesang lauschen wie in der Petite Camargue Alsacienne: So viele der scheuen Vögel leben hier, so durchdringend ist ihr Gesang.

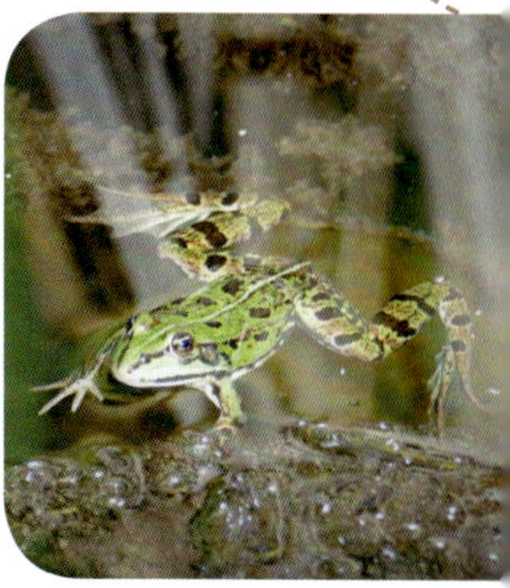

Wir gehen weiter nach Süden und erreichen die historischen Gebäude der **Pisciculture (Fischzucht) 4**, die heute als Verwaltung und Ausstellungsgebäude des Schutzgebietes dienen. Hier hatte der französische Naturforscher Jean Victor Coste 1852 die erste industrielle Fischzucht Europas gegründet. Die Nähe zum Rhein und das kalte und klare Wasser der Gießen waren dafür geradezu ideal: Der Lachslaich aus der Kaiserlichen Fischzucht von Hüningen wurde in die ganze Welt geliefert und in Flussläufen ausgesetzt. Damals war der Rhein noch sehr fischreich. Als er zunehmend

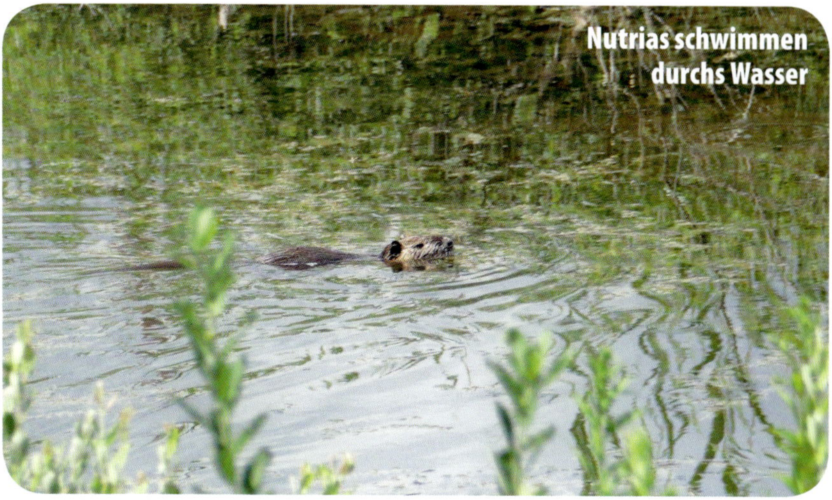
Nutrias schwimmen durchs Wasser

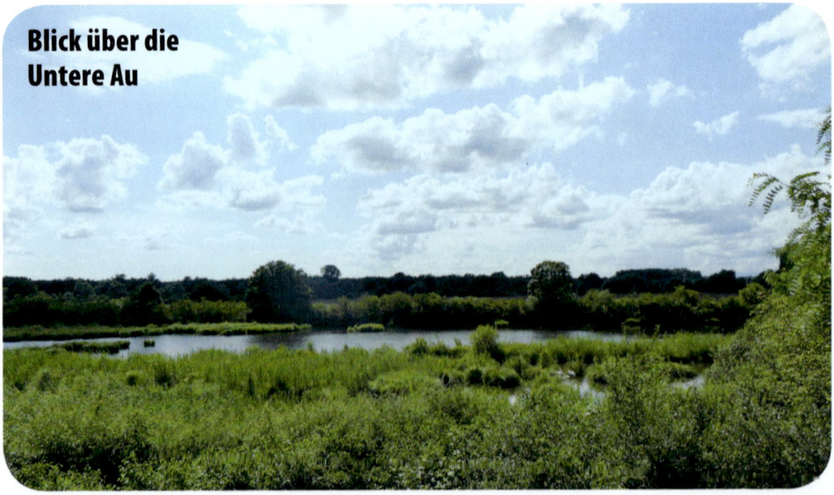
Blick über die Untere Au

verschmutzte, zudem Wehre und Kraftwerke verhinderten, dass Lachse den Fluss hinaufwanderten, starb er ab – und auch die Fischzucht war an ihrem Ende. Heute aber hat sie ein Nachfolgeprojekt: Seit dem Jahr 2000 wird in der alten Pisciculture wieder atlantischer Lachs gezüchtet, um ihn im Rhein und seinen Nebenflüssen anzusiedeln. In einer Ausstellung können wir uns sowohl über die Geschichte der Fischzucht als auch über die Entwicklung des Gebietes informieren.

Schließlich wandern wir zwischen den historischen Gebäuden hindurch und gelangen zu einer Gruppe kleiner Weiher. Einem botanischen Garten gleich werden hier die unterschiedlichen Wasserpflanzen des Naturschutzgebietes vorgestellt. Weiße Seerosen öffnen ihre großen Blüten, zwischen den schwimmenden Blättern erkennen wir die gepunkteten Körper der Teichfrösche. Wieder tauchen wir in den Auenwald ein, passieren den **Augraben** und erreichen schließlich die **Sources Phréatiques ⑤**, die Grundwasserquellen. Sie bringen durch die Qualität ihres Wassers eine außergewöhnliche und üppige Vegetation hervor. Hohe Bäume spiegeln sich auf ihrer Oberflä-

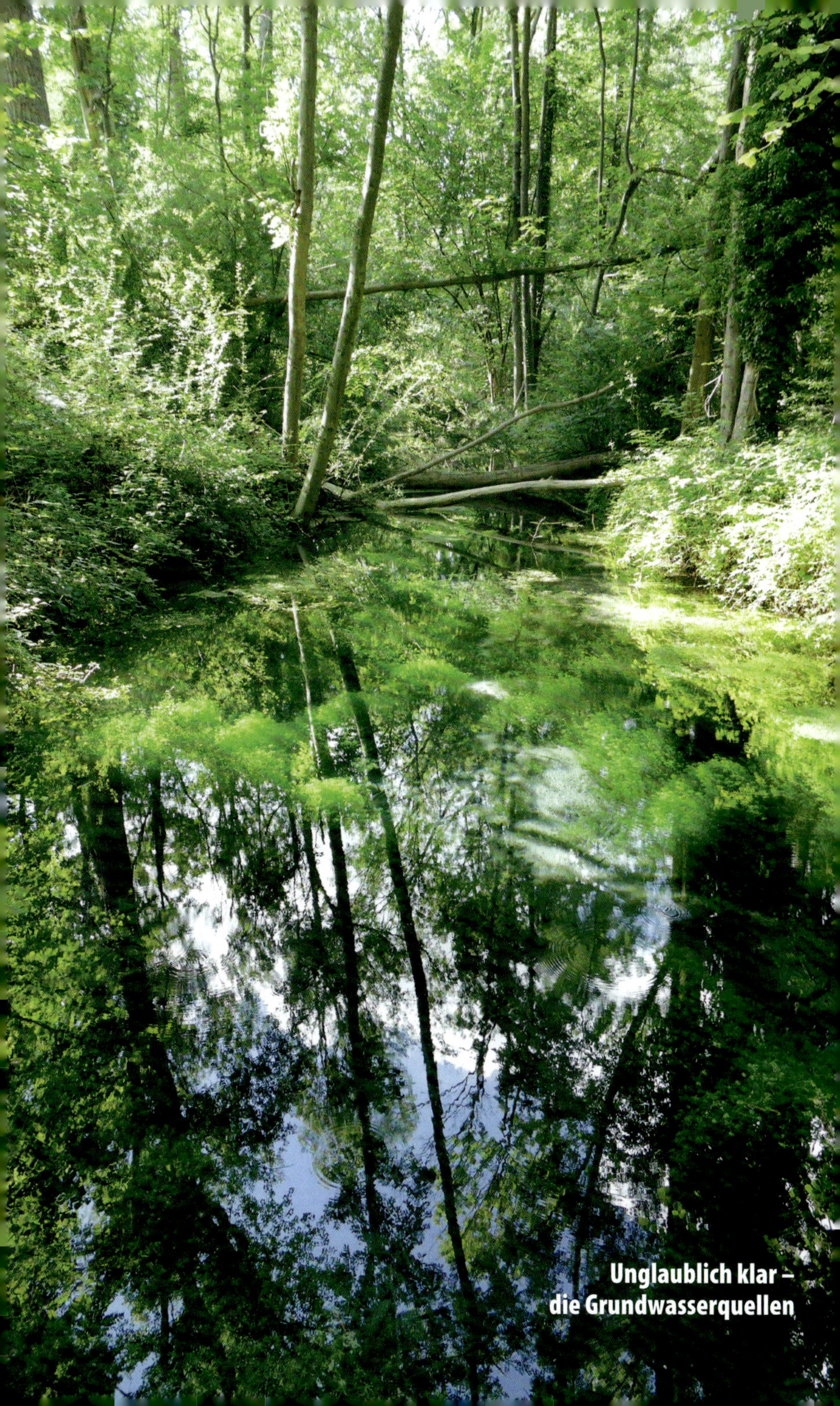

Unglaublich klar –
die Grundwasserquellen

che. Zugleich können wir im glasklaren Wasser jede Pflanze auf ihrem Grund erkennen: mehrere Arten der Armleuchteralgen etwa, die nur in sehr sauberem, nährstoffarmem Süßwasser wachsen und auf der roten Liste der gefährdeten Arten stehen.

Nun sind wir auf den letzten Metern unseres Rundweges. Wir treten aus dem Auwald hinaus und gelangen auf einem Pfad am Rande der Straße linker Hand wieder zum Schleusenhaus. Wer einkehren möchte, erreicht mit dem Auto schnell das **Restaurant Des Lys D'Alsace 6,** wo auf der Terrasse oder im schlicht-eleganten Innenraum feine elsässische Küche serviert wird. Sehr zu empfehlen ist unter anderem der Flammkuchen.

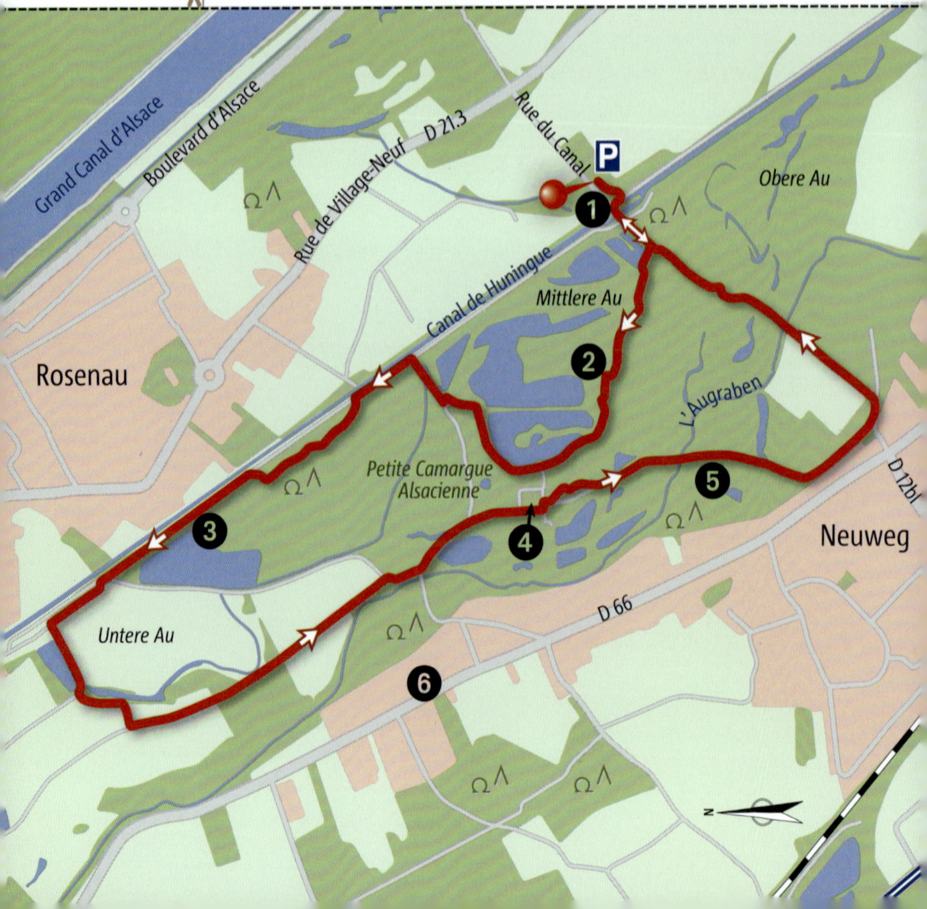

Alles auf einen Blick

WIE & WANN:
Leichte Wanderung auf ebenen Wegen. Beste Wanderzeit von Mai bis November, die Wasservögel können auch gut im Winterhalbjahr beobachtet werden.

HIN & WEG:
Auto: Parkplatz am Schleusenhaus, 4 Rue du Canal, 68300 Saint-Louis, Frankreich
ÖPNV: von Basel Badischer Bahnhof mit Buslinie 30 bis Haltestelle Kinderspital (Schweiz), weiter mit Buslinie 604 bis Saint-Louis, Ausstieg Petite Camargue, dann zu Fuß zum Startpunkt

ESSEN & ENTSPANNEN:
Restaurant Des Lys D'Alsace ❻ 106 Rue de Strasbourg, 68300 Saint-Louis, Tel. +33 (3) 89 67 33 27, restaurant-des-lys-dalsace.fr

ENTDECKEN & ERLEBEN:
Maison Éclusière/Schleusenhaus ❶
Observatoire de la Mittlere Au/Beobachtungsstand Mittlere Au ❷
Belvédère du Grand Marais ❸
Pisciculture/Fischzucht ❹
Sources Phréatiques/Grundwasserquellen ❺

Entspannung ★★★★★
Genuss ★★★☆☆
Romantik ★★★★☆

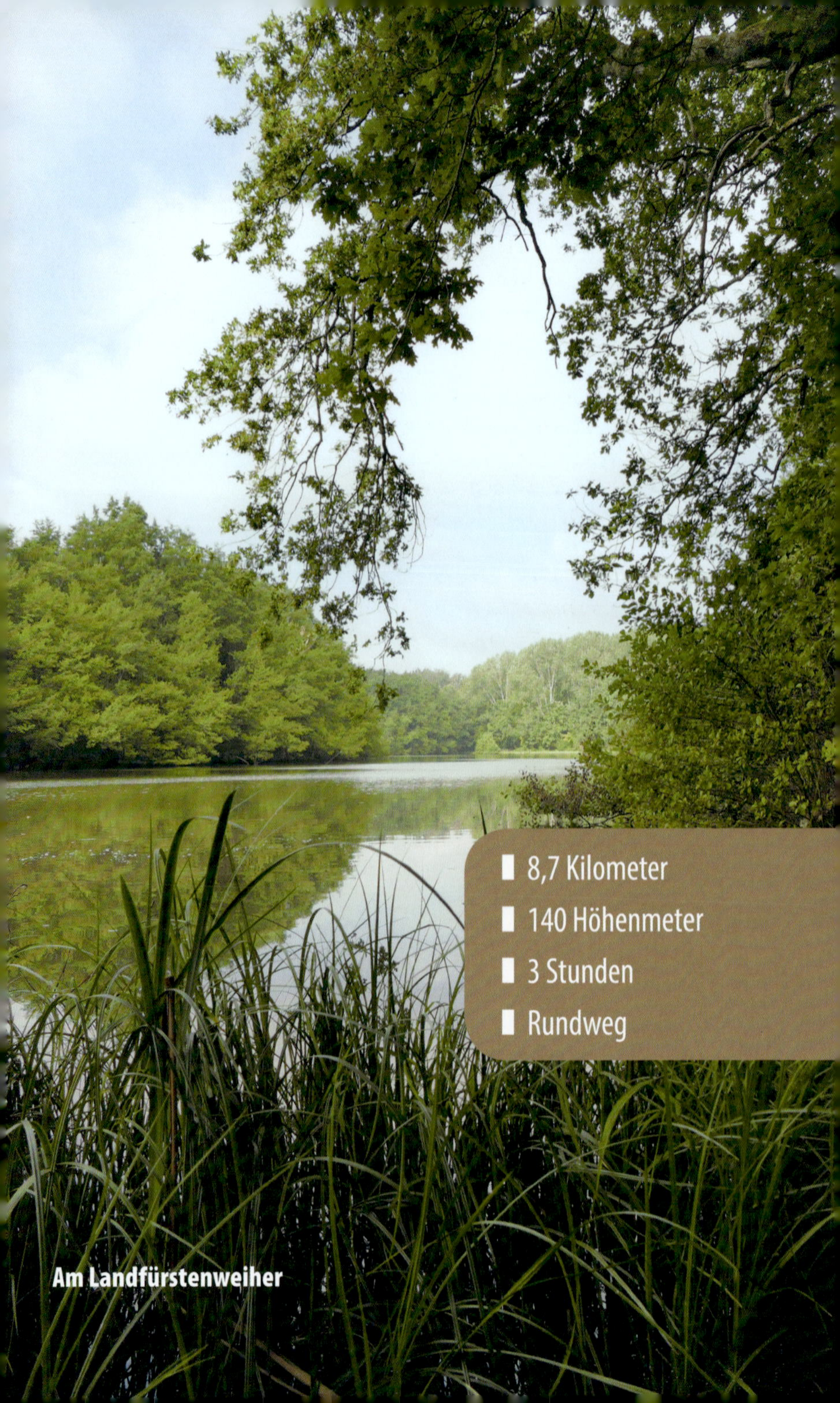

Am Landfürstenweiher

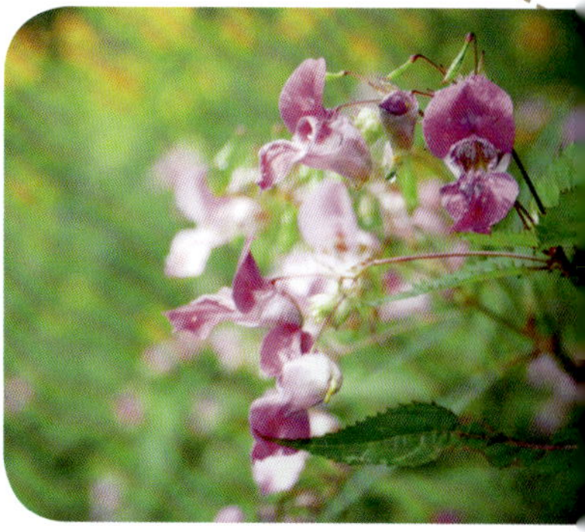

Wir beginnen unsere Wanderung an der **Kirche Saint-Maurice** in **Hirtzbach** und biegen von hier aus links in die **Rue Principale** ein. Nach ein paar Metern können wir auf der blumengeschmückten Brücke den Hirtzbach überqueren. Nun genießen wir einen schönen Blick auf das begrünte Bachufer und die bunten Fachwerkhäuser im Hintergrund. Die kleine Gemeinde trägt stolz den Titel „Village fleuri“. Überall blüht und grünt es: Die Häuser sind mit Geranien geschmückt, am Wegrand wachsen Zwetschgenbäume und rund um den Bach recken sich Gräser, Schilf und Stauden empor.

Nach rund 700 Metern verlassen wir die Hauptstraße und folgen dem Wegzeichen mit dem blauen Ring nach rechts. Am Ende der **Rue des Champs** erreichen wir einen landwirtschaftlichen Betrieb und biegen dort auf einen schmalen Weg in die Felder ab. Wo er sich erneut teilt, gehen wir rechts weiter. Nun säumen Viehweiden, Maisfelder und Streuobstwiesen den

Orte der Stille

Rund um Hirtzbach

Weg. Bald treffen wir auf die Ausläufer eines Pferdehofes, schwenken dort zunächst nach rechts, gehen dann links um die Stallungen herum und folgen dem Schild zur Chapelle St. Glucker.

Zwischen den ausladenden Kronen alter Birnbäume erkennen wir schon von Weitem die **Chapelle Saint-**

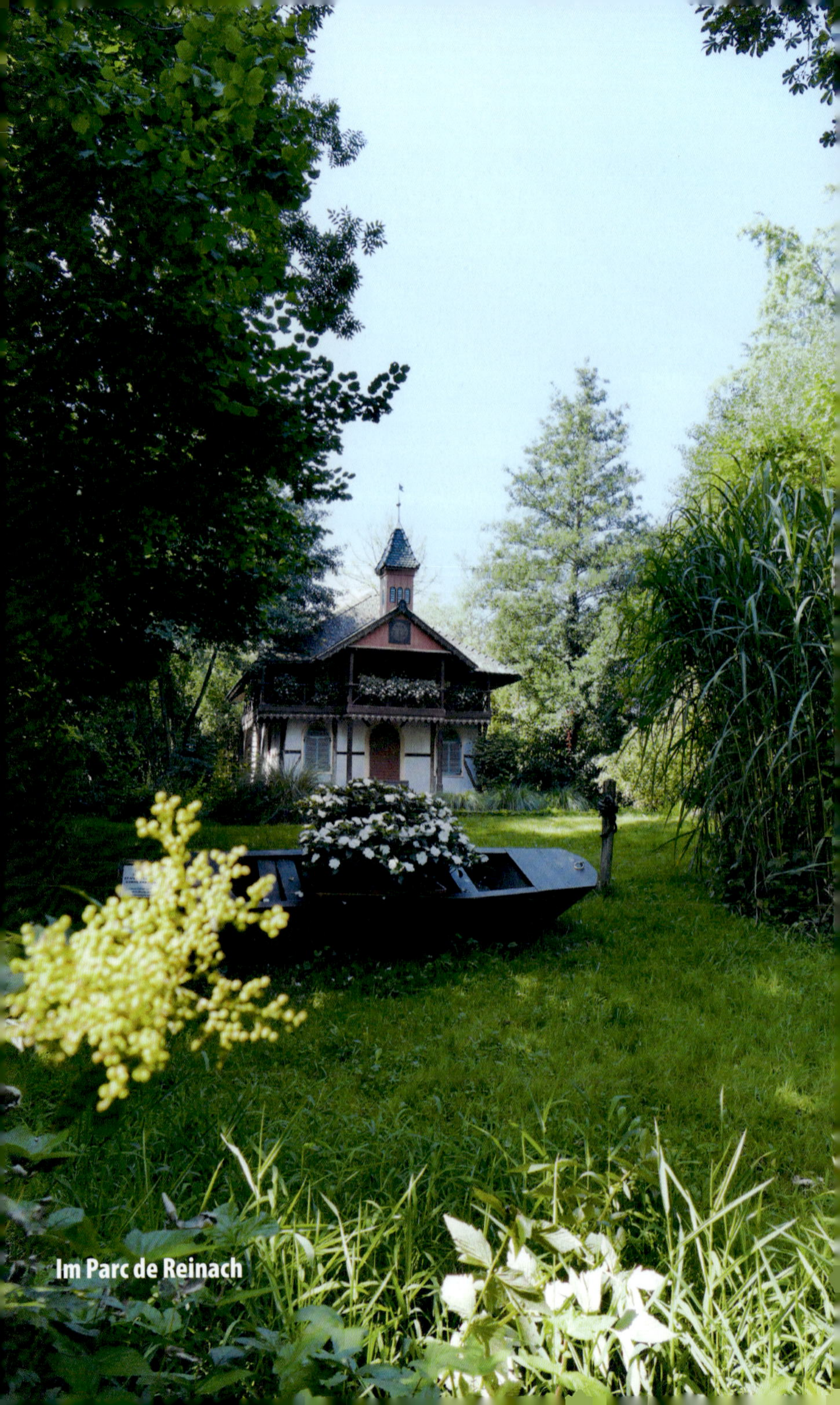
Im Parc de Reinach

Léger ❶ – auch Sankt Gluckern genannt. Die Kapelle erinnert an den Ort, der einst hier stand und der im Hundertjährigen Krieg (1337 bis 1453) weitgehend zerstört und verlassen wurde. Einzig die Kirche hatte den Kämpfen standgehalten, verfiel aber im Lauf der Jahrhunderte. Der heutige Bau stammt aus dem Jahr 1928. Der Picknicktisch unter dem prächtigen Dach einiger Kastanien ist ein herrlicher Ort für eine kleine Auszeit im Grünen.

Nach einer kurzen Rast wandern wir in den Wald hinein, der Wegrand ist überwuchert von Springkraut. Unzählige Bienen umschwirren die Blüten und tauchen in die lila Kelche ein. Irgendwann treffen wir auf eine Weggabelung, wenden uns nach links Richtung Hirtzbach. Nun wird der Wald lichter, wir nähern uns dem Gebiet, in dem zahlreiche Wasserflächen den Hirtzbacher Forst durchziehen. Wo wir auf eine T-Kreuzung stoßen, biegen wir für einen kurzen Abstecher nach rechts ab und erreichen den **Landfürstenweiher** ❷. Der stille See ist ein beliebtes Ziel von Anglern, die an der Westseite ihre Angeln ins Wasser werfen. Geht man

Für die Seele

Auf der gemächlichen Runde entdecken wir mit der Kapelle Saint-Léger, dem Landfürstenweiher und dem Park von Reinach Orte der Ruhe und Erholung.

aber ein paar Schritte am nördlichen Ufer entlang, ist man ganz für sich und genießt eine malerische Aussicht über den See.

Nach diesem Abstecher wandern wir zurück zur T-Kreuzung und gehen geradeaus darüber hinweg. Noch einmal treffen wir auf einen Weiher, wenden uns an dessen Ufer nach links und laufen geradewegs

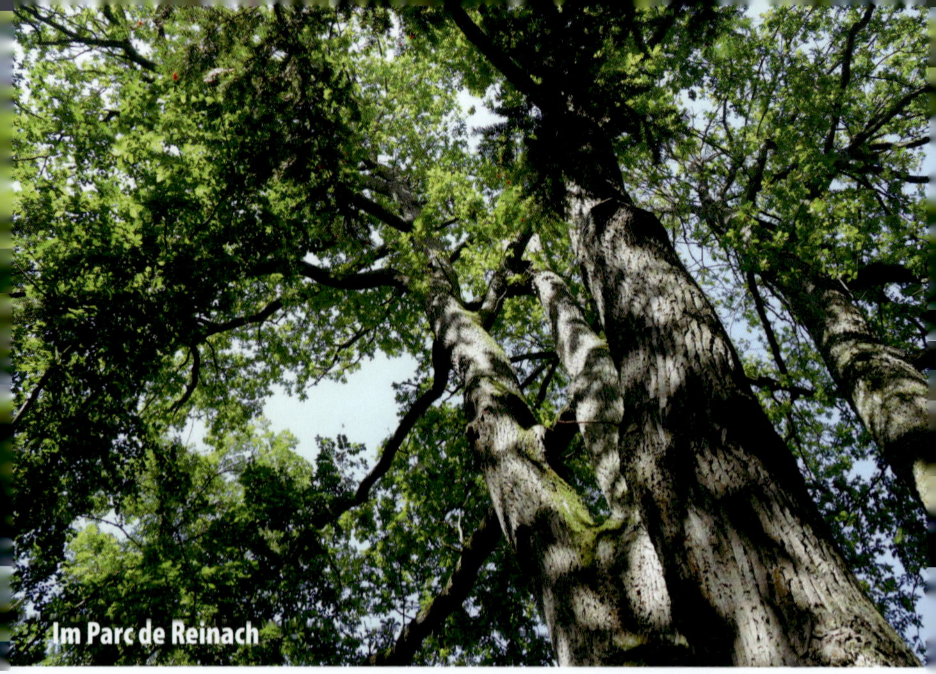

auf Hirtzbach zu. Wir streifen Obstwiesen und Hecken mit Weißdorn, Kornelkirschen und Heckenrosen. Vogelgezwitscher dringt aus den niederen Gebüschen. Hier fühlen sich Wiedehopf, Gimpel und Buchfinken wohl.

Auf der Rue des Champs kehren wir in den Ortskern zurück, biegen von der Hauptstraße aber gleich wieder rechts in die **Rue de la Montagne** ein. An fachwerkgeschmückten Häusern vorüber steigen wir eine leichte Anhöhe hinauf, bis wir auf einen kleinen Weg stoßen, der uns rechts zur **Chapelle Sainte-Afre** ❸ bringt. Die Kapelle – zum ersten Mal im Jahr 1303 erwähnt – ist eine der ältesten Kirchen des Sundgaus. Ihr Name könnte auf eine römische Herkunft hindeuten: In der Nähe liegt eine prähistorische Ausgrabungsstätte, die auf eine Besiedlung durch die Römer im 2. Jahrhundert schließen lässt.

Etwas erhöht über dem Ort gelegen, lässt sich hier ein schöner Blick genießen. Dann geht es die **Rue du Réservoir** hinab, die uns direkt zum **Parc de Reinach** ❹ führt. Hohe Bäume jenseits des Zaunes kündigen den malerischen Park schon von Weitem an. Wir betreten die Gartenanlage durch das Tor an der **Rue du Château** – und werden schon vom leisen Plätschern eines Wasserlaufs empfangen. Brücken und Steinfiguren, ein hübsches Chalet und majestätische Bäume machen den englischen Garten zu einem echten Kleinod. 1820 von der Familie von Reinach angelegt, ist er heute in Gemeindebesitz und für die Öffentlichkeit zugänglich. Und hier genießen wir herrliche Momente der Ruhe: spazieren an den Teichen vorbei, bewundern die mächtigen Eichen, Eschen und Buchen, suchen uns in ihrem Schatten eine Bank und genießen die Stille.

Noch eine weitere Besonderheit hat die Familie von Reinach im Park untergebracht: einen Eiskeller – den letzten, den es heute im Sundgau noch gibt. Vom Park aus machen wir uns nun auf zum Schloss der Familie. Das **Château de Reinach** 5 liegt direkt gegenüber dem Park. Es schaut auf eine bewegte Geschichte zurück: Im 15. Jahrhundert erstmals erwähnt, wurde es mehrmals geplündert und schließlich zerstört. Der Nachfolgebau, der Anfang des 18. Jahrhundert fertig-

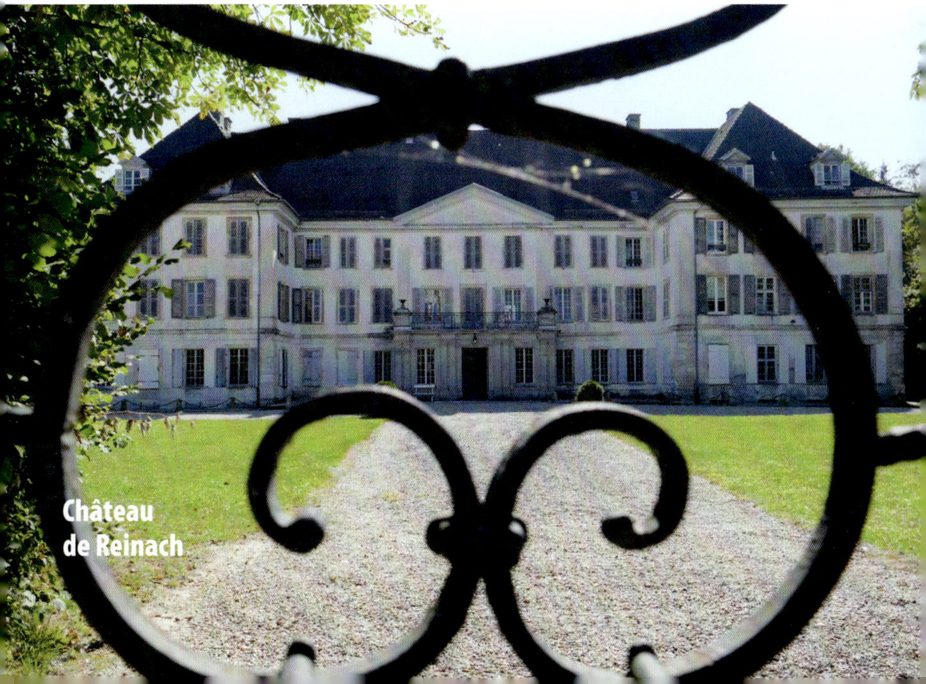

Château de Reinach

gestellt war, wurde während der Französischen Revolution erneut verwüstet, 1804 aber restauriert. Wir können das stolze Gebäude nur durch die schmiedeeisernen Tore hindurch bewundern – der französische Garten rund um das Schloss ist in privatem Besitz.

Nach so vielen Eindrücken und Ausflügen in die Geschichte des Ortes wandern wir nun zur letzten Station unserer Tour: zum **Restaurant de la Gare Munzenberger ❻.** Wir nehmen auf der schattigen Terrasse Platz, genießen den Blick in den Garten und lassen uns die Spezialität des Hauses schmecken: frittierter Karpfen mit feiner hausgemachter Mayonnaise. Aber nicht zu viel davon bestellen: Denn auch die Nachspeisen sind köstlich.

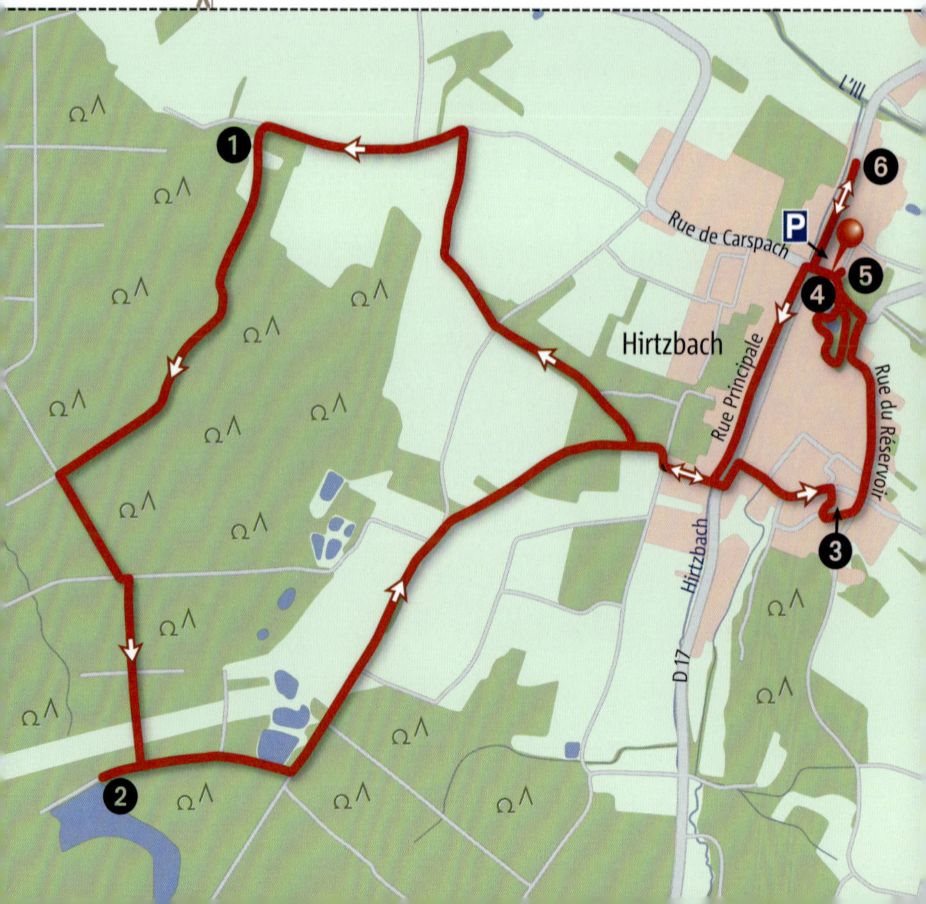

Alles auf einen Blick

WIE & WANN:
Leichte Wanderung auf gut begehbaren Wegen. Beste Wanderzeit von Mai bis November.

HIN & WEG:
Auto: Parkplatz an der Rue du Château (vor der Kirche), 68118 Hirtzbach, Frankreich (GPS: 47.598522, 7.223355)
ÖPNV: Buslinie 851 (Lignes de Haute-Alsace) von Mulhouse, Haltestelle Tour Nessel, nach Hirtzbach Mairie

ESSEN & ENTSPANNEN:
Restaurant de la Gare Munzenberger ❻ 16 Rue Principale, 68118 Hirtzbach, Tel. +33 (3) 89 40 93 27, www.restaurantdelagaremunzenberger.fr

ENTDECKEN & ERLEBEN:
Chapelle Saint-Léger/Kapelle St. Gluckern ❶
Landfürstenweiher ❷
Chapelle Sainte-Afre ❸
Parc de Reinach ❹
Château de Reinach/Schloss Reinach ❺

Entspannung ✱✱✱✱✱
Genuss ✱✱✱
Romantik ✱✱✱

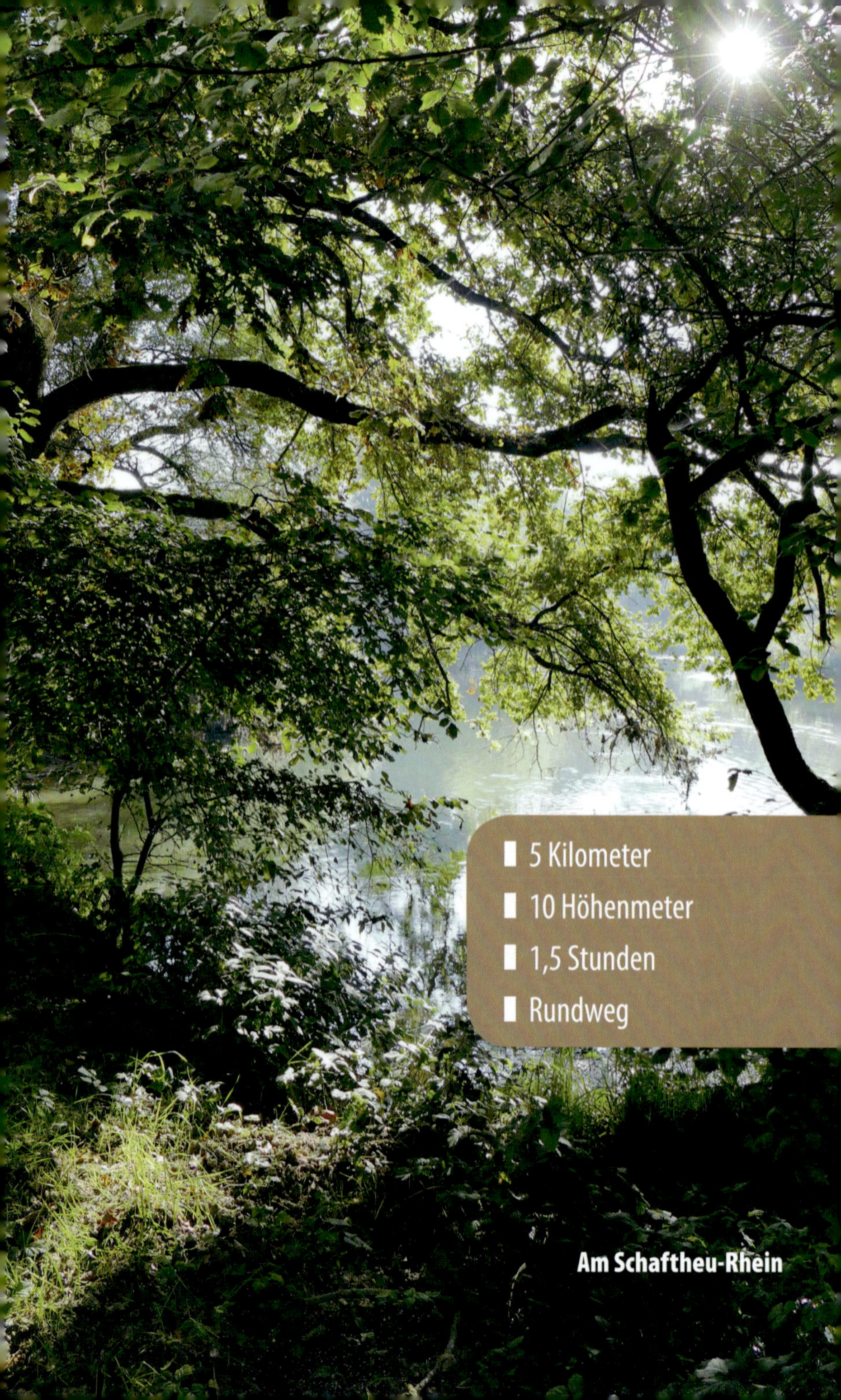

- 5 Kilometer
- 10 Höhenmeter
- 1,5 Stunden
- Rundweg

Am Schaftheu-Rhein

Ganz im Osten des Elsass erstreckt sich zwischen dem Rheinseitenkanal und dem Altrhein die **Ile de Rhinau** – 10 Kilometer lang, 400 Meter breit. Um diesen artenreichen Dschungel zu entdecken, beginnen wir unsere Tour an der **Écluse de Rhinau** ❶. Nebenan erzeugt ein Wasserkraftwerk Strom, hier ermöglicht die Schiffsschleuse den großen Frachtern die Fahrt auf dem Rheinseitenkanal. Wir haben Glück: Gerade nähert sich ein Frachtschiff von Süden. Vorsichtig bugsiert der Kapitän den Koloss in die enge Schleusenkammer. Sind die Tore geschlossen, strömt das Wasser mit Macht aus der Kammer heraus, schäumend ergießt es sich unter uns in den tiefer liegenden Bereich des Kanals. Nur langsam senkt sich der Frachter – hier ist Geduld gefragt. Aber wir nehmen uns die Zeit, dieses Schauspiel und die imposante Kraft des Wassers zu beobachten. Denn was wir hier sehen, steht in enger Wechselwirkung zur Ile de Rhinau auf der anderen Seite des Deichs. Die Insel, die so still liegt, existiert in der jetzigen Form erst seit der Begradigung des Rheins im 19. Jahrhundert. Zuvor mäanderte der Fluss auf einer Breite von

!

*Zwei Drittel der **Ile de Rhinau** sind als Naturschutzgebiet ausgewiesen. Das Conservatoire des Sites Alsaciens in Rhinau bietet Exkursionen auf die Insel an.*

Kleiner Dschungel

Ile de Rhinau

3 bis 9 Kilometern durch die weite Ebene. Unzählige Flussarme erstreckten sich zwischen Inseln, bei jedem Hochwasser veränderte die Auenlandschaft ihr Gesicht. Heute sind von dieser urtümlichen Landschaft nur kleine Reste erhalten geblieben: Das Naturschutzgebiet Taubergießen auf der deutschen Seite und die

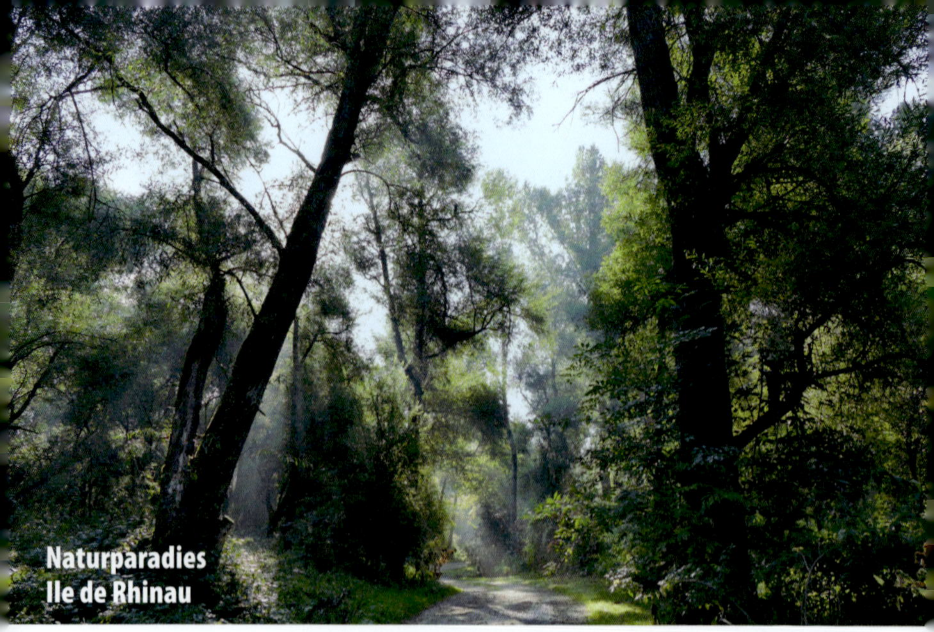

französische Ile de Rhinau sind einige der wenigen Gebiete, die noch vom Rhein überflutet werden – und den besonderen Artenreichtum einer Landschaft im Wandel beherbergen.

Jenseits der Schleuse wandern wir zunächst auf dem Deich nach Süden. An der Schranke vorbei geht es den schnurgeraden Kanal entlang. Welch ein Kontrast zum grünen Dickicht zu unserer Linken. Weil wir auf Höhe der Baumkronen wandern, haben wir einen herrlichen Blick in die Äste. Wer ein Fernglas dabeihat, kann schon jetzt die ersten Bewohner der Rheininsel entdecken: Rund 140 Vogelarten sind regelmäßig auf der Ile de Rhinau zu beobachten.

Zu unseren Füßen fliegen Schmetterlinge über den flachen Bewuchs der Deichböschung. Wir biegen bei der ersten Möglichkeit links ab, um den Fuß des Dammes zu erreichen: Die Rheininsel liegt einige Meter unter dem Wasserspiegel des Kanals. Unten angekommen, halten wir uns rechts und folgen einem Weg, der mit einem grünen Kreis markiert ist. Prächtige Silberweiden und Schwarzpappeln gedeihen zu beiden Seiten. Am frühen Morgen hängt zwischen ihren kräftigen Stämmen und hohen Kronen noch

Nebel, Sonnenlicht fällt in feinen Strahlen zwischen den Bäumen hindurch.

Wir wandern gemächlich nach Süden und erreichen bald den ersten größeren Rheinarm, den **Schaftheu-Rhein 2:** Zwischen dem dichten Bewuchs aus Bäumen und Büschen breitet sich eine türkisfarbene Wasserfläche aus. Eine stämmige Eiche streckt ihre kräftigen Äste über den Fluss, die Spitzen reichen bis ins Wasser, Schilf hat sich darin verfangen. Altholz treibt an uns vorbei. Wir wenden uns nach links, der Kiesweg führt uns mehrmals über die Wasserläufe hinweg, die in Rohren unter ihm hindurchgeleitet werden. Glasklar ist das Wasser, wir erkennen Hechte unter der Oberfläche. Blau schimmernde Libellen tanzen über das Uferschilf. Und noch ein anderer farbenfroher Inselbewohner lässt sich hier blicken: der Eisvogel. Türkis leuchtet sein Gefieder, wie ein Pfeil saust er an uns vorbei – viel zu schnell, um ihn mit der Kamera einzufangen.

Trotzdem beglückt von diesem Blitz-Rendezvous wandern wir nun dem Rhein entgegen. Rechts erstreckt sich die Wasserfläche nun voller Laichkraut,

Für die Seele

Auf der Ile de Rhinau durchwandern wir einen zauberhaften Auenwald und entdecken einige der faszinierenden Bewohner dieses grünen Paradieses.

dazwischen strecken sich einzelne Blüten gelber Teichrosen empor. Auf unserer Linken ist der Waldboden voll von den langen Halmen des Schachtelhalms. Im Frühjahr breiten sich hier riesige Teppiche von Bärlauch aus. Wir erreichen eine Brücke, die uns rechts über den Wasserlauf bringt – und sind am **Altrhein 3** angekommen. Schwäne tauchen ihre langen Hälse ins

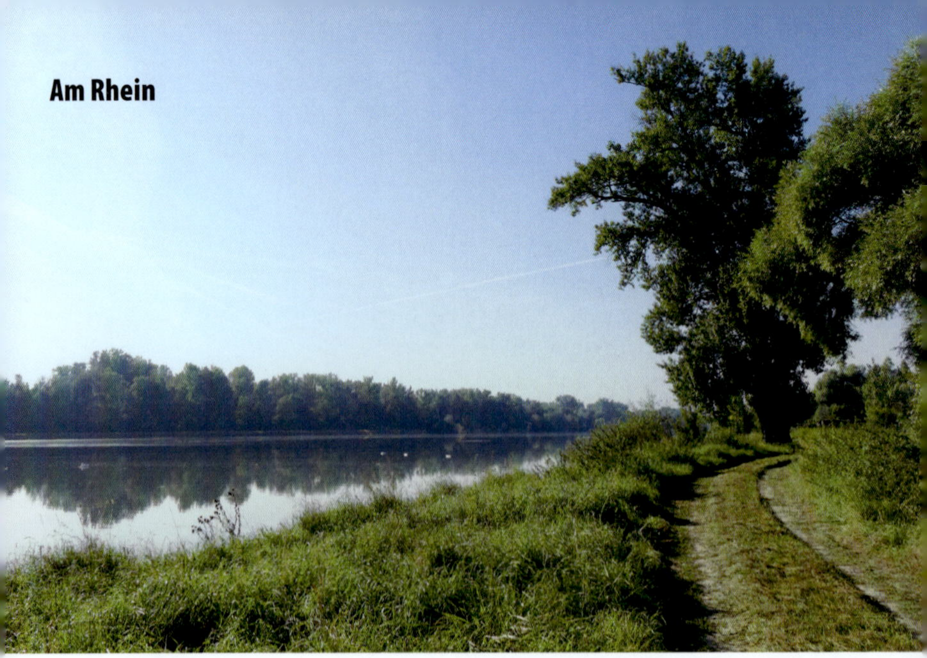

> Das **Naturschutzgebiet Taubergießen** ist mit rund 1,7 Hektar eines der größten in Baden-Württemberg. Der Name leitet sich von einem Gewässer im Norden des Gebietes ab. Gießen sind vom Grundwasser gespeiste fließende Gewässer. Weil sie nährstoffarm sind und kaum Fische darin leben, wurden sie von Fischern als „taub" bezeichnet.

Wasser, am anderen Ufer dehnt sich der Auwald des Naturschutzgebietes Taubergießen aus und über uns zieht ein Silberreiher hinweg.

Wir sind auf einem Stichweg unterwegs und werden irgendwann umkehren müssen. Bis zur **Schwelle** im Rhein wollen wir aber unbedingt noch gehen. Der niedrige Staudamm hält den Grundwasserspiegel auf einem gewissen Niveau und verhindert, dass die Rheinauen austrocknen. Fischtreppen ermöglichen den schwimmenden Rheinbewohnern, die Schwellen zu überwinden. Dass es hier einiges herauszufischen gibt, wissen auch die Kormorane. Gleich drei der großen schwarzen Vögel sitzen auf den stählernen Pfosten des Damms direkt über der Wasserfläche. Die ersten Tauchgänge haben sie schon hinter sich, jetzt lassen sie die Flügel weit ausgebreitet in der Sonne trocknen. Die Naturschutzgebiete links und rechts des Rheins sind auch für diese Wasservögel ein Paradies: Die hohen Bäume des Taubergießens direkt am Gewässerrand beherbergen große Brutkolonien der Kormorane.

Nun kehren wir auf dem gleichen Weg zurück zur Weggabelung am **Schaftheu,** schlendern dort aber geradeaus in den Auenwald hinein. Hier umgibt uns bald ein grüner Dschungel aus Stieleichen und Eschen, aus abgeknickten Ästen und Lianen. Mal steigen wir über einen am Boden liegenden Stamm, mal ducken wir uns unter den herabhängenden Zweigen hindurch. Der Boden ist feucht, voller Pfützen vom letzten Hochwasser – und so auch voller Brutplätze für Mücken, die uns Eindringlinge für ein gefundenes Fressen halten. Wir beeilen uns, den schmalen Trampelpfad zu verlassen. Schnell entlässt er uns auf den breiten Weg unterhalb des Rheindamms. Wir wenden uns nach Norden und biegen an der Infotafel 2 auf einen kleinen Pfad ein, der parallel zum breiten Weg im Wald verläuft. Eine größere Wasserfläche breitet sich zu unserer Rechten aus, Schilf und Schwertlilien gedeihen an ihrem Ufer, weitere **Tümpel** liegen verstreut im Gehölz. Dieses Mosaik aus Wald, Gras und Wasserflächen ist Heimat unzähliger Amphibien, unter anderem der seltenen Gelbbauchunke. Der kleine Froschlurch mit dem auffälligen Fleckenmuster ist ein typischer Bewohner von Flussauen – und dadurch bedroht, dass dieser Lebensraum zunehmend rar wird.

Wie ein Tunnel führt unser Weg im hellen Grün der niederen Bäume hindurch, führt uns auf eine Lichtung. Hier hat die Kraft des Wassers eine riesige Eiche zum Umstürzen gebracht. Noch trägt sie ihr grünes Blätterkleid, bald wird sie als Totholz unzähligen Insekten und Vögeln als Lebensraum dienen. Der Kreislauf des Lebens: Hier kann man ihn hautnah erleben.

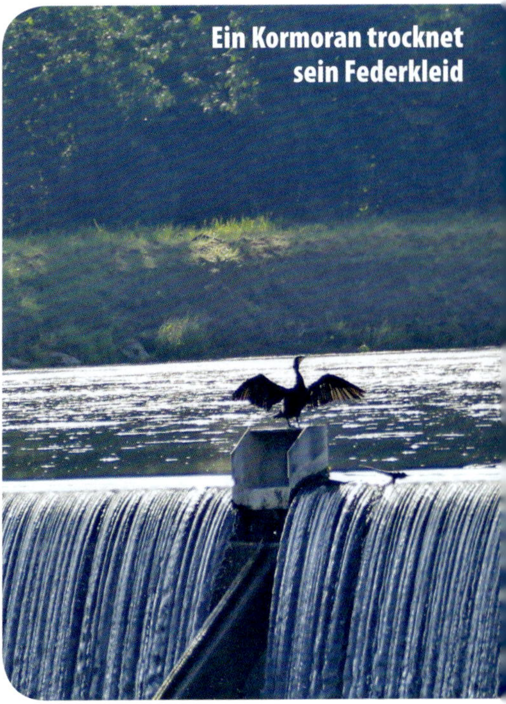
Ein Kormoran trocknet sein Federkleid

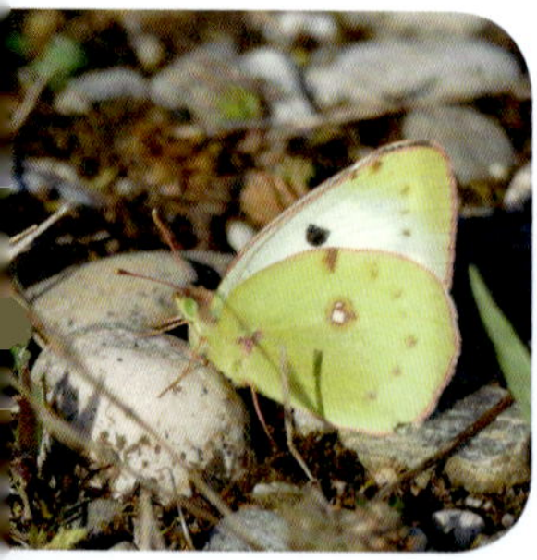

Beeindruckt von diesem Urwald auf kleinstem Raum machen wir uns auf den Rückweg. Wir biegen links auf einen schmalen Pfad ab, gelangen zum Damm und steigen in einer nördlichen Kehre hinauf. Ein letzter Blick zurück auf die wilde Waldlandschaft – und wir haben wieder die klaren, menschengemachten Linien des Kanals erreicht.

Nun machen wir uns mit dem Auto auf nach Diebolsheim. Das kleine Dorf beherbergt eine außergewöhnlich gute Gaststätte mit raffinierter Küche: das **Restaurant à la Couronne ④**. Ob ein Fischragout in Weißweinsauce, Flusskrebs-Ravioli oder Kalb in Estragon-Sauce – hier isst man exquisit und zu einem angemessenen Preis.

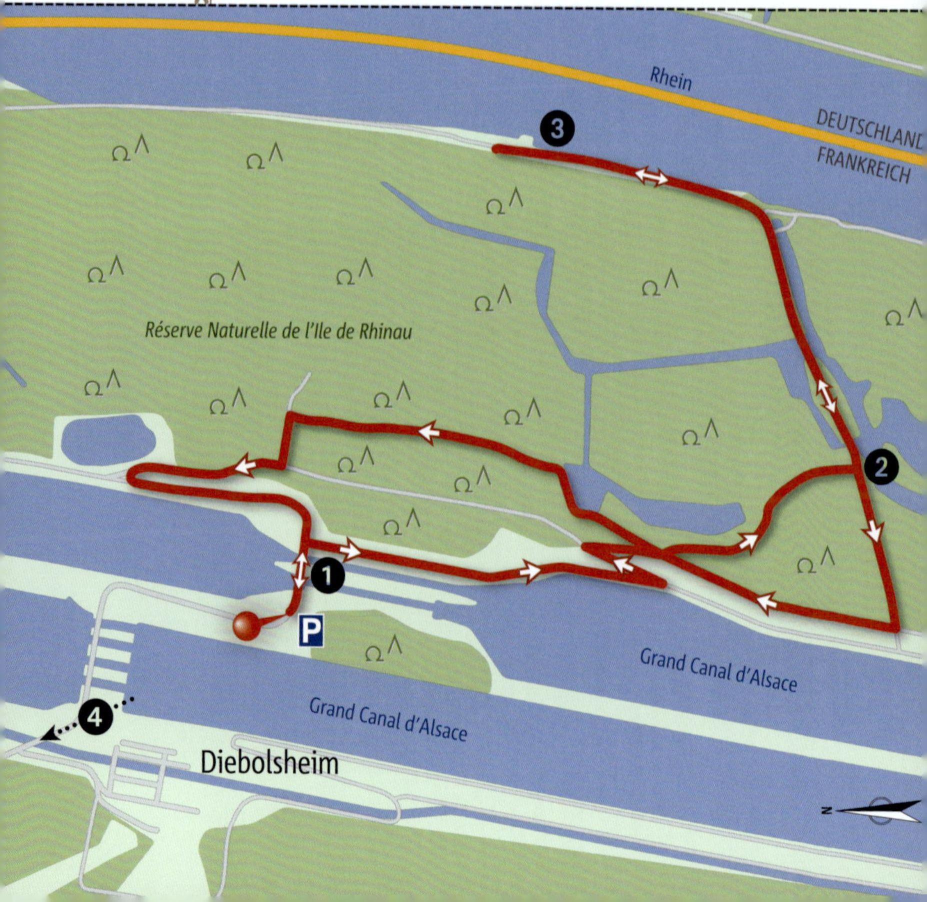

Alles auf einen Blick

WIE & WANN:
Leichte Wanderung auf gut begehbaren Wegen, bei Hochwasser wird die Insel für Spaziergänger gesperrt. Beste Wanderzeit von Mai bis Oktober. Tipp: Im Winter lassen sich besonders viele Vogelarten beobachten.

HIN & WEG:
Auto: Parkplatz an der Schleuse, 67860 Rhinau, Frankreich (GPS: 48.281732, 7.678009)
ÖPNV: Buslinie 270 von Ehrstein-Striegel bis Diebolsheim Mairie, dann zu Fuß zur Schleuse

ESSEN & ENTSPANNEN:
Restaurant à la Couronne ❹ 4 Rue Jean de Beaumont, 67230 Diebolsheim,
Tel. +33 (3) 88 74 81 07, restaurant-a-la-couronne.business.site

ENTDECKEN & ERLEBEN:
Écluse de Rhinau/Schleuse von Rhinau ❶ 67860 Rhinau
Schaftheu-Rhein ❷
Altrhein ❸

Entspannung ✱✱✱✱✱
Genuss ✱✱✱✱✱
Romantik ✱✱✱✱

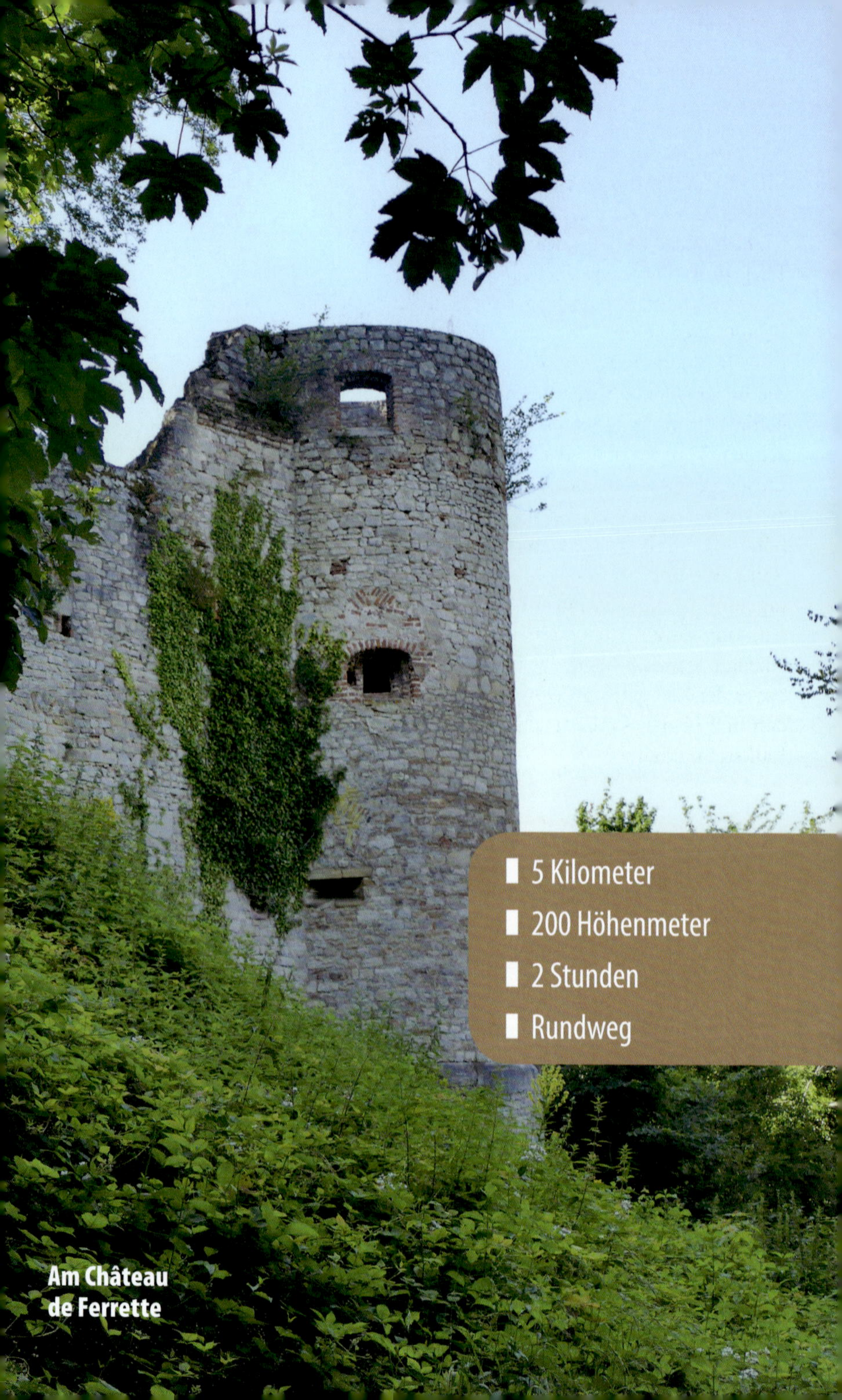

- 5 Kilometer
- 200 Höhenmeter
- 2 Stunden
- Rundweg

Am Château de Ferrette

Wir beginnen unsere Tour im Zentrum von **Ferrette** (dt. Pfirt) direkt unterhalb der **Kirche Saint-Bernard de Menthon.** An der mächtigen Mauer finden wir den Wanderwegweiser, orientieren uns in Richtung der Burgruine (Ruines du Château) und steigen die **Rue du Château** hinauf. Rechts der Straße liegt der mittelalterliche Garten. Einen Abstecher dorthin bewahren wir uns für die Rückkehr in den Ort auf. Jetzt wollen wir die Burgruinen erobern. Schon nach 200 Metern biegen wir links ab: Einige Stufen führen auf einen wurzeligen Wanderpfad, der sich in Serpentinen den Burgberg hinaufwindet. Schon bald erkennen wir zwischen dem Bewuchs den weißen Kalkstein der Anhöhe – typisch für den elsässischen Jura, an dessen Rand wir uns befinden. Nach einer weiteren Kehre ragt eine mächtige Wand aus karstigem Fels neben uns auf, kurz darauf stehen wir unterhalb von einem der ehemals vier Ecktürme der Burg. Beinahe unversehrt hat er der Zeit getrotzt. Dunkelgrüner Efeu wächst an den hell in der Sonne leuchtenden Steinen aus Jura-Kalkstein hinauf.

*Der Ortsname **Pfirt** stammt wohl vom lateinischen „Piretum" für Birnengarten. Er entstand um das 7. Jahrhundert, als die Alemannen das Gebiet einnahmen. Die französische Form Ferrette ist vermutlich die Romanisierung des alemannischen Namens.*

Im Zwergenwald

Höhenrunde bei Ferrette

Wir wandern nach links, an der Mauer entlang bis zum nächsten, halb zerstörten Turm und steigen auf steilem Pfad ins denkmalgeschützte **Château de Ferrette** ❶ hinein. Wir haben die Vorburg erreicht. 1488 als Schutz für die Hauptburg erbaut, ist sie deutlich jünger als diese. Im Bergfried stehend erkennen wir, dass die

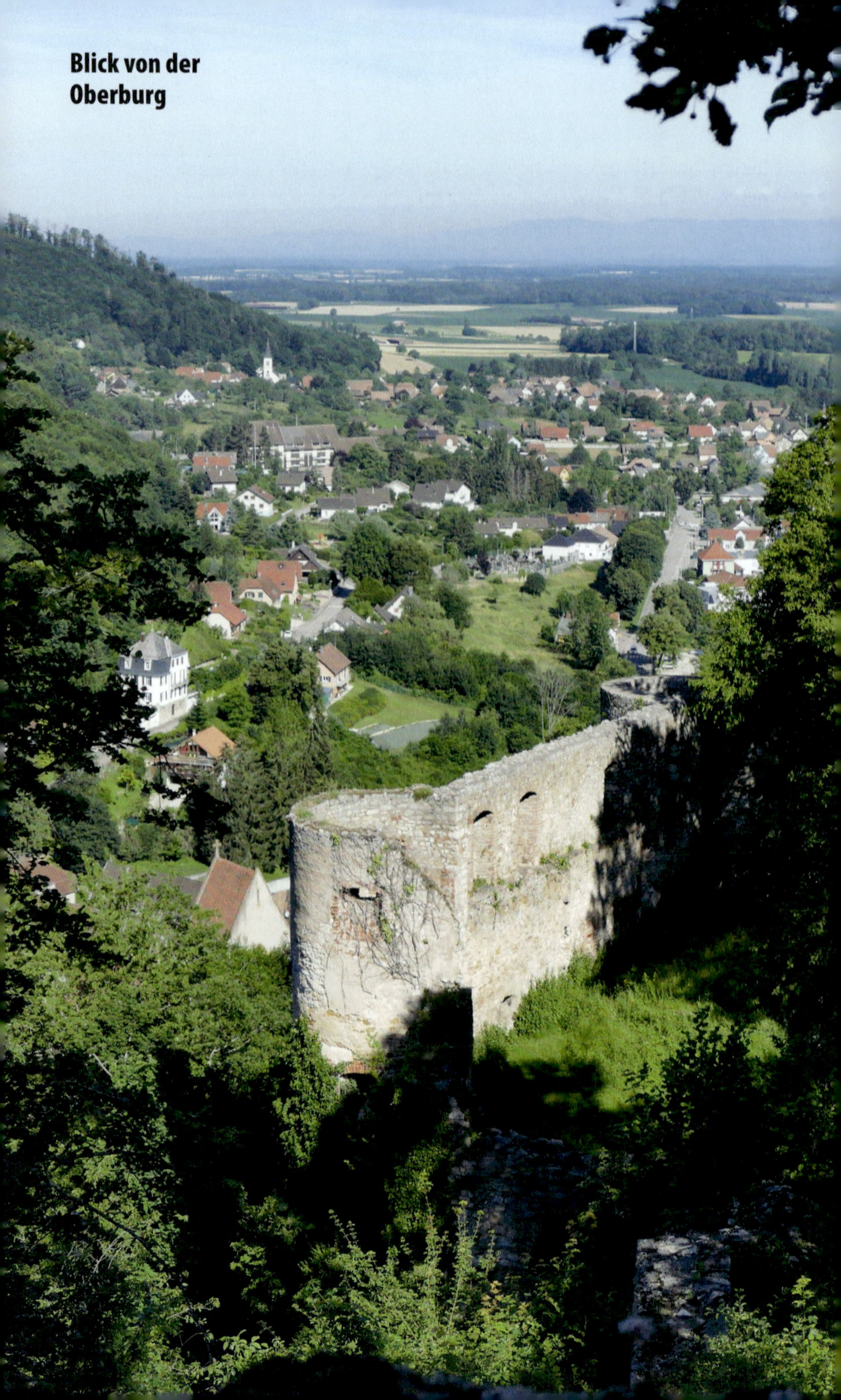

Blick von der Oberburg

Mauern in halbrunde Schalentürme übergehen. Ihr Vorteil: Bei einer Eroberung der Vorburg boten sie den Angreifern keinerlei Schutz, aus der Hauptburg konnte man die Feinde gut unter Beschuss nehmen.

Wir spähen über die Mauern hinunter in die Stadt, entdecken Dutzende verschiedener Blüten, die auf und zwischen den Mauerresten wachsen – und klettern schließlich zur Oberburg hinauf. Mauerreste aus dem 12. Jahrhundert verweisen auf die lange Geschichte der Burg. Das Château de Ferrette – zum ersten Mal im Jahr 1100 erwähnt – zählt zu den ältesten Burgen des Elsass. Es war eines der ersten Besitztümer der Grafen von Pfirt, die ab dem 11. Jahrhundert über das südliche Oberelsass herrschten – sieben Generationen lang. Mit dem Tod des letzten männlichen Nachkommen der Familie fiel die Grafschaft an das Herzogtum Österreich, als im Jahr 1324 Johanna von Pfirt den Habsburger Albrecht II. heiratete.

Übrigens trägt heute Fürst Albert II. von Monaco den Titel des ***Grafen von Ferrette****. Im Dreißigjährigen Krieg war die Grafschaft Pfirt an den Kardinal Mazarin übergegangen. Durch Heirat ging sie später an das Haus Grimaldi aus Monaco.*

Es ist deutlich zu erkennen, dass der mehrgeschossige Wohnturm im unteren Bereich direkt in den Felsen gehauen wurde, noch immer sind die Aussparungen zu erkennen, in denen einst die Querbalken lagen. Stufen führen uns hinauf auf die Aussichtsplattform, die einen wunderschönen Panoramablick bis zu den Vogesen, zum Schwarzwald und an klaren Tagen über den Jura hinweg sogar zu den Schweizer Alpen bietet.

Für die Seele

Stolz thront die Burg über dem Ort Ferrette, romantische Pfade führen von hier über die Karstlandschaft des Jura zur legendenumrankten Erdwibalaschlucht.

Da uns die Sonne ganz schön zusetzt, steigen wir die Stufen hinunter und folgen der Beschilderung

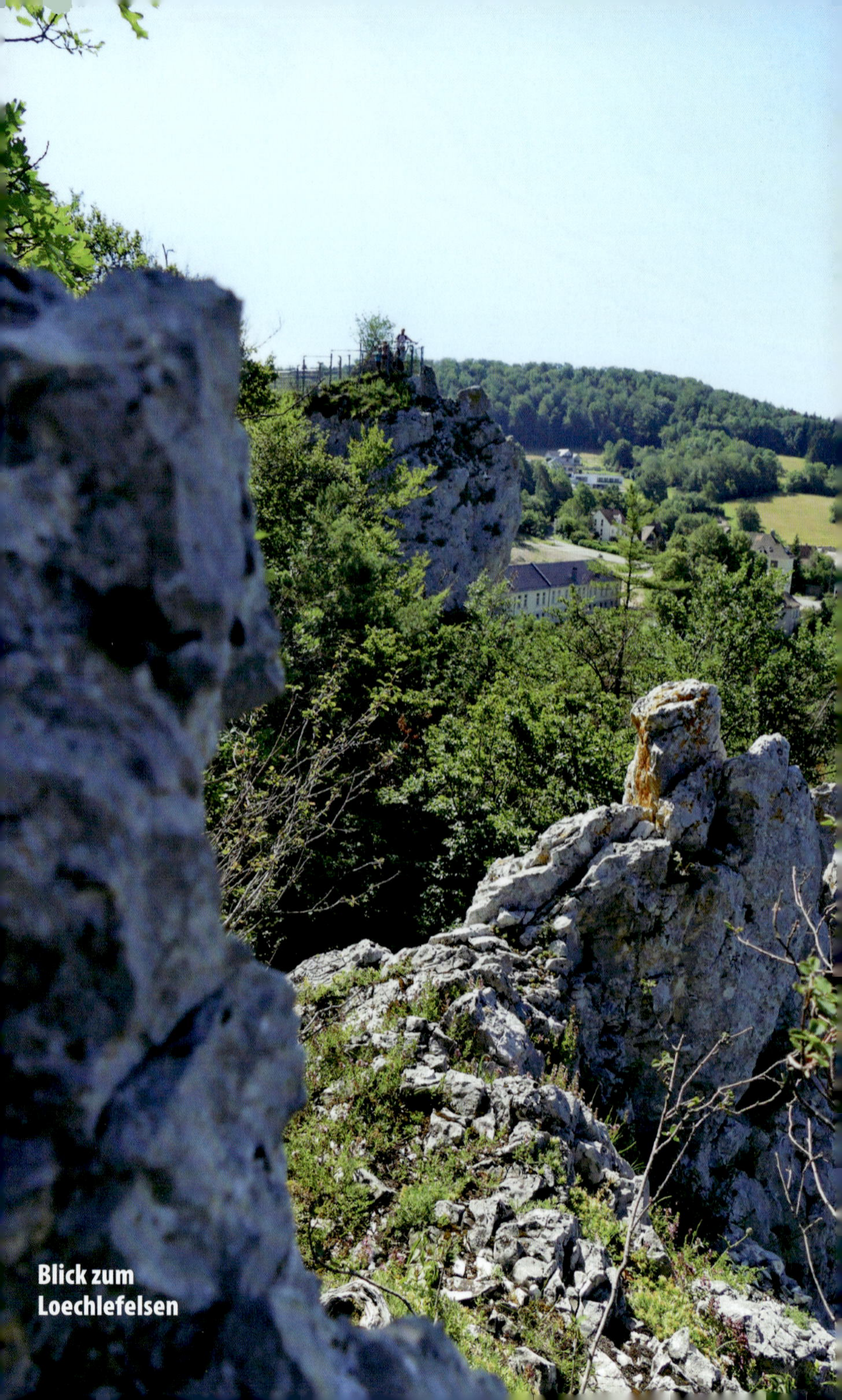

Blick zum
Loechlefelsen

nach rechts Richtung Grotte des Nains. Unterhalb des einstigen Brunnens führt ein schmaler Gang aus den Burgmauern hinaus und in den kühlen Wald hinein. Es geht zunächst an der nördlichen Flanke der Burg entlang, dann folgen wir der Wegmarkierung mit dem blauen Punkt nach rechts. Der Wald ist feucht und schattig, nur wenige Sonnenstrahlen erreichen den dicht bewachsenen Boden. Die Linden am Wegrand sind von einem dicken Mantel aus Moos umhüllt, die Stämme ausgehöhlt. Ein mystischer Wald. Kein Wunder, dass wir bald auf Zwerge – elsässisch: Erdmanala und -wibala – treffen sollen.

Zunächst trifft unser Pfad auf einen breiteren Weg, wir wählen die Richtung zum Loechlefelsen und biegen erneut in den Wald ein. Hier durchdringt Licht den lockeren Bewuchs, jetzt sind wir von Felsen umgeben und steigen zwischen ihnen bergauf. Schnell erreichen wir den Kamm und den ersten Aussichtspunkt hoch über dem Tal von Ferrette. Von Wind und Wetter rund geformt und immer wieder durchbrochen, ragen die Felsen hier aus dem Wald. Nur wenige Meter weiter haben wir den **Loechlefelsen** ❷ erreicht. Von einem Metallgeländer gesichert, können wir die weit aus dem Berg herausragende Klippe betreten. Unter uns breitet sich der Wald aus, darüber hinweg erkennen wir in der Ferne das sanft wellige Hügelland des Sundgaus.

Wir orientieren uns weiter am Wegzeichen mit dem blauen Punkt Richtung Grotte des Nains. Wieder tauchen wir in den Wald ein, klettern über Felsen und Wurzeln und erreichen kurz darauf einen weichen Waldweg. Er führt uns schnurstracks zum **Pla-**

*Das französische **Jura** ist eine der vielfältigsten Landschaften des Landes, unter anderem finden sich hier große Karstlandschaften: Grund dafür ist das Kalkgestein, das über Jahrhunderte von versickerndem saurem Regen bearbeitet wird. So entstehen Rinnen, Klüfte und Höhlen.*

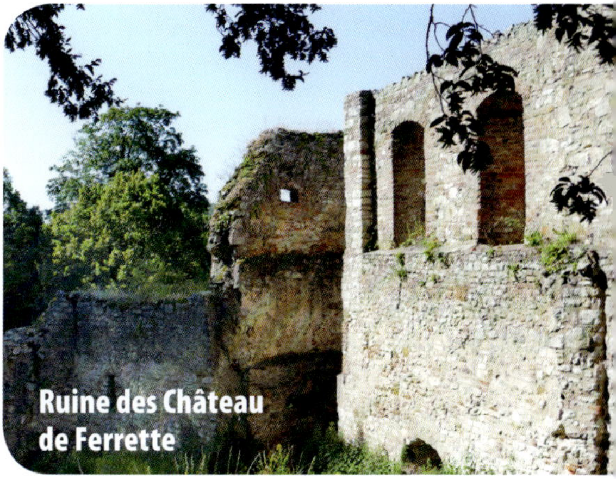
Ruine des Château de Ferrette

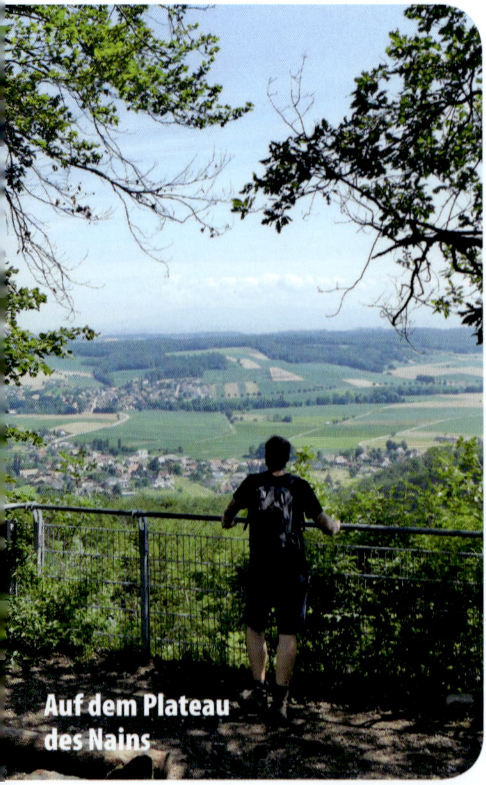
Auf dem Plateau des Nains

teau des Nains ❸. Der Aussichtspunkt lässt uns weit über das Tal der Ill blicken, unter uns liegen die Dörfer Bouxwiller und Werentzhouse, Bänke laden zu einer Pause an diesem einsamen Ruheort ein. **Erdwibalafelsen** wird das Plateau des Nains im Volksmund auch genannt. Aber was hat es mit den kleinen Gestalten auf sich? Eine Legende besagt, dass Erdweiblein und -männlein einst hier in einer Höhle lebten – und mit Freude den Menschen der Umgebung bei der Ernte und im Haushalt halfen. Die Leute waren sehr dankbar, eine Sache aber beschäftigte sie: Niemals sah man die Füße der Zwerge, immer umhüllte ein langer Mantel sie. Eines Morgens streuten einige junge Mädchen Sand vor die Höhle, versteckten sich und beobachteten, was geschah. Als die Erdwesen durch den Sand stapften, hinterließen sie doch tatsächlich Abdrücke von Ziegenhufen. Die Mädchen lachten laut auf. Die Zwerge aber zogen sich traurig in die Tiefe des Berges zurück – und wurden nie wieder gesehen.

Ob wir sie entdecken? Wir folgen jedenfalls dem Wegweiser zur Grotte nach links, ein schmaler Pfad führt uns bergab um den Felsen herum – und wir staunen: Das Besondere an diesem Ort ist nämlich nicht eine Höhle mit Gartenzwergen, die tatsächlich jemand hier aufgestellt hat. Das Besondere ist die Schönheit der **Erdwibalaschlucht** ❹. Senkrecht ragen die Wände aus leuchtend weißem Kalkstein auf, 25 Meter hoch und eine Felsspalte von nur wenigen Metern zwischen sich freilassend. Der Weg führt erst hinab in die Tiefe, dann auf breiten Stufen wieder hinauf. Natürlich werfen wir auch einen Blick in die **Grotte des Nains.** Vor allem aber beeindruckt uns die Klamm, die das Wasser über Millionen Jahre in den Stein geschliffen hat.

Wir steigen aus der Schlucht auf und wandern auf schattigem Weg zum **Wanderparkplatz Keucht.** Hier haben wir die Wahl: Entweder gehen wir hinunter in die Stadt, dann müssen wir dem Wegzeichen mit der roten Raute folgen. Oder wir wollen einen weiteren Höhepunkt in die Tour integrieren: den Rossberg mit seinem markanten Aussichtsturm und dem beeindruckenden 360-Grad-Panorama, dann folgen wir dem blauen Kreis nach Südwesten. So hat unsere Runde 8 Kilometer (insgesamt 3 Stunden) – viele schöne Aussichtspunkte inklusive.

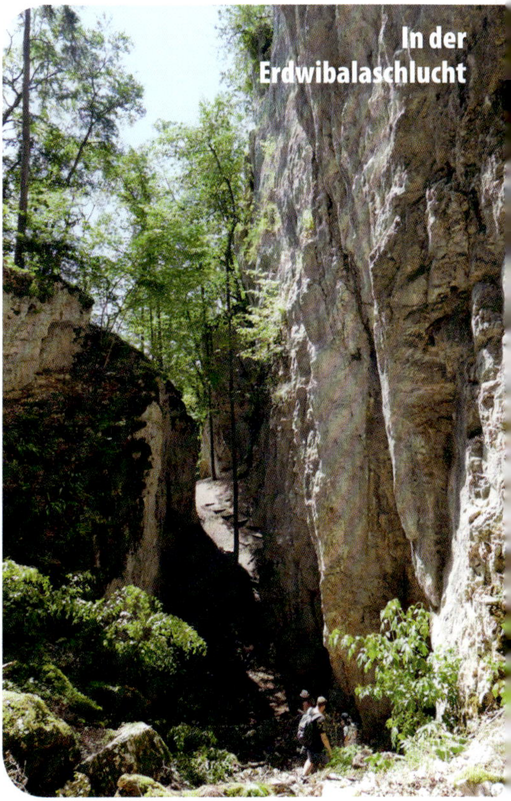
In der Erdwibalaschlucht

Wir entscheiden uns für die kurze Variante und gelangen mit der roten Raute ins Zentrum. Zurück zwischen den Fachwerkhäusern von Ferrette gönnen wir uns eine Verschnaufpause im hübschen **mittelalterlichen Garten** ❺ mit seinen bunten Blüten und besonderen Kräutern. Der Duft von Rosmarin, Thymian und Salbei macht uns hungrig. Es wird Zeit, einzukehren: Im **Restaurant Collin** ❻ an der Rue du Château sitzt man gemütlich auf der Terrasse, isst feine Flammkuchen, Salate oder Fleischgerichte. Oder man probiert die kulinarische Spezialität des Sundgaus: frittierten Karpfen. Der Fisch wird in Grieß, Sesam oder Mohn gewendet — da hat jeder Küchenchef sein eigenes Rezept.

Ein kulinarischer Abstecher muss unbedingt noch sein: zur **Fromagerie Antony ❼**, der berühmten Käserei im nahen Vieux-Ferrette. Bernard Antony gilt unter Feinschmeckern als einer der besten Spezialisten zur Verfeinerung von Käse und beliefert zahlreiche Sternerestaurants auf der ganzen Welt. Trotzdem steht seine Käserei noch immer in dem elsässischen Dörfchen Vieux-Ferrette. Und hier können wir im kleinen Laden all die wunderbaren Kreationen kaufen oder mit Voranmeldung bei einer Verkostung probieren: Comté, Tomme, Munster oder Reblochon, Käse aus Kuh-, Schaf- oder Ziegenmilch. Elsässischer Genuss pur!

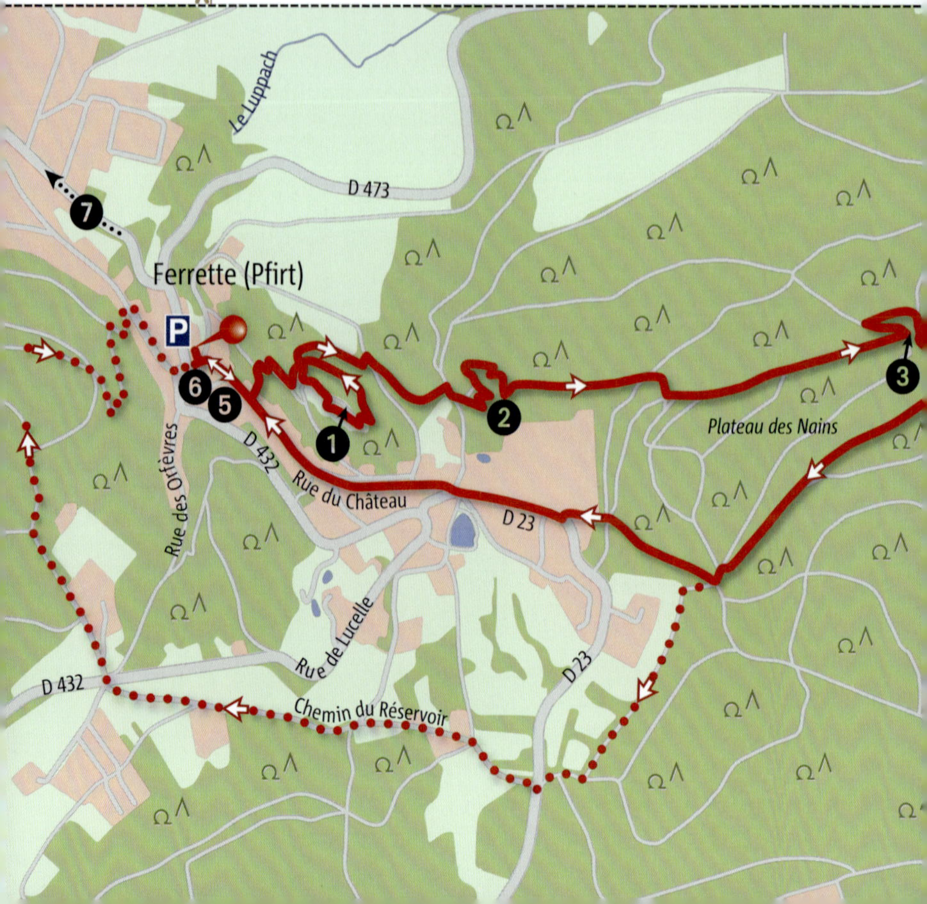

Alles auf einen Blick

WIE & WANN:
Mittelschwere Wanderung auf gut begehbaren Wegen. Beste Wanderzeit von April bis November.

HIN & WEG:
Auto: Parking du Général Charles de Gaulle, 1 Rue du Château, 68480 Ferrette, Frankreich (GPS: 47.494846, 7.314251)
ÖPNV: Buslinie 830 oder 851 von Mulhouse, Gare SNCF, bis Ferrette, Ausstieg an der Haltestelle Pompiers

ESSEN & ENTSPANNEN:
Restaurant Collin ❻ 4 Rue du Château, 68480 Ferrette, Tel. +33 (3) 89 40 40 72, www.hotelcollin.fr
Fromagerie Antony ❼ 5 Rue de la Montagne, 68480 Vieux-Ferrette, Tel. +33 (3) 89 40 42 22, www.fromagerieantony.fr

ENTDECKEN & ERLEBEN:
Château de Ferrette/Burgruine Hohenpfirt ❶
Loechlefelsen ❷
Plateau des Nains ❸

Entspannung ★★★★☆
Genuss ★★★★★
Romantik ★★★★☆

Grotte des Nains/Erdwibalaschlucht ❹
Jardin Médiéval/Mittelalterlicher Garten ❺

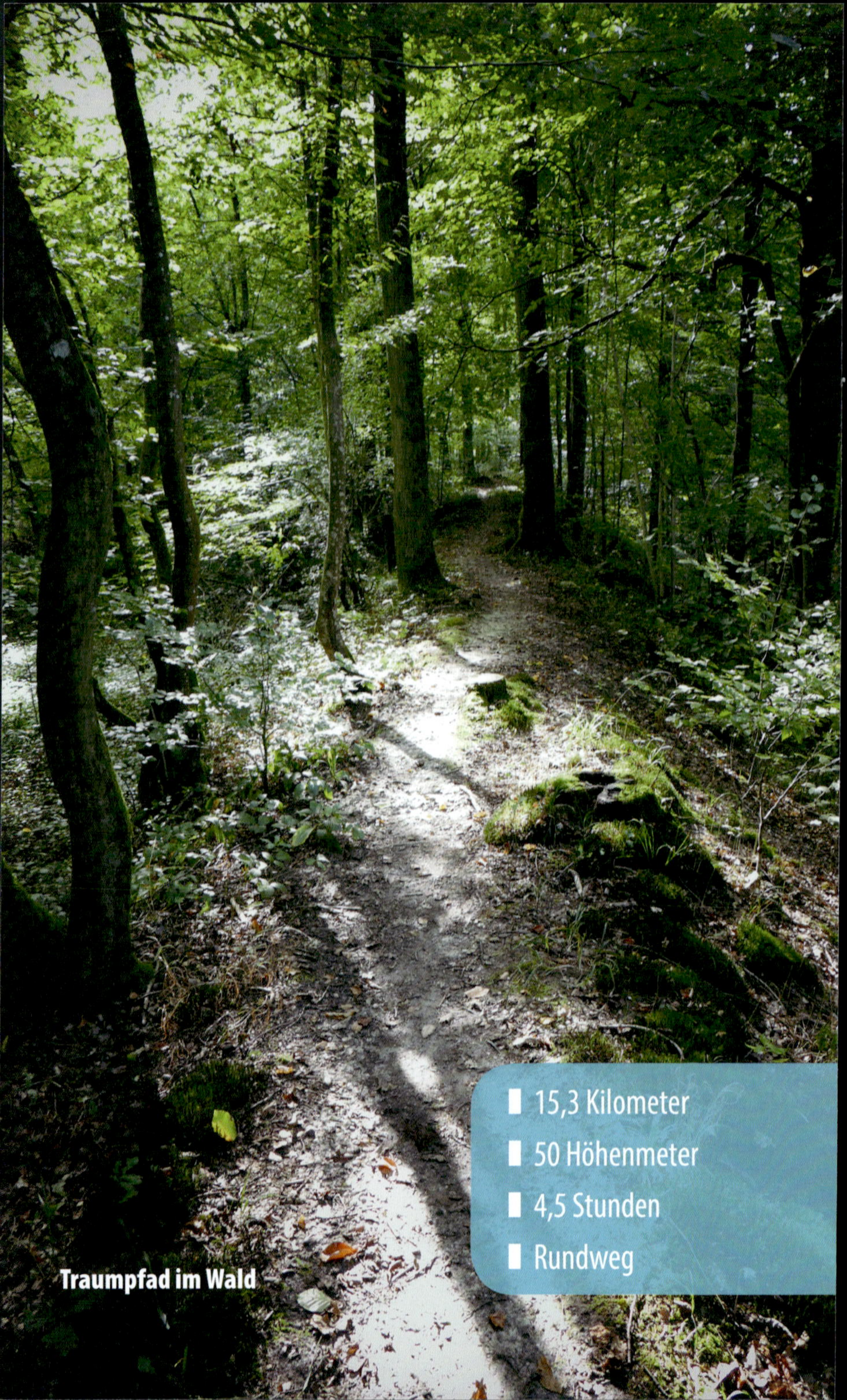

Traumpfad im Wald

- 15,3 Kilometer
- 50 Höhenmeter
- 4,5 Stunden
- Rundweg

Einst diente die Lauter-Linie (frz. Ligne de la Lauter) der Grenzverteidigung. Heute ist sie ein grünes Paradies, in dem sich eine Vielzahl von Tieren und Pflanzen wohlfühlt. Um dieses Eldorado zu entdecken, machen wir uns in **Scheibenhard** auf den Weg. Der Ort liegt direkt an der Grenze; von der deutschen Nachbargemeinde ist er nur durch den Fluss getrennt.

Wir starten in der **Rue de la Sixième Compagnie** Richtung Westen und folgen dem **Sentier des Lignes de la Lauter** mit dem roten Balken als Wegmarkierung. Er führt uns zunächst an die Autostraße Richtung Wissembourg (Route de Wissembourg). Nun müssen wir wenige Meter am Straßenrand entlanggehen, vor dem Sportplatz aber biegen wir schon rechts ein und folgen seiner Begrenzung bis an die gegenüberliegende Ecke. Dort weist uns der rote Balken auf einen schmalen Pfad durchs grüne Dickicht.

Die hellen Blätter der jungen Buchen tauchen den Wald in ein freundliches Grün. Unser Pfad verläuft etwas erhöht inmitten der Bäume: Wir haben die **Ligne de la Lauter** (1) erreicht. Die Grenzbefestigung bestand einst aus einem 2 Meter hohen und bis zu 3 Meter breiten Erdwall, der vom Rhein bis zu den Vogesen reichte. Im Zickzack folgte sie dem Ufer der Lauter. Angelegt in den Jahren 1706/07 diente die Verteidigungslinie dazu, das Elsass zu schützen. Der französische König Ludwig XIV. hatte in der zweiten Hälfte des 17. Jahrhunderts damit begonnen, sein Reich zu vergrößern, um seine Macht innerhalb Europas zu festigen, und in

Scheibenhard und Scheibenhardt bildeten einst eine Gemeinde – bis im Jahr 1815 die Lauter als Grenze zwischen Frankreich und Deutschland festgelegt wurde. Heute feiern die Einwohner jeden Sommer gemeinsam das deutsch-französische ***Brückenfest.***

Im grünen Paradies

Von Scheibenhard durchs Lautertal

diesem Zusammenhang bis 1681 auch das gesamte Elsass eingenommen. Seit dem späten 17. Jahrhundert bildete damit die Lauter die Grenze zwischen Frankreich und der Pfalz.

Unser Pfad nähert sich immer wieder dem Fluss und wir hören sein leises Plätschern zu uns heraufdringen. Bald erreichen wir die **Redoute du Lanzensee (Lanzensee-Schanze) ❷**. Heute nur noch an einem Deich zu erkennen, hatte sie einst das untere Lautertal beherrscht. Redouten oder Schanzen waren seit dem Dreißigjährigen Krieg gängige Verteidigungsanlagen. Sie bestanden aus viereckig angelegten Erdwällen, die von einem Wassergraben umgeben waren. 50 Schanzen lagen einst an der Lauter-Linie, dazu 28 Schleusen. Sie dienten dazu, das Flusswasser aufzustauen, das Tal zu fluten und damit für Angreifer aus dem Norden unpassierbar zu machen.

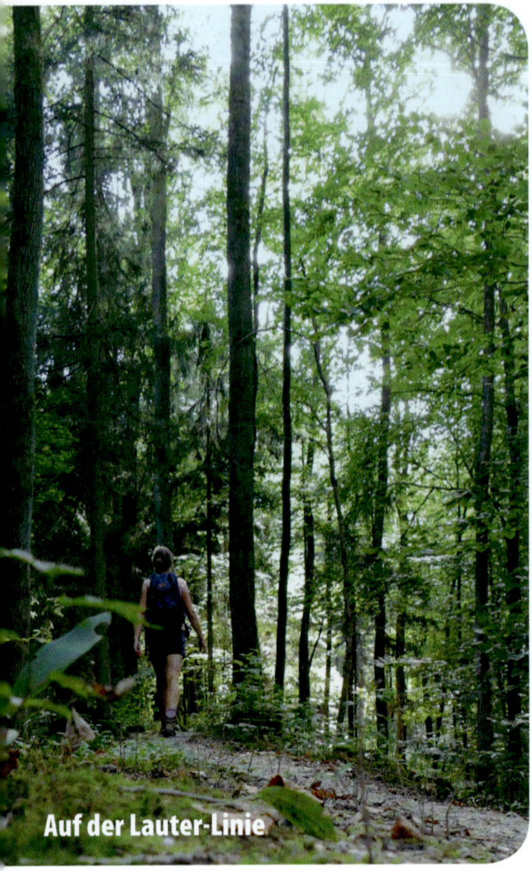

Auf der Lauter-Linie

An der Redoute du Lanzensee treffen wir auf einen breiten Stichweg zur Lauter, überqueren ihn und finden gegenüber wieder den schmalen Pfad mit der Wegmarkierung. Nun führen immer wieder hölzerne Stege über Wassergräben hinweg, der feuchte Wegrand ist von einem weichen Teppich aus Moos bedeckt. Die Sonne schickt vereinzelte Strahlen durch das Blätterdach, das Eichen und Buchen über uns schließen.

Die Lauter ist einer der wenigen Flüsse im Elsass, die ihrem natürlichen Lauf folgen dürfen: Sie bildet Schleifen, sucht sich immer wieder neue Wege durch die Niederungen des Waldes. Und diese Landschaft im Wandel nutzt auch den zahlreichen Bewohnern des Tales: Fische und Amphibien, Insekten und Vögel finden viele Verstecke und reichlich Nahrung.

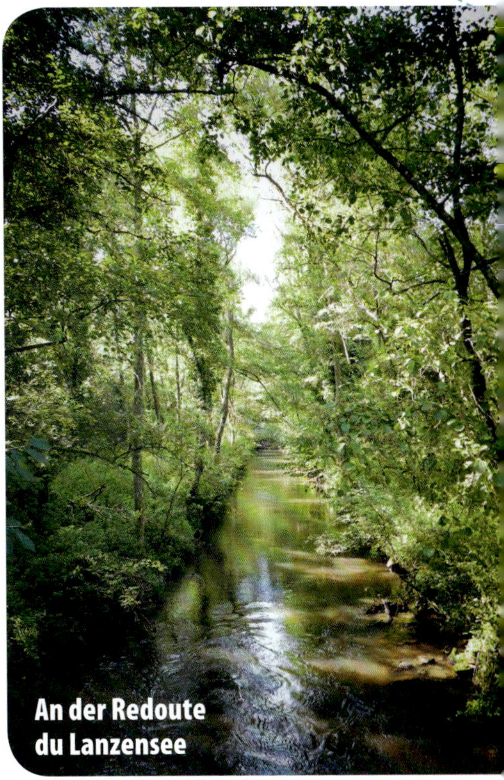
An der Redoute du Lanzensee

Wo sich der Weg teilt, folgen wir links dem **Sentier de découverte de la Lauter,** der mit einem blauen Kreis markiert ist. Wir befinden uns mitten in einem Natura-2000-Schutzgebiet. Ziel des europäischen Projektes ist es, natürliche Lebensräume zu erhalten und die biologische Vielfalt zu schützen. Informationstafeln am Wegrand klären uns über die hier heimischen Tiere auf. Einer der ungewöhnlichsten Bewohner ist sicherlich das Bachneunauge: Der aalähnliche Fisch verbringt die meiste Zeit seines Lebens als Larve. Den Körper im Flussschlick vergraben, reckt er nur das Maul heraus, um Schwebeteilchen aus dem strömenden Wasser zu filtrieren. Im geschwungenen Lauf der Lauter

Für die Seele

Am geschwungenen Lauf der Lauter erleben wir einen stillen Wald, der Rückzugsgebiet vieler Tierarten und Kraftort für den Menschen ist.

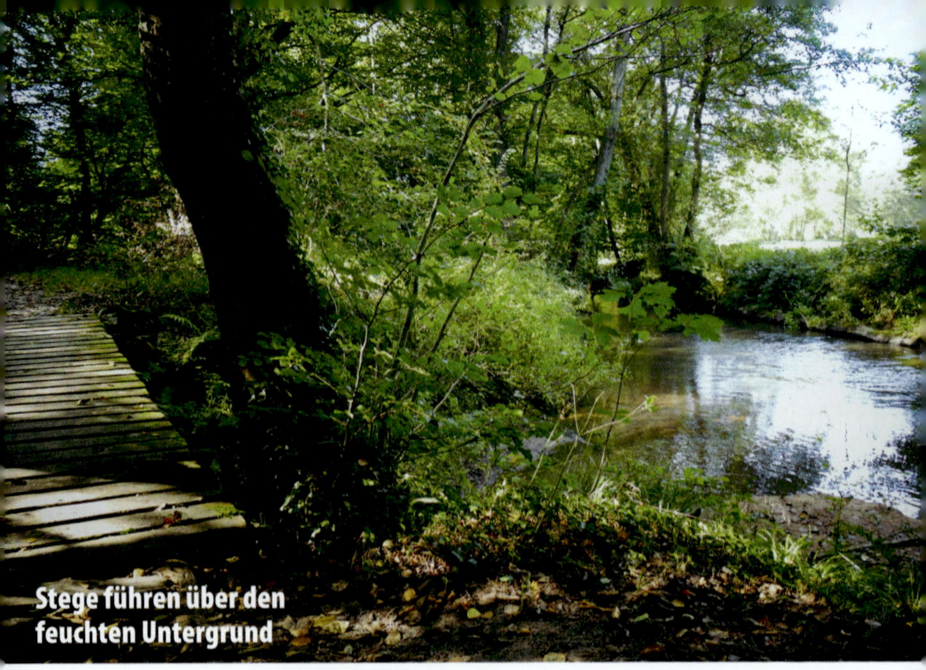

Stege führen über den feuchten Untergrund

mit zahlreichen Sand- und Kiesbänken sowie sehr guter Wasserqualität findet das Bachneunauge perfekte Lebensbedingungen.

Auch der Pflanzenreichtum ist groß: Wir wandern zwischen Eichen und Buchen, Eschen und Erlen hindurch. Im Frühling erobern Buschwindröschen mit ihren weißen Blüten den Waldboden, im Sommer und Herbst dominieren Moose und Farne. Wir lauschen dem Klopfen eines Spechtes und entdecken einen dicken schwarzen Hirschkäfer auf dem Waldboden. Auch Dachse und sogar Wildkatzen sollen in diesem Wald heimisch sein: Tafeln eines Tierlehrpfades erklären kindgerecht, wer wo sein Zuhause hat.

Wir erreichen die **Salmbacher Passage** ❸, wo eine Brücke über die Lauter führt und Tische und Bänke zu einer Ruhepause einladen. Bald aber ziehen wir weiter auf unserem geschwungenen Pfad durch den Wald. Irgendwann erreichen wir eine lichtere Stelle – und unser stiller Weg endet an der Straße. Wir folgen ihr wenige Meter, biegen dann auf einen Kiesweg nach rechts ein und erreichen die **Bienwaldmühle,** die jenseits des Flusses auf deutscher Seite liegt. Schon im 12. Jahrhundert stand an dieser Stelle eine Mühle. Und noch heute wird mithilfe von Wasserkraft Mehl gemahlen, allerdings nicht für Privatleute, sondern nur für Großkunden.

Wir wandern am schönen Mühlhaus nach Norden und erreichen über einen geteerten Weg den **Waldgasthof Bienwaldmühle** ❹. Hier können wir auf der großen Gartenterrasse unter Schatten spendenden Kastanien Platz nehmen und die feine pfälzische Küche von Philipp Roth genießen: Rehbraten mit Kartoffelknödeln oder Zander an Rieslingsauce – es ist für jeden Geschmack etwas dabei. Auch die Nähe zum Elsass macht sich auf der Karte bemerkbar: von den Schnecken nach elsässischer Art als Vorspeise bis zum Nougat-Parfait zum Dessert.

Nach einem Kaffee machen wir uns wieder auf den Weg zurück nach Scheibenhard – diesmal auf deutscher Seite. Wir folgen ein paar Meter der Straße nach Norden und treffen dort auf einen Wanderwegweiser. Er weist das deutsche Scheibenhardt in knapp 7 Kilo-

!

*Der Rückweg durch den **Bienwald** mit seinen breiten Wegen ist nicht ganz so idyllisch wie der Pfad am Lauterufer. Wer den Zauber der Waldauen also noch einmal erleben möchte, geht einfach auf französischer Seite wieder zurück.*

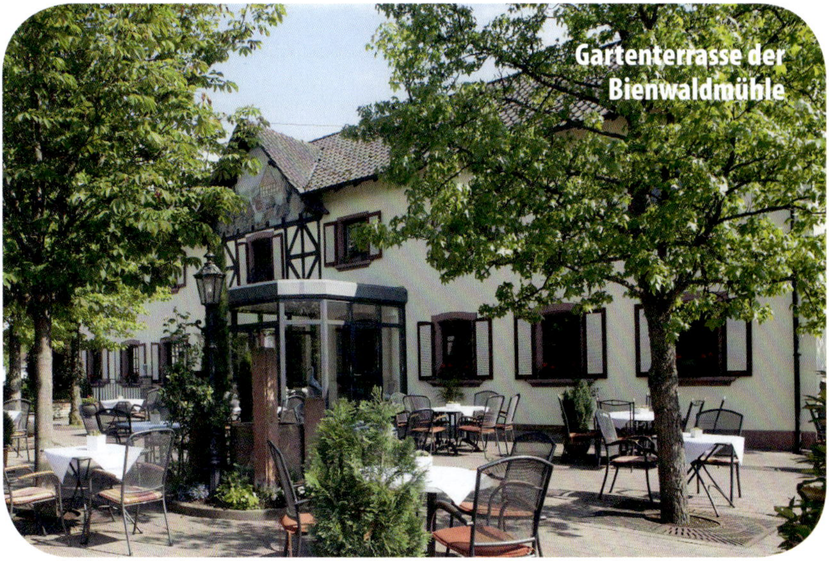

Gartenterrasse der Bienwaldmühle

metern aus. Wir folgen dem Wegzeichen mit dem schwarzen Punkt auf weißem Balken und wandern zunächst auf schmalem Pfad, später auf ausgebauten Forstwegen durch den **Bienwald** 5 zurück zum Ausgangspunkt der Tour. Dieses größte zusammenhängende Waldgebiet der oberrheinischen Tiefebene ist eines der letzten Rückzugsgebiete der europäischen Wildkatze, schätzungsweise 45 bis 60 der scheuen Tiere sind hier zu Hause. Über den Klotzweg und die Schlangenseeallee erreichen wir nach insgesamt gut 15 Kilometern den deutschen Ort Scheibenhardt. Max- und Hauptstraße führen uns zur Lauter. Wir überqueren die Brücke und sind zurück am französischen Ausgangspunkt unserer Tour.

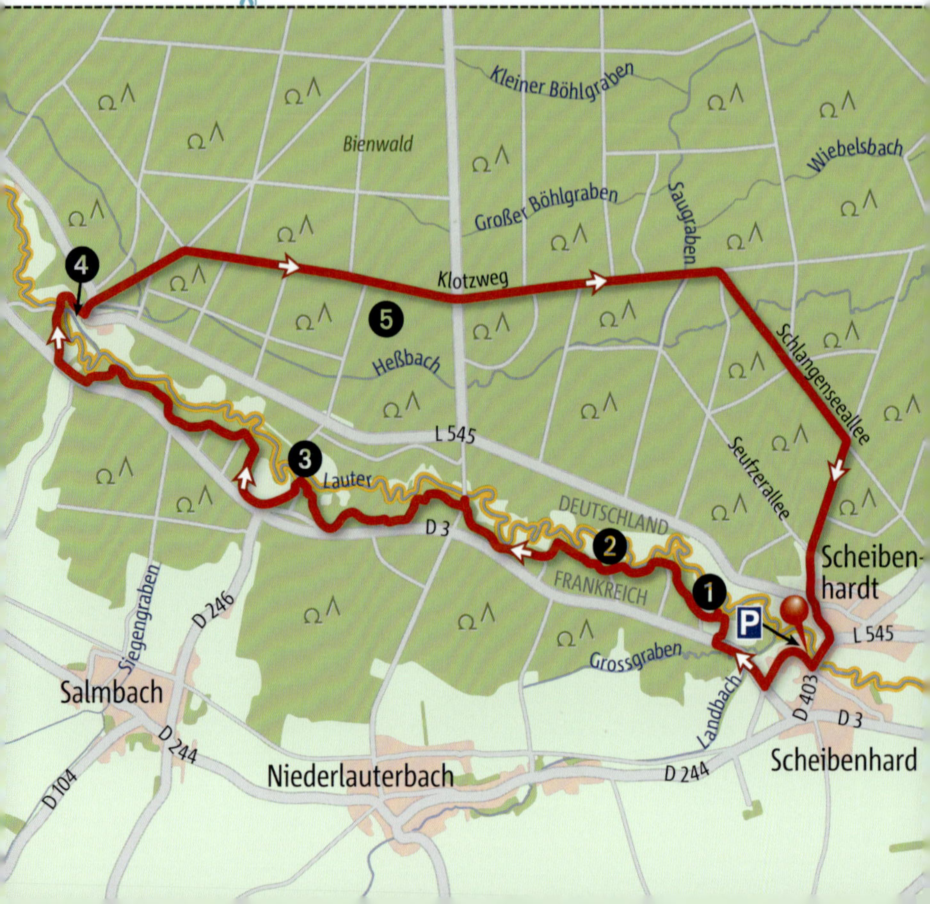

WIE & WANN:
Leichte Wanderung auf schmalen Pfaden am Bach. Beste Wanderzeit von Mai bis Oktober, unbedingt Mückenschutz einpacken.

HIN & WEG:
Auto: Parkplatz an der Rue de la Sixième Compagnie, 67630 Scheibenhard, Frankreich (GPS: 48.979810, 8.136091)
ÖPNV: Buslinie 549 von Berg (Pfalz) bis Scheibenhardt, Rathaus (auf der deutschen Seite)

ESSEN & ENTSPANNEN:
Waldgasthof Bienwaldmühle ❹ Bienwaldmühle 3, 76779 Scheibenhardt, Deutschland, Tel. (0 63 40) 2 76, www.bienwaldmuehle.de

ENTDECKEN & ERLEBEN:
Ligne de la Lauter/Lauter-Linie ❶
Redoute du Lanzensee/Lanzensee-Schanze ❷
Salmbacher Passage ❸
Bienwald ❺

Entspannung ✱✱✱✱✱
Genuss ✱✱✱
Romantik ✱✱✱✱✱

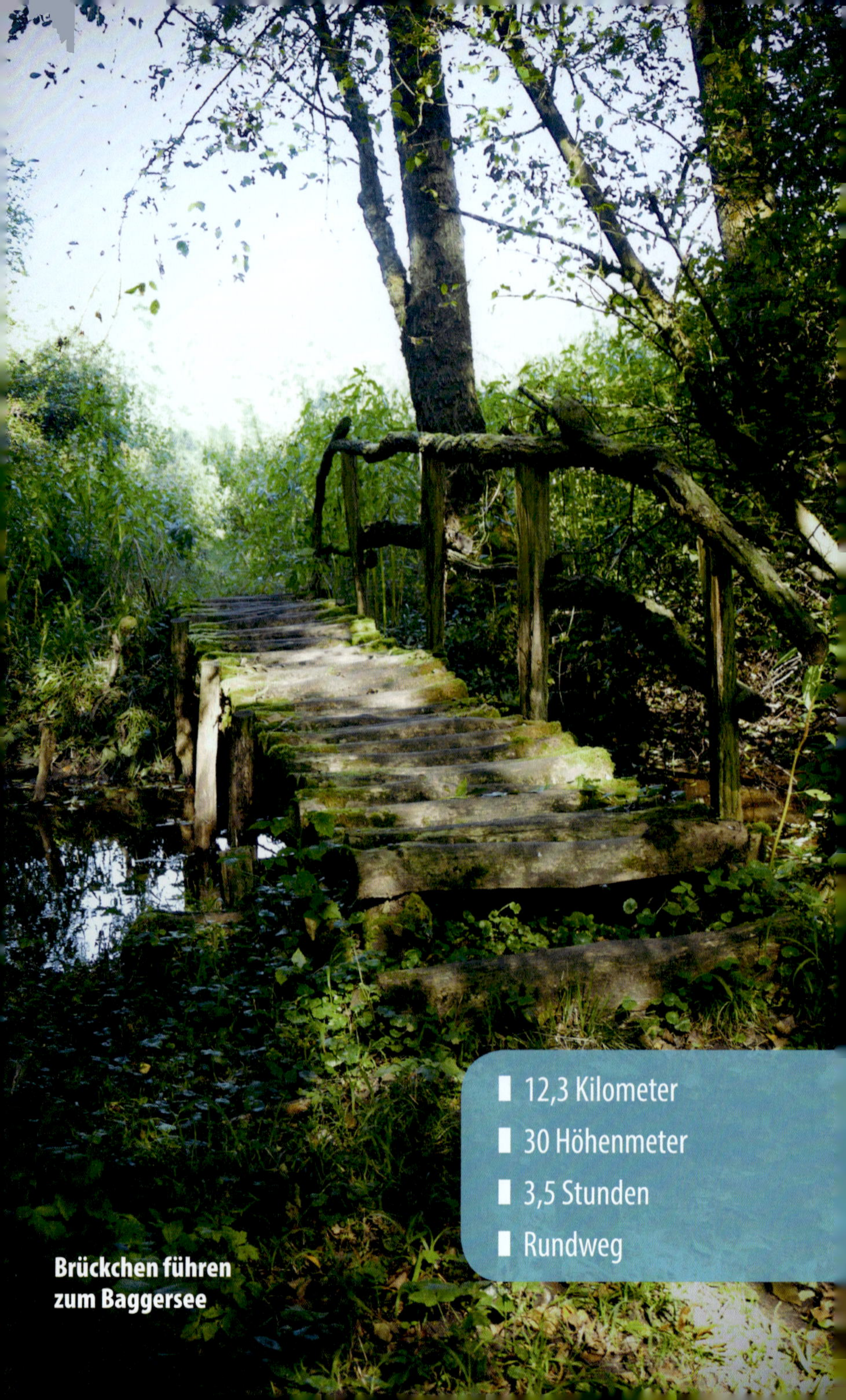

Brückchen führen zum Baggersee

Wir beginnen unsere Wanderung am **Benfelder Baggersee,** einem idyllischen Gewässer außerhalb des Ortes mit kleinem Sandstrand und herrlich grünen Plätzen direkt am Ufer. Schon jetzt packt uns die Lust, ins Wasser zu springen, aber dieses Vergnügen bewahren wir uns für die Rückkehr auf. Zunächst überqueren wir den Parkplatz und gehen auf der Route mit dem blauen Ring in Richtung Sand. Wir folgen der Straße, überqueren die Ill und biegen vor dem Ortsschild rechts ein. Nun wandern wir am Lauf des Muhlbachs entlang. Zugegeben, dieser erste Wegabschnitt ist nicht gerade einladend. Aber: Nach dem Örtchen Sand wartet ein Traumpfad am Bach auf uns. Versprochen!

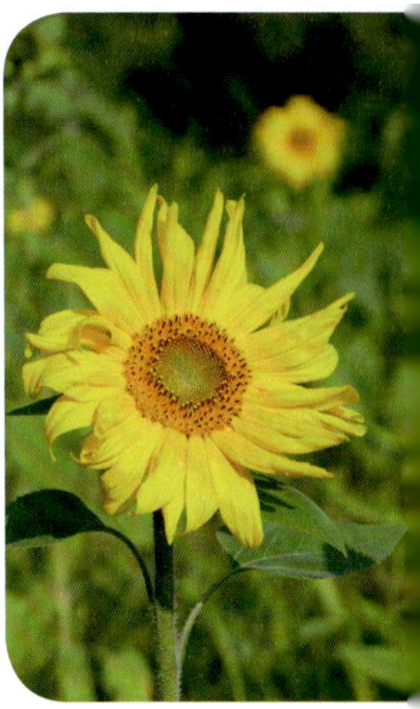

Wir beeilen uns, den Recyclinghof hinter uns zu lassen, erfreuen uns an einem Feld mit herrlichen Sonnenblumen und überqueren in **Sand** den Muhlbach. Die Bäume neigen sich tief über das Wasser. Langsam haben wir das Gefühl, dass es am Ufer der vielen Wasserläufe wirklich schön werden wird. Nun gehen wir auf der Rue du Général Leclerc und der Rue de Matzenheim nach Norden, wenden uns dann auf der **Rue du Panama** nach Osten. Wir verlassen den Ort, schlendern zwischen Maisfeldern einen herrlichen Wiesenpfad entlang. Die Strahlen der Morgensonne verfangen sich in den Grashalmen, Tautropfen glitzern, der Zauber der Natur fängt uns ein. Wir folgen dem Weg bis zu einem urigen Walnussbaum, biegen kurz links, dann gleich wieder rechts ein – und erreichen den Lauf der **Sonderau 1.** Eine schmale Brücke führt über den kleinen Kanal, die Bäume schließen sich über dem Wasser zu einem dichten grünen Dach, nur einzelne Sonnenstrahlen finden den Weg hindurch – ein wirklich bezaubernder Ort.

Jenseits der Sonderau geht es zwischen Feldern und Ill weiter. Der Weg verläuft auf einem niederen Damm, der Blick reicht über das Wasser. Wir erreichen die Ausläufer von **Heussern,** biegen aber vor Erreichen der ersten Häuser rechts ab und überqueren sowohl den Muhlbach als auch die Ill. Nun geht es am Ufer flussabwärts. Es ist die **Gansweid,** die wir streifen. Die alten Flurnamen verraten, welchen Zwecken die Wiesen und lichten Wälder am Fluss früher dienten: als Weideland für die Tiere. Später werden wir auf die Stiermatt und die Sauweid treffen.

Unser schmaler Weg taucht nun ins Gehölz ein, schlängelt sich zwischen hohen Gräsern und niederen Büschen hindurch bis tief in den feuchten Auenwald. Moos bemächtigt sich der am Boden liegenden Stämme, Vogelzwitschern durchdringt das Geäst und über uns wiegen sich die hellen Kronen der Silberweiden im

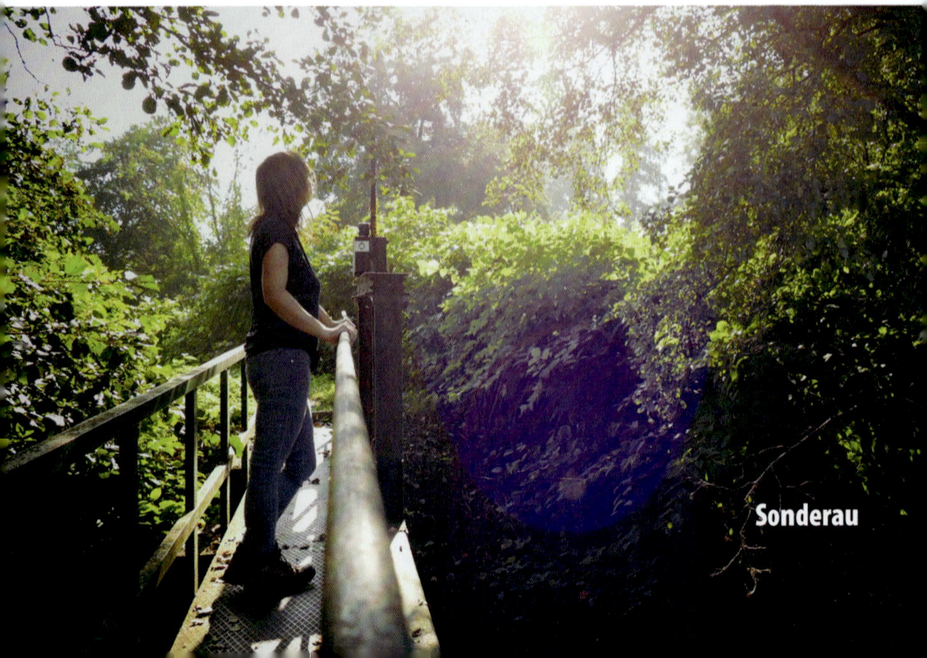
Sonderau

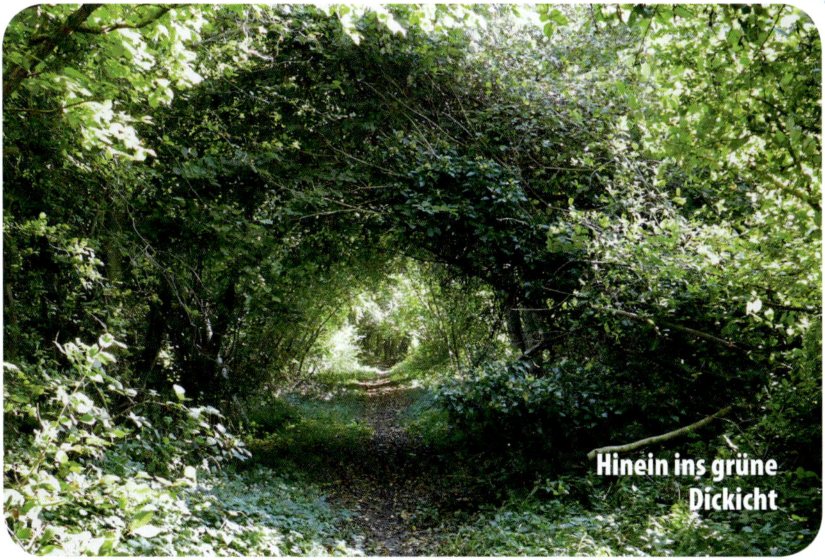

Hinein ins grüne Dickicht

Wind. Der Pfad entlässt uns erneut auf eine Wiese. Hier treffen wir bald auf den Wegpunkt **Château de Werde.** Ein ungewöhnlicher Name für diesen Ort am Wasser. Das Château – ein ehemaliges Herrenhaus – liegt am anderen Flussufer in einem Park und beherbergt Gästezimmer.

Wir wenden uns an dieser Stelle nach rechts Richtung Saint-Materne, überqueren die Wiese und finden bald einen Weg, der rechts erneut in den Wald hineinführt – die **Niedere Allmend.** An ihrem Ende wenden wir uns nach links und wandern zwischen

!

*Eine **Allmend** oder Allmende bezeichnete im Alemannischen nutzbares Land, das einem Dorf gehörte. Es durfte von allen Bewohnern, beispielsweise als Weide, genutzt werden.*

Für die Seele

An den Ufern der Wasserläufe und in den lichten Riedwäldern finden wir pure Erholung – und erfrischen uns schließlich im idyllischen Baggersee.

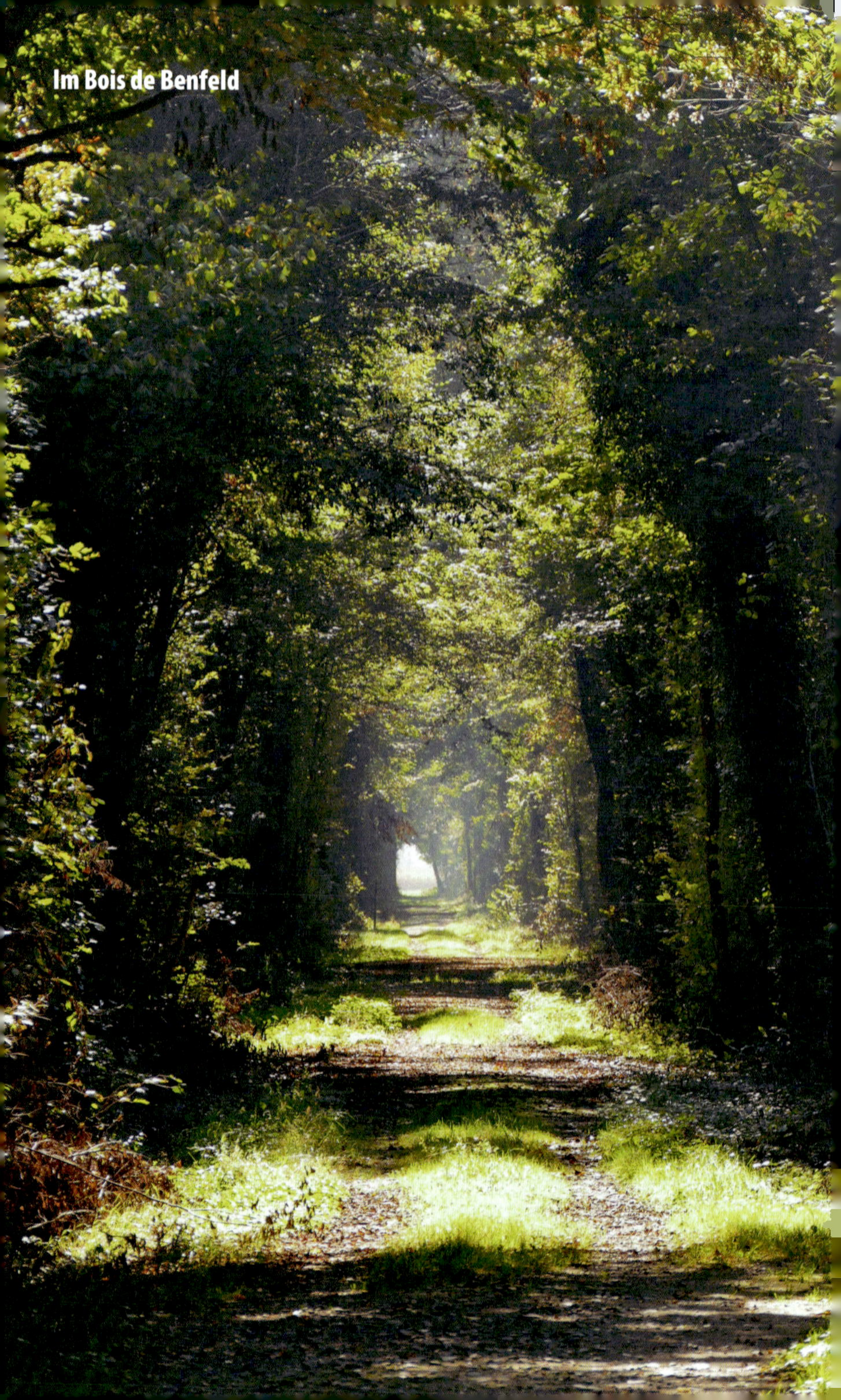

Im Bois de Benfeld

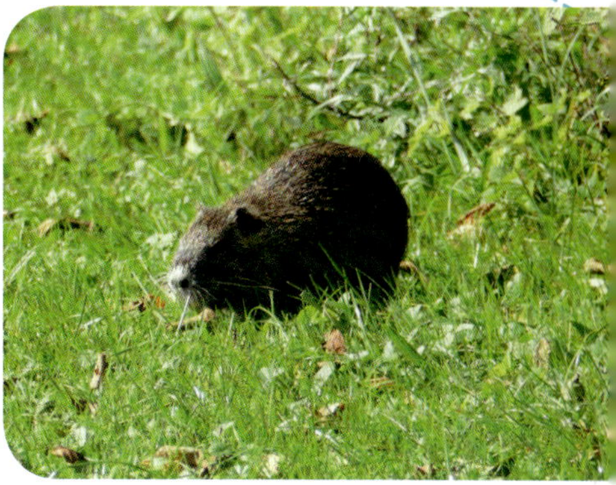

einem eingezäunten Fischteich und dem Wald ein kurzes Stück nach Osten. Bald weist uns die Wegmarkierung nach rechts, ein Weg ist nicht zu erkennen. Ein Schild fordert uns dazu auf, am Feldrand entlangzugehen („Randonneur, longez la lisière"). Wir halten uns links und beobachten die Graureiher, die auf der Wiese zu unserer Rechten auf der Suche nach einem Leckerbissen sind. Spuren im Gras leiten uns irgendwann ein wenig nach rechts, durch den buschigen Feldrain hindurch und auf einen Pfad am **Hanfgraben** entlang.

Wir überqueren die D124, wandern zwischen Feldern und Wasserlauf und entdecken bald in der Ferne die **Chapelle Saint-Materne ❷.** Die 1883 erbaute Kapelle steht an der gleichnamigen Quelle. Hier soll der heilige Maternus – Verkünder des Evangeliums im Elsass – die ersten Christen der Gegend getauft haben. Die Quelle ist ein idyllischer Ort unter hohen Bäumen, Picknicktische laden zu einer lauschigen Pause ein.

Von hier aus könnten wir rechts zurück zum Baggersee gelangen. Wir aber wollen unbedingt noch einen Abstecher in den Wald von Benfeld machen und gehen links in Richtung der Gros Chêne. Hinter der Kapelle finden wir einen Durchschlupf durchs Dickicht. Zunächst geht es erneut links an der Wiese entlang, dann führt der Weg in einen grünen Tunnel aus niederen Bäumen. Ein kleiner Pfad schlängelt sich durch den Wald, entlässt uns an der **Sauweid** wieder auf die Wiesen. Wir überqueren erneut vorsichtig eine Straße (D5) und erreichen am Schießstand den **Bois de Benfeld ❸.** Hier beginnt ein Parcour de Santé, ein Trimm-dich-Pfad, dem wir nach rechts folgen. Wir streifen durch einen wunderschönen Mischwald, in dem sich Eichen und Eschen, Erlen und Ahorn ab-

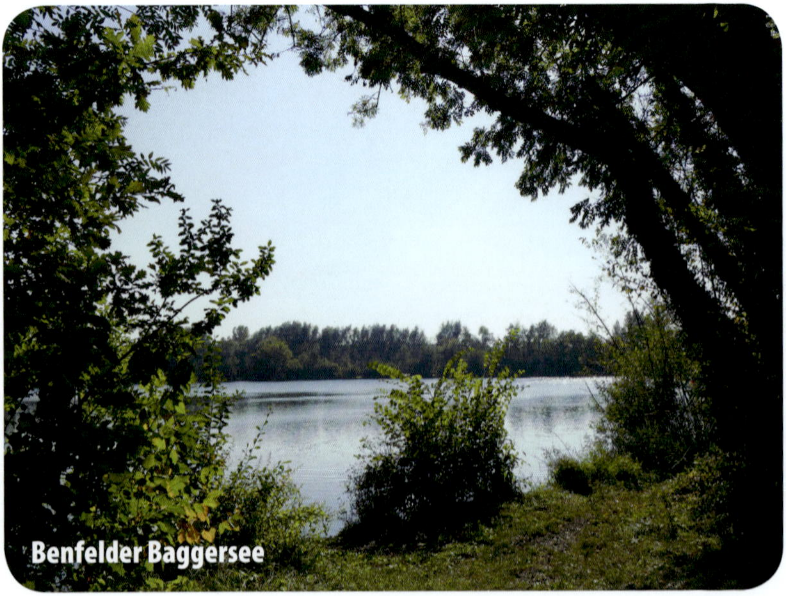

wechseln. Im Frühjahr ist der Waldboden mit einem dichten Teppich von Bärlauch bedeckt.

Wir gelangen auf einen Weg, der sich schnurgerade durch den Wald zieht: Die Bäume schließen sich wie ein Dach darüber, Sonnenstrahlen fallen durch die dicht stehenden Bäume, die Linie des Weges leitet den Blick in die Ferne – ein wunderbares Bild. Wir biegen rechts ab, finden kurz darauf wieder ein Schild, das uns links Richtung Baggersee leitet. Bald treten wir aus dem Wald heraus, Wiesen erstrecken sich zu beiden Seiten. Und wir entdecken in der Ferne eine Bewegung. Mehrere Tiere tummeln sich dort, kurze Beine, braunes Fell. Im Näherkommen erkennen wir Nutrias, die im Schutz der Bäume nach Nahrung suchen. Sobald wir uns nähern, verschwinden sie im Gehölz.

Unser Wiesenpfad führt erneut in den Wald, der Boden ist feucht. Eine urige Holzbrücke bringt uns über einen Wasserlauf hinweg. Wir treten auf die

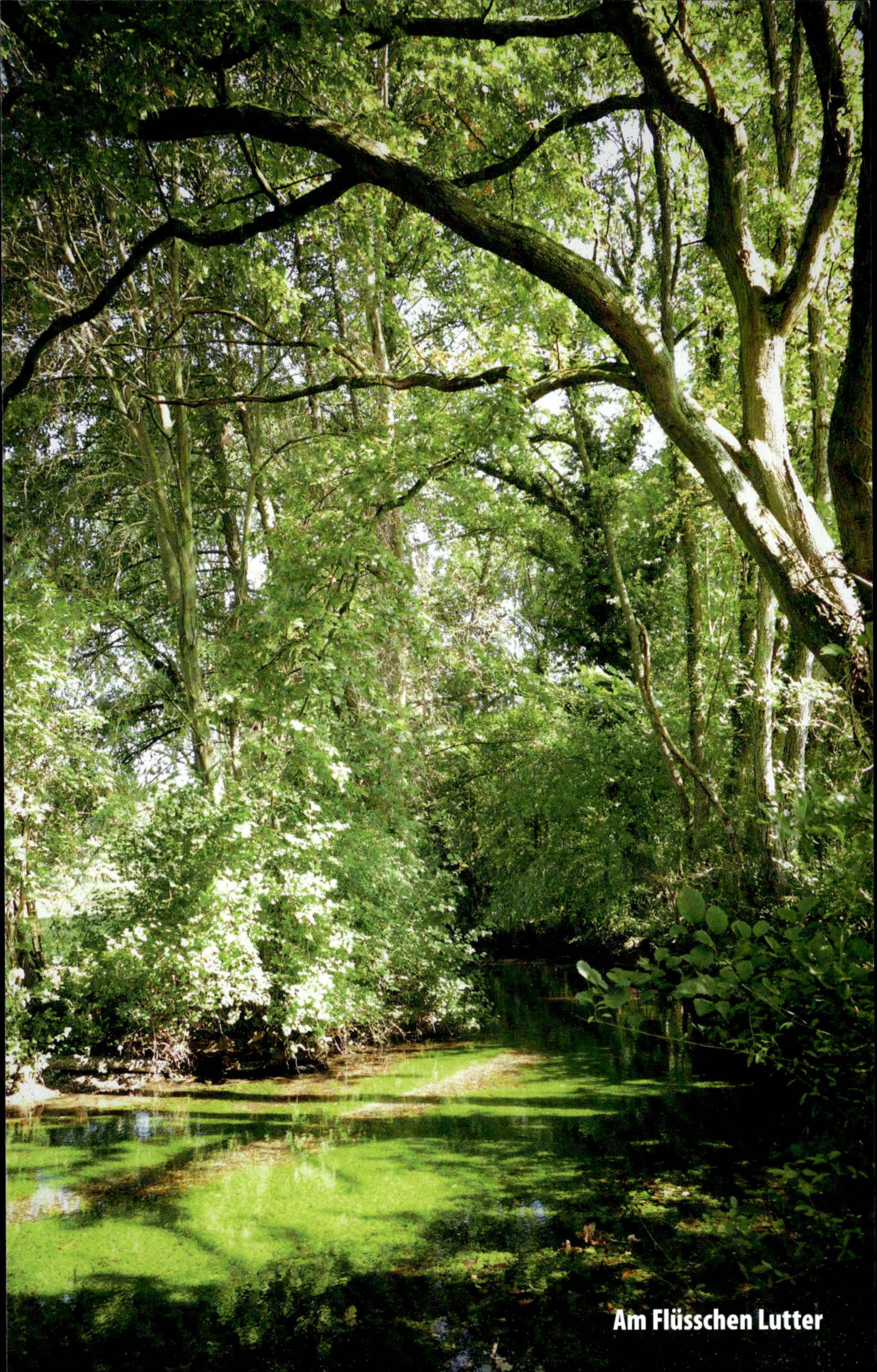

Am Flüsschen Lutter

Wiese hinaus, die sich an den Baggersee anschließt, und haben das **Plan d'eau de Benfeld** ④ erreicht. Linker Hand plätschert die Lutter, am Flusslauf entlang gelangen wir ans Ufer, das hier im Westen wilder und steiler ist als am Sandstrand auf der gegenüberliegenden Seite. Immer wieder berührt unser Pfad das Wasser und wir genießen einen stillen Blick über den See. Ein Schwan zieht vorüber. An einer Stelle hat jemand ein Seil in einen kräftigen Baum gehängt – dem Sprung ins kühle Nass steht also nichts im Wege. Wer nach dieser Abkühlung noch eine Stärkung sucht, findet nicht weit entfernt auf der Terrasse des **Restaurants au Zoll** ⑤ einen angenehmen Ort für ein leckeres Essen.

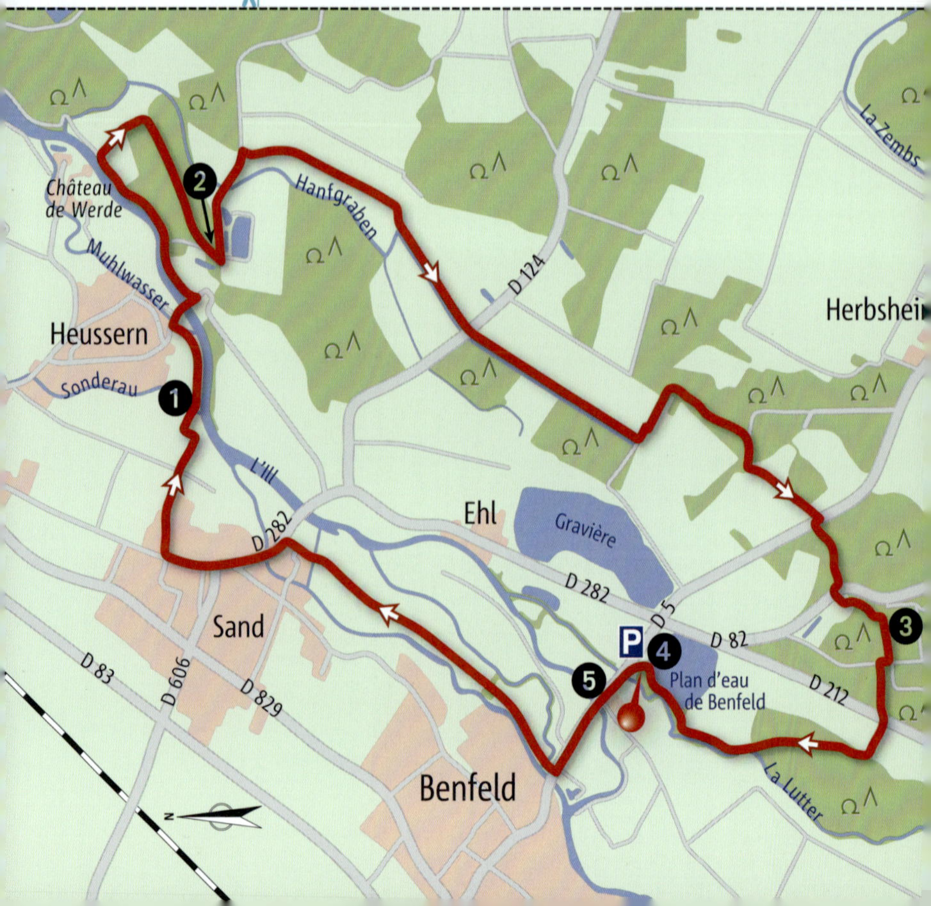

Alles auf einen Blick

WIE & WANN:
Leichte Wanderung auf gut begehbaren Wegen. Beste Wanderzeit von April bis Oktober.

HIN & WEG:
Auto: Parkplatz am Benfelder Baggersee, D5, 67230 Benfeld (GPS: 48.365843, 7.609079)
ÖPNV: Regionalzug von Sélestat bis Gare de Benfeld, von dort zu Fuß zum Baggersee (etwa 2,5 Kilometer)

ESSEN & ENTSPANNEN:
Restaurant au Zoll ❺ 1 Route du Rhin, 67230 Benfeld, Tel. +33 (3) 88 08 48 74, www.restaurantauzoll.com

ENTDECKEN & ERLEBEN:
Sonderau ❶
Kapelle und Quelle Saint-Materne ❷ D124 Niederallmend, 67230 Sand
Bois de Benfeld/Benfelder Wald ❸
Plan d'eau de Benfeld/Benfelder Baggersee ❹

Entspannung ✱✱✱✱✱
Genuss ✱✱✱
Romantik ✱✱✱✱

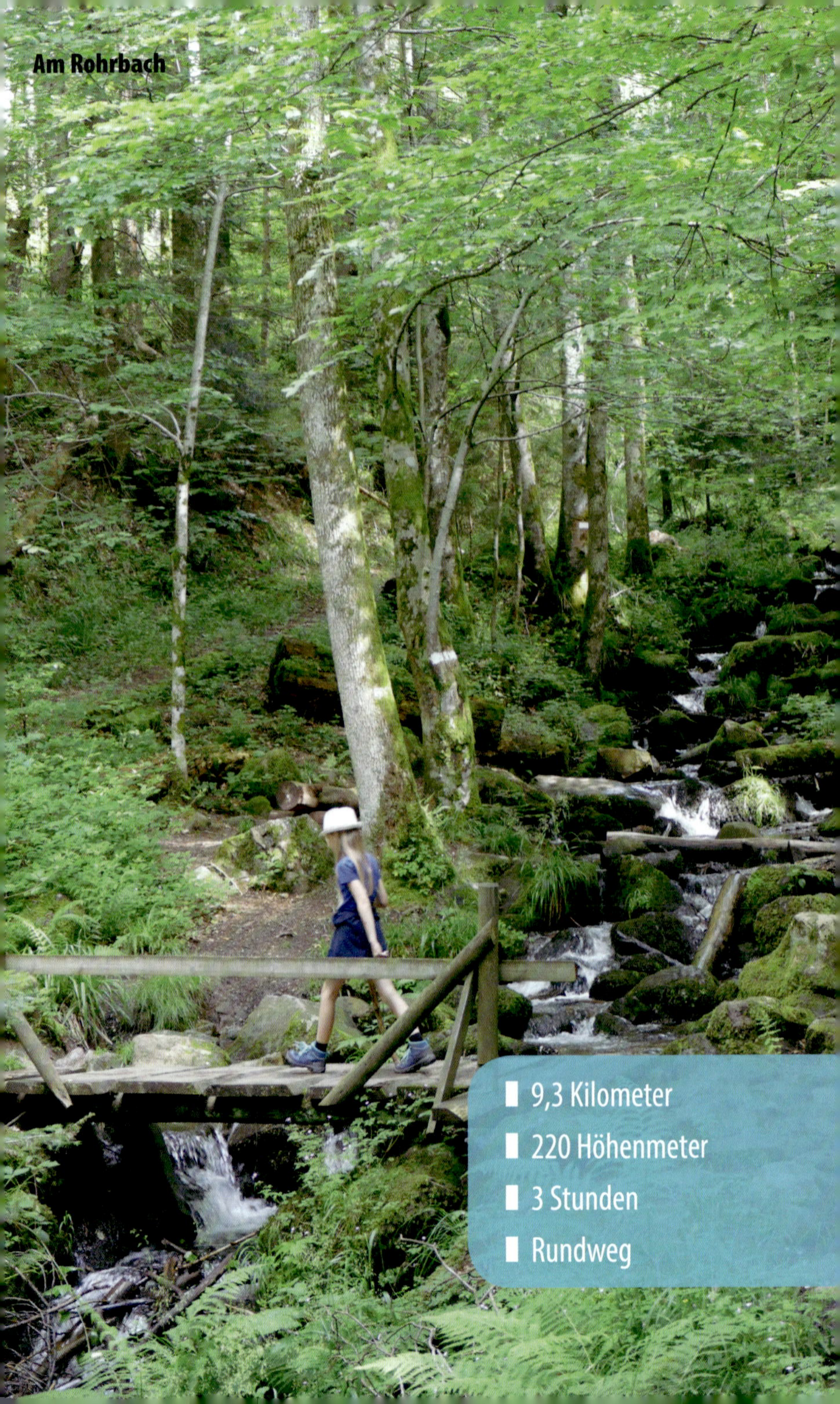

Am Rohrbach

- 9,3 Kilometer
- 220 Höhenmeter
- 3 Stunden
- Rundweg

Wir beginnen unsere Wanderung an der Rue Sainte-Odile im Zentrum von **Le Hohwald.** Am Rathaus biegen wir rechts in die Rue Principale und stehen prompt vor dem **Grand Hotel** – Zeuge einer Zeit, in der viele Prominente die Sommerfrische in dem kleinen Ort verbrachten: Französische Schauspielerinnen und Schauspieler, Wilhelmina, Königin der Niederlande, und Konrad Adenauer – sie alle kamen zur Erholung nach Le Hohwald.

Wir werfen einen kurzen Blick auf die hübsche Fassade und wandern weiter die Straße hinauf, bis wir nach rund 740 Metern rechts in den Wald abbiegen. Hier liegt der Campingplatz und hier starten eine Menge Wanderwege durch den Hohwalder Forst. Wir wählen die Route mit dem roten Balken und erreichen bald einen traumhaften Pfad im Wald. Zunächst breit, dann immer schmaler, zieht er sich zwischen den hohen, flechtenbesetzten Stämmen hindurch. Waldmeister und Sauerklee mit ihren filigranen Blättern bedecken den Boden rechts und links des Weges, Farnwedel strecken sich darüber. Schon bald passieren wir das erste hölzerne Brückchen. Moos überzieht die Baumstümpfe mit seinem dichten grünen Teppich. Und das Rauschen eines Baches dringt an unser Ohr. Der **Rohrbach** strömt hier zu Tal, plätschert über Steine hinweg, ergießt sich in kleine Becken und verschwindet unterhalb im Wald. Der Rohrbach ist einer der Zuflüsse der Andlau, die im Tal von Le Hohwald im breiten Bett dahinfließt – und zu deren beeindruckendem Wasserfall wir unterwegs sind.

*Die **Andlau** entspringt in einer Höhe von gut 1000 Metern am Osthang des Champ du Feu hoch über Le Hohwald. Nach gut 42 Kilometern mündet sie südlich von Straßburg in die Ill.*

Oase der Frische

Cascade du Hohwald

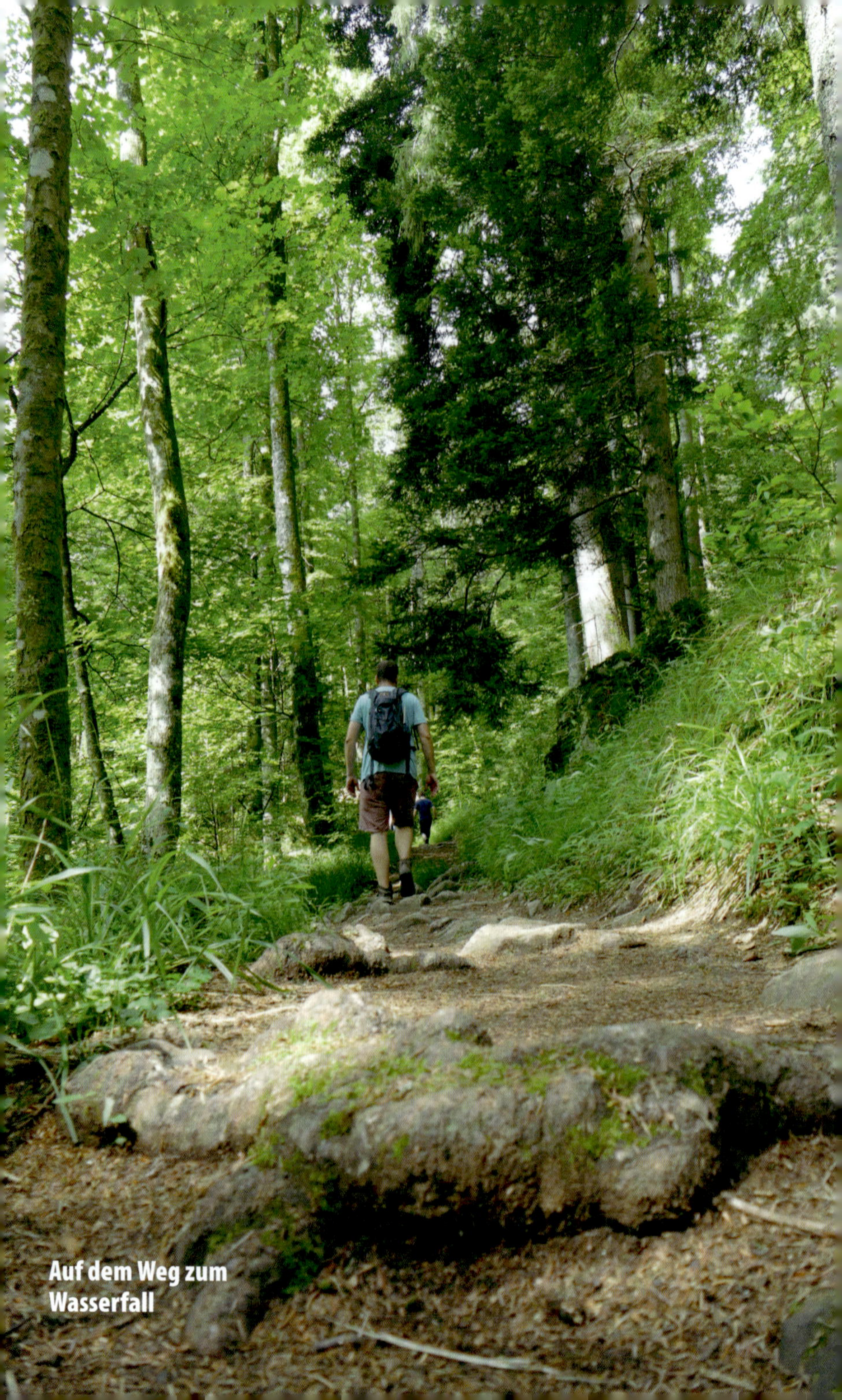

Auf dem Weg zum Wasserfall

Wir steigen auf felsigem Pfad weiter das Tal hinauf, Wurzeln winden sich über den Boden. Bald kreuzt das Kaltenbaechel unseren Weg. Obwohl wir einen heißen Tag erwischt haben, verströmt der wasserdurchzogene Wald eine angenehme Frische. Und die ganz große Erfrischung naht: Zwischen den Bäumen erkennen wir schon die ersten Wasserstürze der **Cascade du Hohwald 1.** Wir erreichen sie auf halber Höhe: Die Fluten ergießen sich direkt neben dem Weg. Hier geraten wir in einen herrlich erfrischenden Sprühnebel – perfekte Abkühlung an einem heißen Tag. Wir steigen ein paar Felsenstufen hinab und gelangen auf eine Aussichtsplattform direkt unter dem Wasserfall. Große Tische laden zum Picknick mit Aussicht ein. Ein traumhafter Ort mitten im Wald. Wer unter der Woche kommt, hat den malerischen Anblick meist ganz für sich allein. Am Wochenende wird es voller: Weil nicht weit entfernt ein Parkplatz liegt, treffen wir hier auch auf einige Ausflügler – deutlich mehr als auf den schmalen Pfaden ringsum.

Um diese Einsamkeit des Waldes wiederzuerlangen, steigen wir nun am Wasserfall bergauf. Auf einem hölzernen Steg geht es über die Andlau hinweg. Wir folgen dem Wegzeichen mit dem roten Kreuz Richtung Col du Kreuzweg, verlassen den Wald und erreichen einige Häuser an einer Weggabelung. Hier wandern wir geradeaus in die Weidelandschaft hinein, rechts und links des Weges breiten sich blütengetupfte Wiesen aus. Vereinzelt erkennen wir den

Für die Seele

Mitten im Wald treffen wir auf einen malerischen Ort: den Wasserfall Le Hohwald, wo die Andlau brausend zu Tal stürzt und uns herrlich erfrischt.

Rücken einer Kuh. Das Gras steht so hoch, dass die weidenden Tiere nur zur Hälfte herausschauen – ein wunderbares Bild.

Wir sind am Fuße des Champ du Feu (1099 Meter) unterwegs, dessen Gipfel sich hoch über Le Hohwald erhebt. Im Winter bei Skifahrern beliebt, zieht er im Sommer viele Wanderer und Mountainbiker an. Heidelandschaften und Hochmoore bedecken sein Bergplateau – eine beeindruckende Gegend, um die besondere subalpine Flora zu entdecken. So hoch wollen wir heute nicht hinaus. Wir schlendern der **Auberge du Zundelkopf** ❷ entgegen. Ein Wildgehege breitet sich am Hang aus, darüber die Terrasse der familiären Herberge. Die freundlichen Wirtsleute servieren herrlich authentische elsässische Spezialitäten: Wildgerichte und Forelle, Salate und selbst gebackene Kuchen.

Fermes Auberges *sind typisch für das Elsass: Die einfachen Berggasthäuser mit Landwirtschaft bieten einfache Gerichte und oft auch Übernachtungsmöglichkeiten.*

Frisch gestärkt und ausgeruht, machen wir uns auf den Rückweg. Wir folgen weiter den Schildern mit dem roten Kreuz, überqueren die **Route du Kreuzweg** und finden auf der anderen Seite einen schmalen Pfad zwischen hohen Bäumen zurück nach Le Hohwald. Über Wurzeln und Steine hinweg gelangen wir tiefer in den Wald, entfernen uns von der Straße und den Geräuschen der Zivilisation. Hier sind wir ganz bei uns, setzen einen Fuß vor den anderen, nichts stört die Ruhe des Waldes, wir können ganz unseren Gedanken nachhängen. Tannennadeln bedecken den Weg, machen den Boden weich und dämpfen die Schritte. Die Sonne schickt vereinzelte Strahlen zwischen den Bäumen hindurch und immer wieder plätschert ein kleines Bächlein über unseren Weg. Das Wegzeichen wechselt von Rot nach Blau, wir folgen weiter der Beschilderung nach Le Hohwald und sehen unter uns im

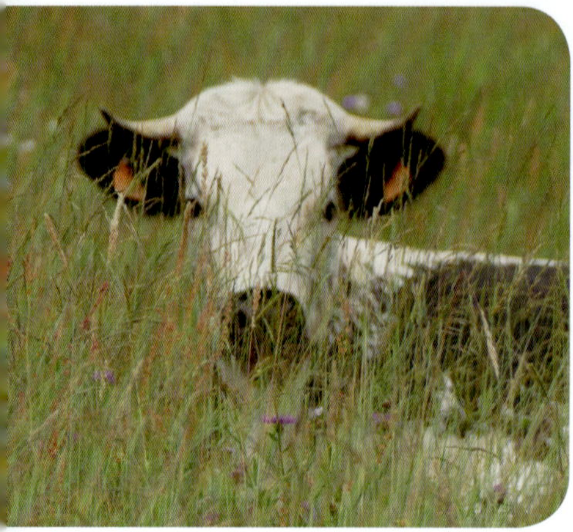

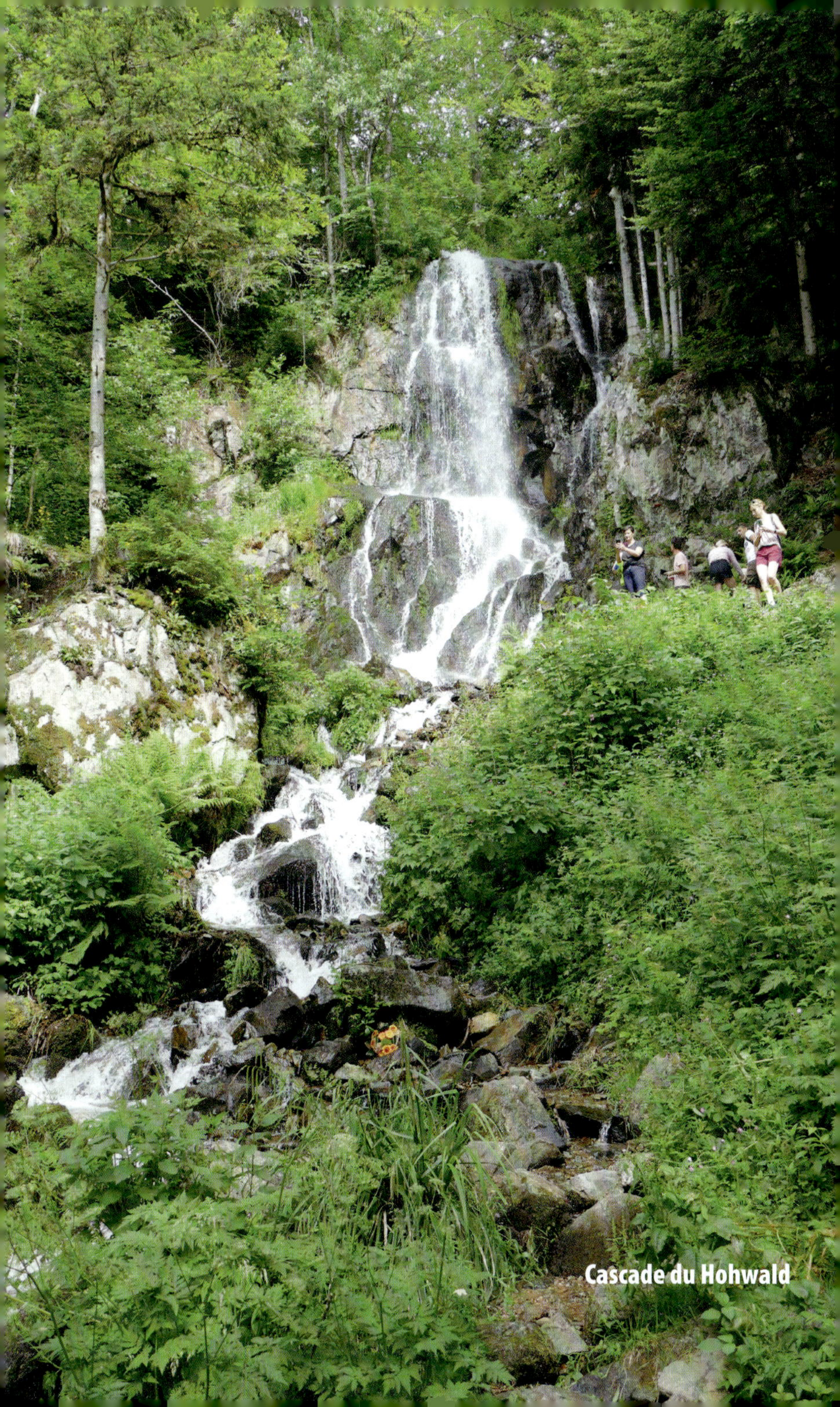

Cascade du Hohwald

Tal eine weitere Ferme Auberge: den Lindenhof, beliebt und gut besucht.

Bald gelangen wir an den Ortsrand, biegen rechts in die Rue du Wittertalhof und kurz darauf links auf einen schmalen Weg an einer Weide ab und erreichen die **Rue de la Mairie.** Am Brunnen und einer Bärenskulptur aus Sandstein vorüber, gelangen wir zurück auf die Hauptstraße. Wer noch hungrig ist, kann in die **Auberge à l'Ancienne Grange** ③ einkehren: Das familiengeführte, urige Restaurant mit elsässischem Charme serviert Flammkuchen und feine Galettes, Gerichte mit Munsterkäse und Nachspeisen zum Dahinschmelzen. Ein würdiger Abschluss für einen wunderbar erfrischenden Ausflug.

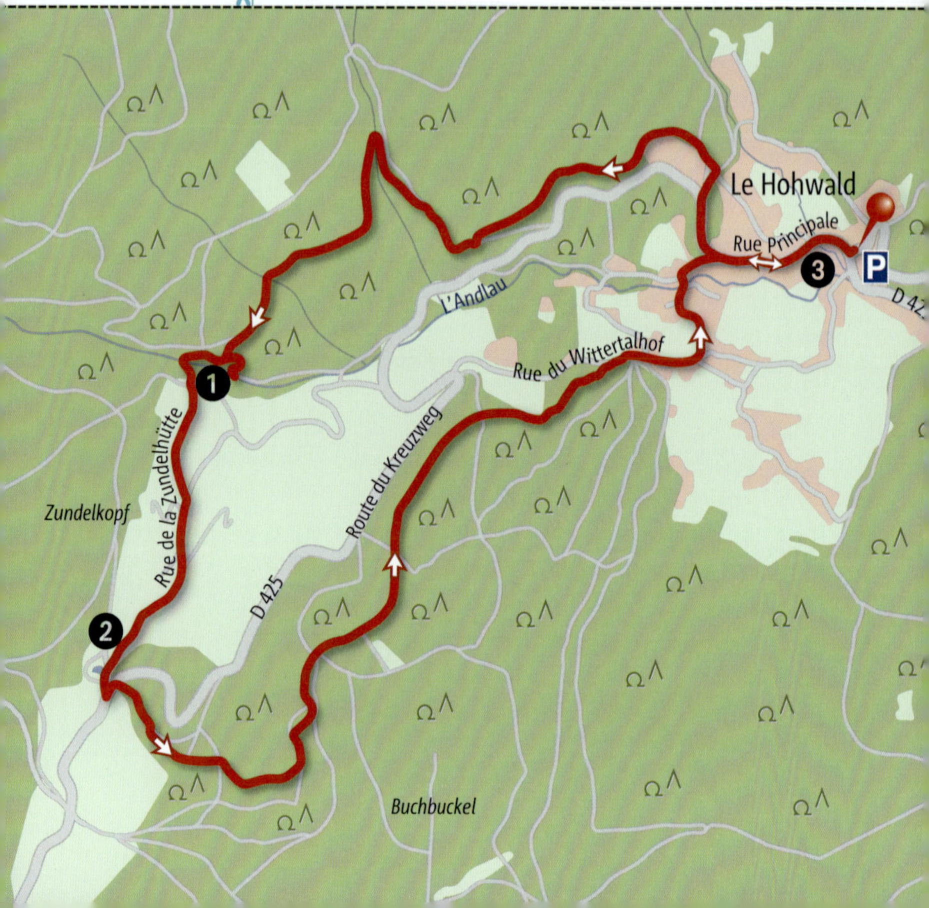

Die GPS-Daten zu jeder Tour gibt es auf
www.droste-verlag.de

Konzeption: Droste Verlag, Düsseldorf
Satz: Vollnhals Fotosatz, Neustadt a. d. Donau
Einbandgestaltung: Britta Rungwerth, Düsseldorf, unter Verwendung von Bildern von © Fotolia.com: Andrey Kuzmin, undrey, dabost, niroworld; © no_limit_pictures/iStockphoto.com
Fotos: Silke Kohlmann, außer: S. 29: C. Fleith – ADT; S. 37: Philippe Schultz – ADT; S. 103: O. Kanstinger – ADT; S. 104: F. Clement – ADT; S. 127: M. Schampion – ADT; S. 171: Waldgasthof Bienwaldmühle
Textlektorat: Anja Elser Lektorat, Bamberg
Karten: Thorsten David, Bochum
Druck und Bindung: LUC GmbH, Greven

MIX
Papier aus verantwortungsvollen Quellen
FSC® C011279
FSC www.fsc.org

ISBN 978-3-7700-2374-5
www.droste-verlag.de

Alles auf einen Blick

WIE & WANN:

Mittelschwere Wanderung auf gut begehbaren Wegen, auch für Kinder interessant. Ganzjährig begehbar: Der Besuch des Wasserfalls ist auch im Winter ein Erlebnis.

HIN & WEG:

Auto: Parkplatz an der Rue Sainte-Odile (in der Kurve), Le Hohwald, Frankreich (GPS: 48.404321, 7.331290)

ÖPNV: Regionalzug 17 von Strasbourg nach Barr, Gare SNCF, von dort mit Buslinie 542 weiter nach Le Hohwald Centre

ESSEN & ENTSPANNEN:

Auberge du Zundelkopf ❷ 2 Chemin du Zundelkopf, 67140 Le Hohwald, Tel. +33 (3) 88 74 94 75

Auberge à l'Ancienne Grange ❸ 25 Rue Principale, 67140 Le Hohwald, Tel. +33 (3) 88 08 31 76, www.restaurant-ancienne-grange.fr

ENTDECKEN & ERLEBEN:

Cascade du Hohwald/Wasserfall Le Hohwald ❶

Entspannung ★★★★☆

Genuss ★★★☆☆

Romantik ★★★★★